スッキリわかる!

はじめて学ぶLGBT

基礎からトレンドまで

著者
石田仁
淑徳大学
地域創生学部教授

ナツメ社

大学にて
おっ
めぐみちゃん!! おはよう
おはよう たくや!
めぐみ 大学一年生
たくや 大学一年生
何を見てたの?
?
これ!
東京レインボープライド?
って何だっけ?
この前の授業でLGBTの話してたでしょ?
TOKYO RAINBOW PRIDE
東京レインボープライド

ああ!
ドラマにもあったよね
あったねー
芸能人にもいるしね
オネエはゲイなのかな?
あっ
石田先生
聞かれてたー
こんち
君たち興味あるの?
LGBTという言葉は浸透してきていますが…
偏ったイメージや誤解がまだ多くて…
ところでLGBTって何の略か知ってますか?
この前授業でも言ったけど…
えーと…

Lはレズビアンですよね…
Gはゲイで…
B…Bは…えーっと
てかTってなんだ？
うんうん
石田先生のプチ講座！
L …レズビアン（女性の同性愛者）
G …ゲイ（男性の同性愛者）
B …バイセクシュアル（両性愛者）
T …トランスジェンダー（性別越境者）
性的マイノリティの略称
ただ性的マイノリティにもさまざまな形があって、LGBTに含まれない人もいるんですよ
そうなんだ
知らなかった
これから一緒に学んでいきましょう
ハイ！
ハイ！
はじめて学ぶLGBT

はじめに

本書は「ＬＧＢＴ」について初めて学ぶ人のために、また、ある程度のことは知っているけど、もう少していねいに考えてみたいという人に向けて、入門書として書きおろしました。

「ＬＧＢＴ」とは、性的少数者（性的マイノリティ）の中の、代表的とされる人々の頭文字（レズビアン、ゲイ、バイセクシュアル、トランスジェンダー）をとった言葉。「ＬＧＢＴについて学ぶ」ということは、たしかに「少数者について学ぶ」わけですが、その学びは同時に、多数者（マジョリティ）とは「誰」であり、多数者であることは「どういうこと」なのかについて学ぶことにもつながっています。

プロローグでは、まず必要最小限の言葉を説明します。そのあと本編として、ＬＧＢＴに関連するカミングアウト、教育、健康、法律、市民生活、ビジネスについて網羅的に解説をしています。「ＬＧＢＴ」の枠組みでは取りこぼしてしまいがちな「性分化疾患（インターセックス）」についても、独立した章を立てました。そのあとには、ＬＧＢＴの入門書では十分に書かれてこなかった性の内容にも踏み込んでいます。さらに近年、生徒や学生がＬＧＢＴの当事者に対して調査をする動きが増えていることから、知っておくべき調査の知識を厳選して取り上げました。そして最後に、エピローグとして最近耳にする機会も増えた「ＳＯＧＩ《ソギ／ソジ》」という言葉の説明と、その言葉が出てきた背景にも触れてあります。

本書をながめて、専門的な言葉（概念）が多いことにびっくりされる方もいるかもしれません。また多数の文献が出典として脚注に書き込まれています。概念には、それが使われることになった歴史的な経緯があります。ＬＧＢＴ研究は日本においても、多くの研究者の並々ならぬ努力によって蓄積されてきました。これらの背景を踏まえて、「スッキリわかるシリーズ」としては異色の、概念と脚注の多い本を特別に作ってもらいました。原稿の確認過程では、谷口洋幸さんをはじめとして多くの研究者にご協力いただきました。厚くお礼を申しのべます。

本書が、ＬＧＢＴを含む性的マイノリティを取りまく状況をよいものにし、マイノリティであること、マジョリティであることにかかわらず、憂いなく生きられるための一助となるように願ってやみません。

石田　仁

第3章 性的マイノリティの心と体の健康

第4章 性的マイノリティを取りまく法律上の問題を考える

第5章 性的マイノリティの市民生活と課題

第6章 何のための「LGBTビジネス」か

第7章 性別と科学の関係を深く知ろう

第8章 これまで十分に語られてこなかったセクシュアリティのこと

特別編

LGBTについて調査・研究するとき

エピローグ

LGBT言説のその先

プロローグ

「オネエ」と「LGBT」ブーム 日本は理解のある社会？

◆「オネエ」言葉を話す男性タレントが活躍

テレビで、タレントやモデル、料理研究家や教育評論家などが「オネエ言葉」を使っているのを目にする機会は多いでしょう。

かつて長らく、テレビでは、「オカマ」タレントは1回の番組につきせいぜい1人しか登場できませんでした。男性中心の番組における、一席のみの「女性枠」を彷彿とさせます。[*1]

それが1980年代終盤のMr.レディ・ブームあたりから、同じ番組に多くの女装タレントが出演するようになります。[*2] 2000年代半ばには「オネエ」キャラのタレント・ブームが起こり、お茶の間にすっかり「オネエ」は定着しま

メディアの流行

1990年代

Mr.レディ・ブーム

日本では、1950年代から女装タレントや「性転換女性」が断続的にブームとなっていたが、1988年にテレビ番組「笑っていいとも!」でMr.レディのコーナーが設けられて以降、多数出演するようになった。

メディアでは、
多くの「オネエ」
タレントが活躍
しているね。

参考文献　*1　斎藤美奈子（1998）『紅一点論』ビレッジセンター出版局．　*2　三橋順子（2004）井上ほか編『性の用語集』講談社現代新書．　*3　クレア・マリィ（2013）『「おネエことば」論』青土社:61.

した。[*3] ２０１２年以降には「ＬＧＢＴブーム」が起こっていると言う人もいます。

◆ブームで理解が進んでいるわけではない？

こうして見ると日本は、「性別の越境」や「同性愛」などの性的マイノリティといわれる人々に対して寛容であるかのようです。女性的な口調で話したり、男性出演者にあからさまな性的誘惑をしたりする芸能人が、メディアに日々登場しています。

他国と比べた時は、たしかに寛容といえる側面もあるかもしれません。けれどもよく見ていくと、必ずしも日本は性的マイノリティに対して寛容ではなく、この国特有の見えにくい排除の仕方、あるいは逆の、取り込み（包摂《ほうせつ》）の仕方があるようにも思えます。

近年の「ブーム」が、性的マイノリティの現状や課題を理解し、現状の改善を後押しするものかどうか、本書を通して考えてみましょう。

2000年代半ば～現在

「オネエ」キャラのタレント・ブーム

女性のかっこうをした女装家に限らず、「オネエ」言葉を使うタレントがテレビで活躍するように。美容家やコラムニスト、ダンサー、料理研究家など、職業もさまざま。2011年には、「おねえキャラ」が新語・流行語大賞にノミネートされた。

←

2012年以降

「LGBT ブーム」？

広告代理店が行った調査結果をもとに「LGBT 人口」や、LGBTの消費活動（レインボー消費）に注目が集まった。

プラスα 「オカマ」という言葉は、歴史的に、体を売って生活をしている女装者（男娼）のことを指しており、侮蔑的な意味が強いため、使わないほうがよい。なお「オネエ」に男娼のイメージはない。

プロローグ

最近よく見聞きする「LGBT」とは？

◆「LGBT」は性的マイノリティの一部

「LGBT」とは、性的マイノリティのうち特定の人々を頭文字で表し、「代表」する言葉です。

「L」はレズビアン、女性に性的あるいは恋愛の感情（性愛感情）を抱く女性を指す言葉の頭文字です。「G」はゲイ※、男性に性愛感情を抱く男性です。かつては「ゲイ・レズビアン」と言われてきましたが、男性がいつも前に並ぶ〝常識〟について問われるようになったことと、レズビアンの抱える課題はゲイと異なる場合も多いことから、「レズビアン／ゲイ」とスラッシュを用いて表現されるようになりました。ゲイとレズビアンを合わせて同性愛者といいます。

「B」はバイセクシュアルの頭文字で、男女どちらにも性愛感情を抱く両性愛者を指します。

こうした人々と対照的に、自分からみて異性に性愛感情を抱く人々のことを、ヘテロセクシュアル（異性愛者）といいます。

また、生まれた時に医師から宣告された性別（割り当てられた性別）に対して、違和感を抱いたり、距離を置きたいと思っている人々がいます。そうした人々のことを、トランスジェンダー（性別越境者）といいます。「割り当てられた性別に嫌悪感がある、あまりない」「違う性別になりたい、あるいはすでになった」「手術を必要とする、しない」など、自己のとらえ方や社会との折り合い方は非常にさまざまですが、頭文

LGBTは
4つの性的
マイノリティの
頭文字です。

※ゲイ（gay）　もともと「陽気な」「楽しい」という意味を持つ言葉で、男女の同性愛者自らが自分たちを肯定的に表すために使うようになったとされる。自己執行カテゴリー（P100 参照）の１つ。

字「T」で表されます。

割り当てられた性別に違和感や距離感を抱かない人々を「シスジェンダー」といいます。「シス」とは「同じ側にある」という意味です。

◆言葉が持つ「代表」の機能

社会の多数者（マジョリティ）は特別な言葉を付けなくても自己を一般的な名詞によって「代表」させることができます。その社会で自然に暮らしていけるからです。たとえば「人」と「外国人」という対の表現では、前者から「〝日本〟人」が省略されています。

一方で、「LGBT」という呼び方で性的マイノリティを「代表」したとき、その呼び方では漏《も》れてしまう性的マイノリティもいます。具体的には、インターセックス、アセクシュアルと呼ばれる人々などです。次のページで説明します。

言葉の持つ「代表」の機能に注意が必要なことを、「LGBT」という言葉は教えてくれます。

性的なマジョリティとマイノリティ

多数派の人が、自らをあえて「ヘテロセクシュアル」「シスジェンダー」という言葉を使って表現する機会はほとんどない。社会で“自然に”暮らしていけるから。

性的マジョリティ

- **ヘテロセクシュアル**

かつ

- **シスジェンダー**

異性に対して恋愛感情を持ち、割り当てられた性別に違和感を覚えない人

性的マイノリティ

LGBT

- **レズビアン**
- **ゲイ**
- **バイセクシュアル**
- **トランスジェンダー**

- **インターセックス**（P176参照）
- **アセクシュアル**（P16参照）

など

プラスα 誰をマイノリティと考えるかは、単純に人口でとらえる見方と、差別や社会的冷遇を受けているかどうかでとらえる見方があるが、後者が主流である。

プロローグ

LGBTに含まれない性的マイノリティもいる

◆LGBT=性的マイノリティではない

2005年頃から、新聞で「LGBT」という言葉が用いられるようになりました。それまでは、当事者や研究者は「性的マイノリティ（セクシュアル・マイノリティ）」という言葉を使ってきました。LGBTと性的マイノリティは意味する範囲が少し異なり、後者のほうが広い概念です。LGBTに含まれない性的マイノリティには、さまざまな人がいます。

たとえば、身体の性別の特徴（性徴）が男女どちらかであるといえない場合は「インターセックス（性分化疾患）」と呼ばれます（P176参照）。インターセックスを含めて、「LGBTI」と表現することもあります。

また、男女どちらにも性的な魅力を感じない場合は、アセクシュアル（Asexual）と表現されます。「A」は「無」を表す接頭語です。

◆バイセクシュアルとパンセクシュアル

ところで、バイセクシュアル（Bisexual）の「Bi-」は、「2つの」を意味する接頭語です。“男、さもなければ女”という、性は男女どちらかであるとする男女二元論を前提とします。

このため、「バイセクシュアル」とは言わずにあえて「パンセクシュアル（Pansexual）」と自己表現する人もいます。「Pan-」には「すべて」という意味があります。

LGBTという表現にはおさまらない人もいるんだね。

プラスα アセクシュアルを「完全な無」と考え、性的な欲望をそれほどは強く抱かない人々が「デミセクシュアル」と自称することもある。「デミ」は「弱い」の意。

この言葉は、性的マイノリティの男性より、性的マイノリティの女性によく知られているという印象を筆者は持ちます。女性に対する差別は、残念ながら日本社会にまだたくさんあります。性的マイノリティの女性が〝男女二元論が当たり前のなかで、それを前提としないモノの見方に触れたい〟と思いやすいことも、1つの背景だと考えています。また、レズビアン・コミュニティの中には、男性と結婚したバイセクシュアル女性を「逃げバイ」と表現する人もおり、「バイセクシュアル」の自称を避ける「パンセクシュアル」女性もいるからかもしれません。

性別によってあらかじめ固定されない性的欲望のあり方を表現するために「パンセクシュアル」は登場しましたが、現在、インターネット上でこの言葉は広がりをみせていて、特に若い世代で好んで用いられているようです。「Xジェンダー（P19参照）」というアイデンティティの受容も、同様の現象といえます。

「パンセクシュアル」という表現が使われる背景

男女二元論への批判的な視点

バイセクシュアルの「バイ」は、人は男と女のどちらかに分けられるという男女二元論（性別二元制）が前提にあるため、フェミニズム※やセクシュアリティ論を勉強した人の中には、男女二元論を積極的に避ける人もいる。

両性愛者の女性はレズビアンからの風当たりが強いことも

レズビアンの間では、「バイ」という表現が非難の意味を込めて使われることもあるため、「バイセクシュアル」という言葉を避けたいと考える両性愛者の女性もいる。

※フェミニズム　女性解放運動。自由と平等という価値観のもと、個人の尊重や性差別の撤廃、さらには人種や階級、環境破壊などへの問題提起をする動き。フェミニズム内にもさまざまな立場や主張がある。

プロローグ

キーワードは「性自認」と「性的指向」

性別や
恋愛対象は、
どんな分け方が
できるんだろう？

◆性の分類はアイデンティティの尊重が原則

ＬＧＢＴを理解する際、「性自認」と「性的指向」という言葉を知っておく必要があります。

性自認とは、その人が自分自身の性別をどう思っているかに関する、ある程度持続的な自己意識（アイデンティティ）のことです。

もし割り当てられた性別が女性で、性別に関する自己意識、つまり性自認が男性ならば、「トランス男性」です。逆に、割り当てられた性別が男性で、性自認が女性ならば、「トランス女性」です。

かつて、トランス男性を「ＦｔＭ」、トランス女性を「ＭｔＦ」と呼ぶことが広く定着していました。ＦｔＭとは「Female to Male（女から男へ）」の略、ＭｔＦはその反対です。しかし、呼ばれたくない性別が呼称の中に残ることから、世界的には「トランス男性」「トランス女性」という表現へと切り替わってきています。

「性的指向」とは、魅力を感じる性別の方向性のことで、たとえば性自認が女性で性的指向が女性に向くならば、レズビアンです。男性に向くならば異性愛女性です。両方に向く場合はバイセクシュアル女性です。

ところで、ある人の割り当てられた性別が女性で、性自認は男性、性的指向は男性だと自己認識をしている場合、その人は異性愛者でしょうか、ゲイでしょうか。

プラスα ゲイ-トランス男性（割り当てられた性別は女性、性自認は男性、性的指向は男性）や、レズビアン-トランス女性（同じく、順に男性、女性、女性）は複合性的マイノリティといわれることもある。

性のカテゴリー

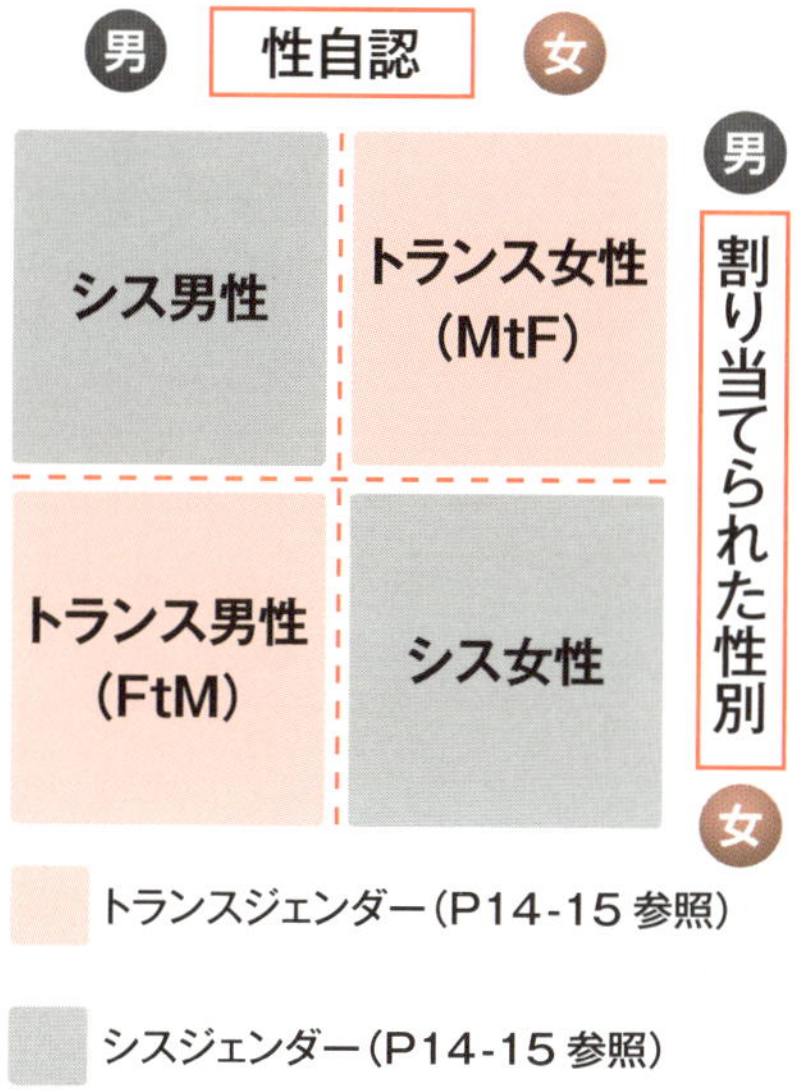

男
性自認
女
男
割り当てられた性別
女
シス男性
トランス女性（MtF）
トランス男性（FtM）
シス女性
トランスジェンダー（P14-15 参照）
シスジェンダー（P14-15 参照）

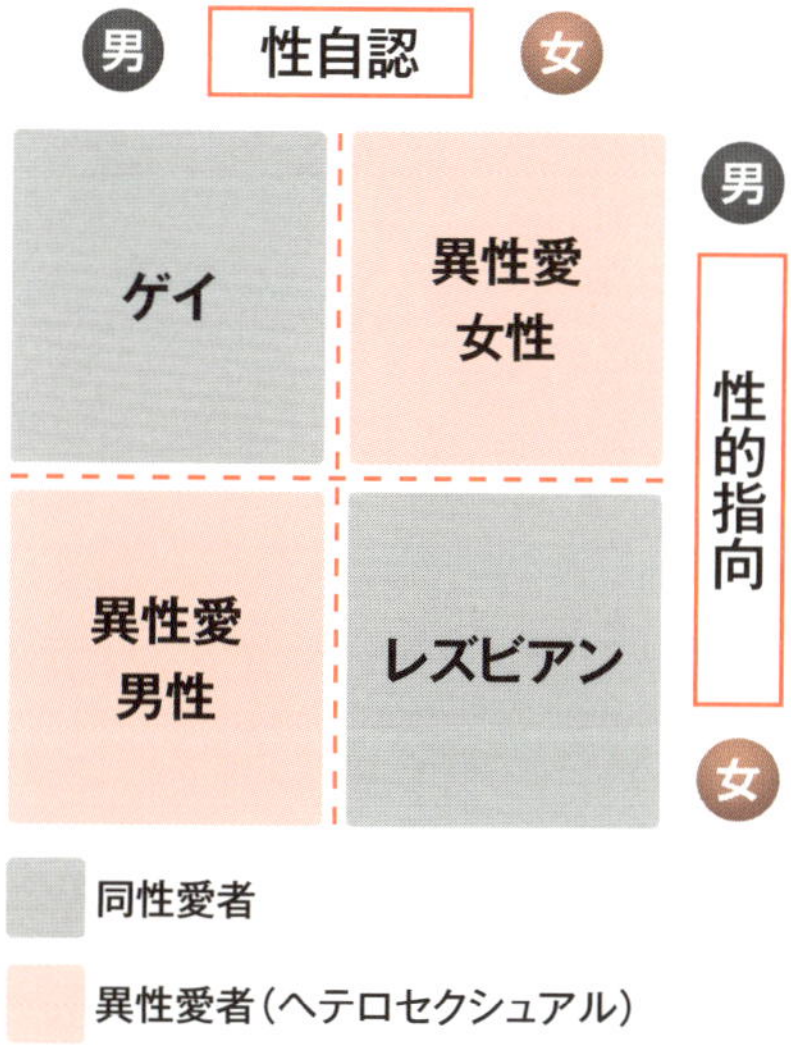

男
性自認
女
男
性的指向
女
ゲイ
異性愛女性
異性愛男性
レズビアン
同性愛者
異性愛者（ヘテロセクシュアル）

自分が何者であるかは、本人のアイデンティティを尊重します。この人の場合、自己を男性と考え、男性を好きであるため、ゲイです。すべての人々にとって、どういったカテゴリーに該当するかはアイデンティティが尊重されます。

なお、「自分の割り当てられた性別が女性であることに違和感を抱くが、男性になりたいわけではない」場合に「FtX」、逆の場合に「MtX」と自己規定する人々もいます。「X」はF、Mどちらでもない「何か」を表します。これらの人々を総称して「Xジェンダー」といいます。

SNSの1つであるツイッターを検索すると、プロフィールにXジェンダーと書いている人が多く出てきます。日本ほどこの言葉が普及している国はないようです。*

参考文献 * Dale, S. P. F., 2012, "An Introduction to X-Jendā: Examining a New Gender Identity in Japan," *Intersections*, 31. (http://intersections.anu.edu.au/issue31/dale.htm)

プロローグ

性はグラデーション 誰もが多様な性の構成員

◆カテゴリーによる性の理解

性のあり方を簡単に説明しようとすると、19ページのような2組のタイルになります。このように説明する理由はいくつかあります。

まず、「ゲイ男性は自分を女性と思っているわけではない」、また「レズビアン女性は自分を男性と思っているわけではない」ことを示すためです。「ゲイは女っぽい」などの、世間のステレオタイプ※を払拭するために、性のカテゴリーの図は、2枚へと分ける必要がありました。

また、タイル状に並べることで、トランスジェンダーとシスジェンダー、同性愛者と異性愛者を等しい価値の存在として視覚的に表すことができます。たしかに人口はシスジェンダーや異性愛者のほうが多いかもしれませんが、割り当てられた性別・性自認・性的指向の組み合わせに基づく人の分類に、優劣はありません。

しかしこうした「スッキリ」とした説明に、いくつかの問題があるのもたしかです。まず、性の要素をおのおの2つに割ってしまうことで、それぞれの要素には2種類のあり方しかないという前提をもたらしてしまいます。タイル状に割ることを「カテゴリーによる理解」といいますが、カテゴリーによる理解によって生まれた「自分」と〝異質な〟「他者」との間に線を引くやり方は、マイノリティへの「無関心」を（再び）誘発することにもなりかねません。

※ステレオタイプ　多くの人に浸透している、型にはまった先入観や思い込み。差別や偏見につながることがある。

性の要素をグラデーションでとらえる

［図1］直線でとらえる見方

［図2］平面の広がりでとらえる見方

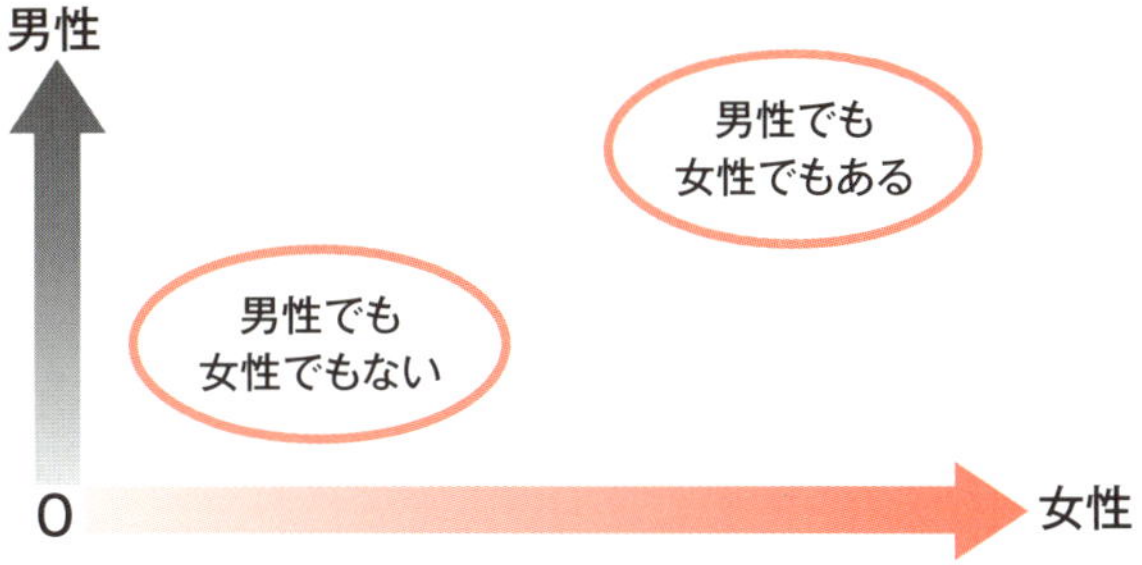

◆グラデーションによる性の理解

このため、性はカテゴリーではなくグラデーションであるとする考え方もあります（図1参照）。性をグラデーションで理解する方法は、「完全な男」とか「完全な異性愛者」だと信じて疑わない人たちにも、〝そうではないかもしれない〟とか〝自分も多様性の連続体の中にいる〟といった、見つめ直しをもたらすでしょう。

しかし、たとえば図1のグラデーションで性自認を理解する方法にも、問題がないわけではありません。というのも、図1では「男性でも女性でもある」場合と、「男性でも女性でもない」場合とを区別することができないためです。

すべての性のあり方を正確に表すことは難しい営みですが、男性と女性を1つの直線の両端に置いて考えるのではなく、図2のように、それぞれが原点0を持つ平面的な広がりとしてとらえる見方がよいのかもしれません。

プラスα 「グラデーション」という語には、優劣といった意味が入りやすいため（英語で「グレード」は「成績」）、「性はスペクトラムである」と表現することもある。

COLUMN

石田先生と一緒に考えてみよう

「ありのままの性を理解する」とはどういうことか

性自認や性的指向は、「自分の意志で変更することが困難である」とされています。これは、実際に変更が困難であったと考える当事者が一定数いることに加え、“変更可能ならば治療して更生すればよい”とされた歴史や（P78、86 参照）、宗教での無理解があったためです。つまり、個の尊厳を欠いた差別的な対応に抵抗するために、“変えられない”と言う社会運動上の戦略が必要だったのです（P246 参照）。

けれども、社会運動でそうした変更不可能性が強調されることになると、今度は、性的指向や性自認が“短いスパンで変わる”とか“人生の中で変化した”とする経験を持つ人々の語りは、軽視されるようになります。研究書の中にも、たとえばバイセクシュアルからゲイになったと自認する男性に対して、“本人には過去に否認があった”（＝今はゲイ・アイデンティティを受容できている）と解釈していたものもありました。

本書では「ありのままの」「自分らしく」という言葉をできるだけ使いませんでした。いま、報道でよく見聞きするこの言葉は、「変更不可能性」と結びついて用いられているからです。本当に「ありのまま」や「自分らしさ」を尊重するのであれば、可変的な性のあり方やその体験についても耳を傾けるべきです。

それが、多様な性と“ともにある社会”をつくる、第一歩となるはずですから。

第1章

自分の性を
どう伝える？
周りは
どう受け止める？

カミングアウトの結末は……

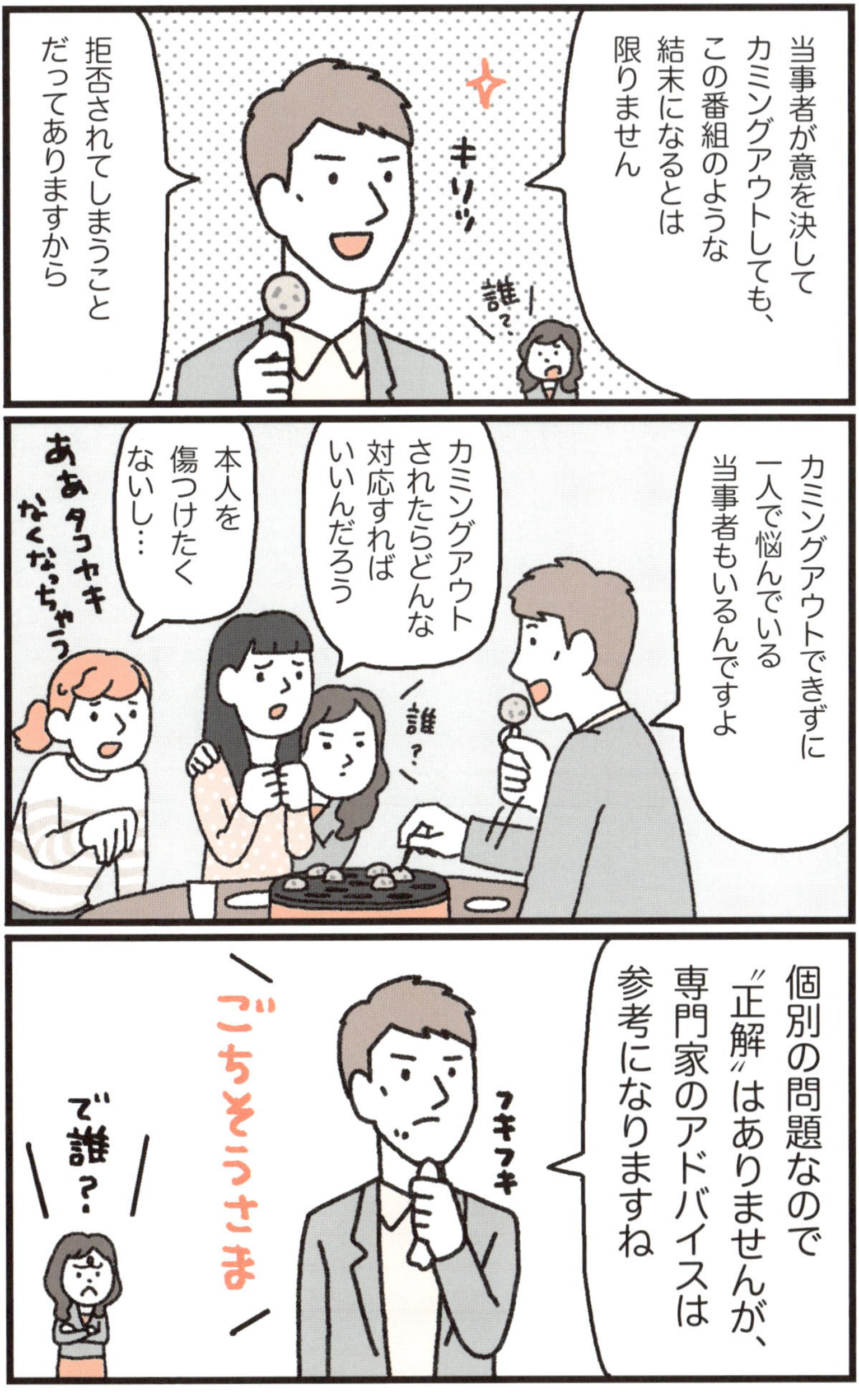
当事者が意を決してカミングアウトしても、この番組のような結末になるとは限りません
キリッ
誰？
拒否されてしまうことだってありますから
カミングアウトできずに一人で悩んでいる当事者もいるんですよ
誰？
カミングアウトされたらどんな対応すればいいんだろう
本人を傷つけたくないし…
ああタコヤキなくなっちゃう
個別の問題なので"正解"はありませんが、専門家のアドバイスは参考になりますね
フキフキ
ごちそうさま
で誰？

カミングアウトとは

テレビ番組のカミングアウトはリアル？

◆カミングアウトとアウティング

カミングアウト※とは、これまで誰にも言ってこなかった自分の秘密を話すことです。これに対し、他人の秘密を本人の許可なく別の人に言うことをアウティングといいます＊。この2つの違いを理解することは重要です。

バラエティ番組には〝カミングアウト〟にしたてたアウティングがしばしばみられます。たとえば、周りの人が「カミングアウト」させるようにはやしたてたり、否定できないような証拠を見せて、認めさせたりする場面。こうしたやりとりは、ほとんどアウティングに近い「強制カミングアウト」であって、本来の意味でのカミングアウトではありません。なぜなら、当人の意志を尊重するものではないからです。

◆物語は物語

あるいは番組の中には、同窓会や友人の結婚披露宴に性別を変えて登場し、誰だかわからずカミングアウトして周囲を驚かすという物語の構成をとるものもあります。

バラエティ番組でくり返される〝カミングアウト物語〟は、そのプロット（筋書き、物語）を成立させるために脚本家やスタッフがいて、カメラが回っている中で行われています。テレビ番組のカミングアウト物語は、あくまで物語であるという理解が必要です。しかし、この前

現実でも
テレビで見るような
カミングアウトが
あるのかな？

※カミングアウト　もともとは、同性愛者であることを自ら公表し、“「クローゼット」の中から外に出る一歩”という政治的な意味があった。その後、秘密の開示全般を指すようになった。

提はしばしば忘れられています。

カミングアウトは特別な日に演じられるサプライズイベントや座興《ざきょう》ではなく、本人のその後の日常や人生と深く関連する行為です。周りの人は、テレビ番組のワンシーンのような、当事者の意志に反した誘導や、強制を伴うカミングアウトをさせないように注意することが必要です。

それは本人が望むカミングアウト？

からかうように当事者にカミングアウトをうながすのは、当事者の意思を無視した“強制カミングアウト”。

テレビ番組は台本ありきの物語

テレビで目にするカミングアウトは、事前に用意された台本にのっとって行われ、“驚き”を撮るためのカメラが回っている。

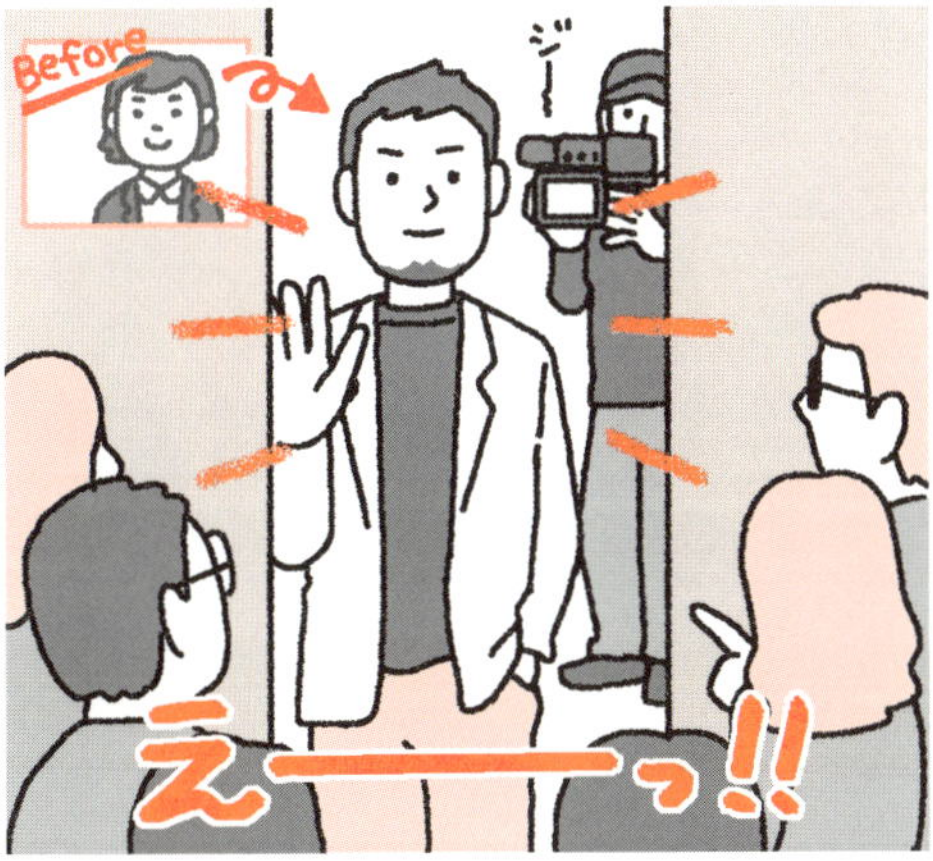

参考文献 ＊ QWRC＆徳永桂子(2016)『LGBT なんでも聞いてみよう』子どもの未来社:109.

統計からわかること

カミングアウトを受ける側の人々の反応は？

◆6割を超える人が「理解したい」

同性愛者であるとカミングアウトされた場合、人々の胸中にはどのような思いが交錯するのでしょうか。その場面を想定してもらって回答を得た日本の調査*があります。

「仲の良い友人から『同性愛者』であると告げられたとしたら（カミングアウトされたとしたら）、どのような気持ちになると思いますか」とたずねました（複数選択）。結果、6割を超える人が「理解したい」、4割程度の人が「言ってくれてうれしい」と答えました。他方で2割程度の人が「聞かなかったことにしたい」や、1割半近くの人々が「気持ち悪い」と答えていました（グラフ1参照）。

◆男性や高年齢層に否定的反応の割合が多い

こうした反応には、回答者の性別や年齢層によって違いのあることがわかりました。

女性や若い回答者のほうが「理解したい」「言ってくれてうれしい」、つまり肯定的反応を選ぶ人の割合が多く、男性や高年齢層の回答者では「聞かなかったことにしたい」や「気持ち悪い」、つまり否定的反応を選ぶ人の割合が多くみられました（グラフ2参照）。

反応の違いは、ふだん接触しているメディアの影響や、身近に同性愛者がいるかどうかで変わってくるのではないかと筆者は考えます。

性別や年代によって受け止め方が違うみたいだ。

参考文献 * 釜野さおり（2016）「友人からのカミングアウト」『性的マイノリティについての意識 2015年全国調査報告書』：135-147.

性別や年代によって受け止め方に傾向がある

グラフ1 仲の良い友人から同性愛者と告げられたら？

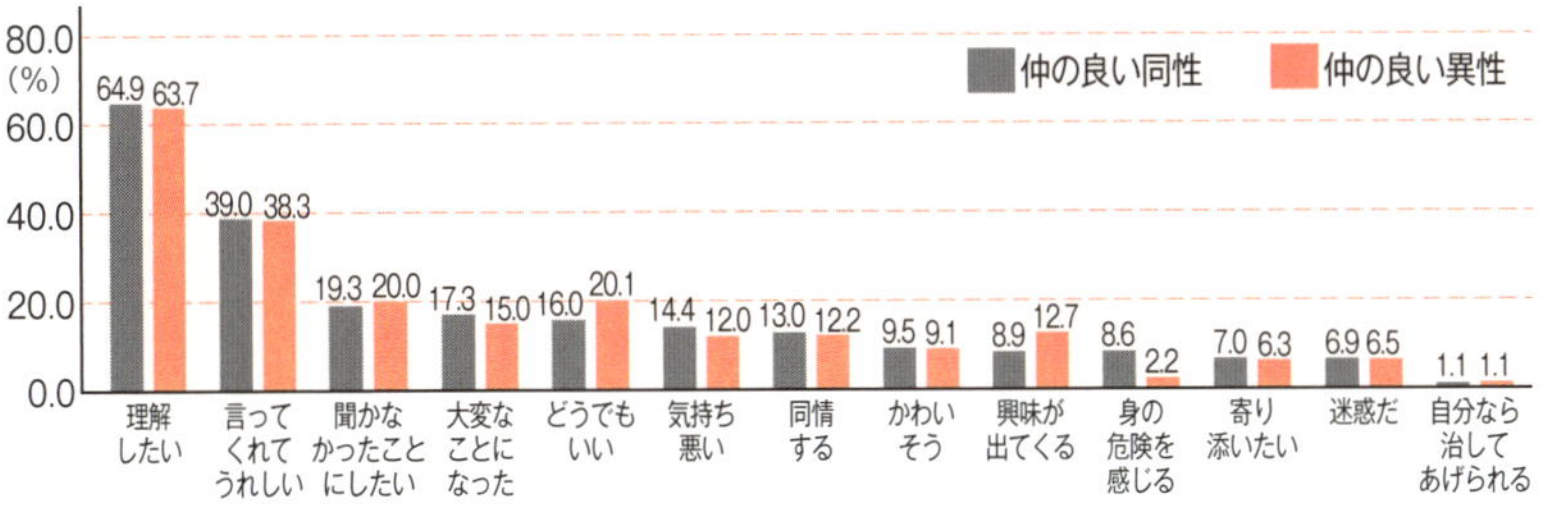

回答者数：「仲の良い同性の友人」1153人、「仲の良い異性の友人」1138人

グラフ2 仲の良い同性の友人から同性愛者と告げられたら？

男性と女性の反応の違い

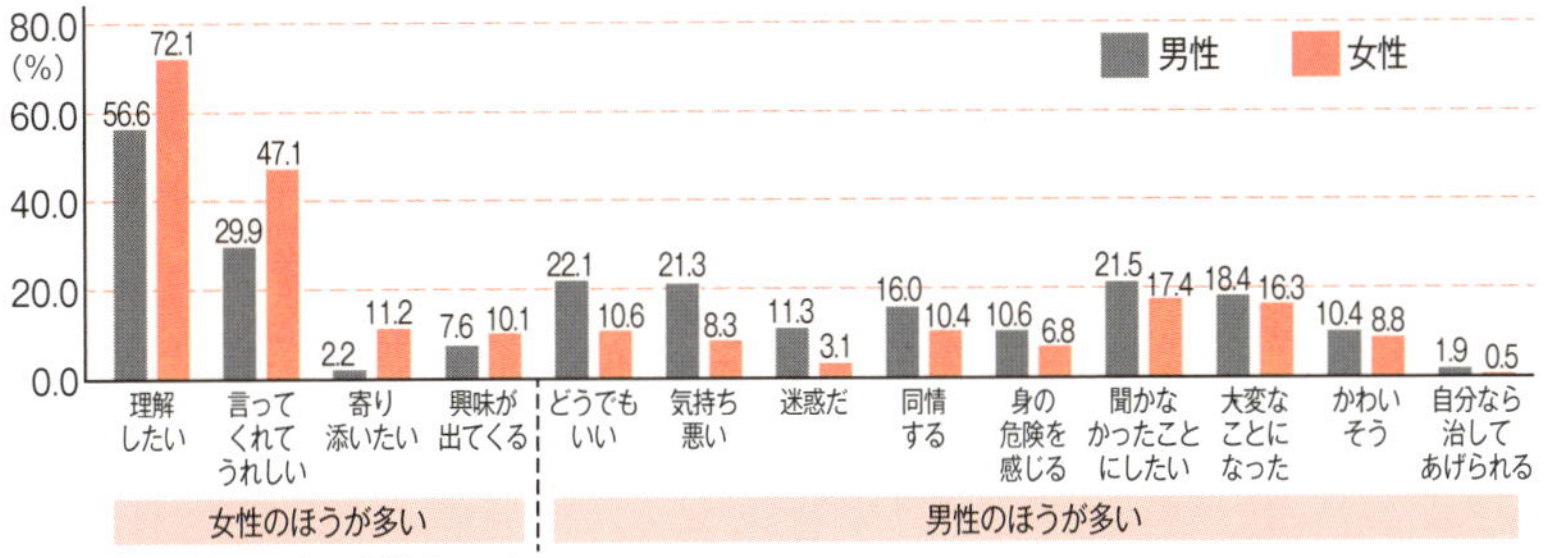

回答者数：男性539人、女性614人

年代別の反応の違い

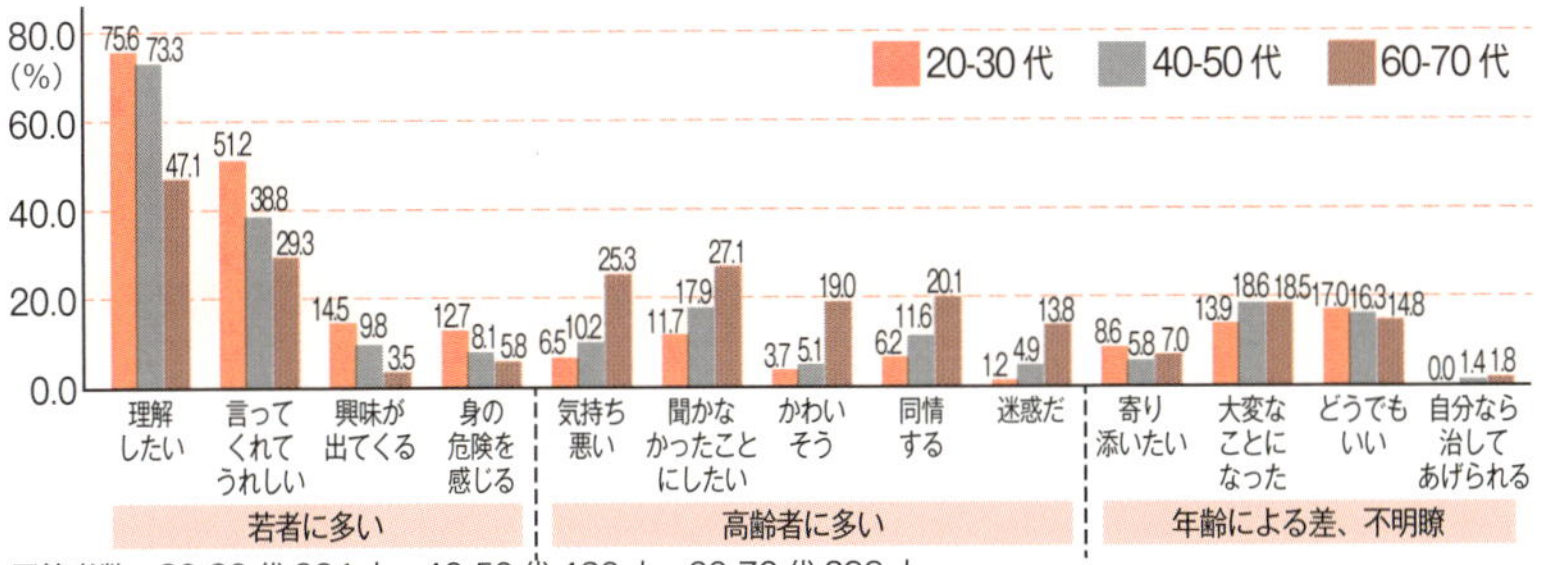

回答者数：20-30代324人、40-50代430人、60-70代399人

キーワード　性的マイノリティについての意識 2015年全国調査報告書　2015年3月に、日本全国の20～79歳を対象に、性的マイノリティを取りまく社会意識をたずねた調査。

統計からわかること

若者のほうがLGBTを受け入れやすい？

◆若者は「職場の同僚」に寛容

28ページで見たように、友人からの同性愛のカミングアウトに関しては、高年齢層より若者のほうが肯定的に受容していることがわかりました。しかし同じ調査の別の質問では、別の論点も見いだされました。

「職場の同僚が」①「同性愛者だったら」あるいは②「性別を変えた人だったら」どう思うかについて、「嫌だ」から「嫌ではない」の4段階でたずねたところ、「嫌だ」+「どちらかといえば嫌だ」を回答した割合は、20代では①が27%、②が19%でした。これが、70代では①が69%、②が63%であったことと比較すると、差は大きく、若い年代は寛容であるといえます。

◆「自分の子ども」の場合、差は縮まる

けれども、質問文の「職場の同僚が」を「自分の子どもが」へと変えた質問では、「嫌だ」+「どちらかといえば嫌だ」を回答した割合は、20代で①が56%、②が57%にまで上がります。つまり、若者は、それほど近しい関係にない相手であれば同性愛者や性別を変えた人に対して寛容ですが、自分の子どもを想定した場合には寛容ではない態度をとる人が増えることがわかります（P31グラフ参照）。ＬＧＢＴに寛容かそうでないかについて、若者は高年齢層より、相手との関係性によって変わるといえそうです。

参考文献　釜野さおり『性的マイノリティについての意識 2015年全国調査報告書』: 104-105.

性的マイノリティに否定的な人の割合

職場の同僚、もしくは自分の子どもが同性愛者やトランスジェンダーだった場合の受け止め方を、20 代と 70 代で比較している。「嫌だ」「どちらかといえば嫌だ」という否定的な回答をした割合は、20 代のほうが低い。70 代は相手によって受け止め方はあまり変わらず否定的な見解を持つ人が多いが、20 代に「自分の子どもが」とたずねた場合には、否定的な回答の割合が大きく増える傾向がある。

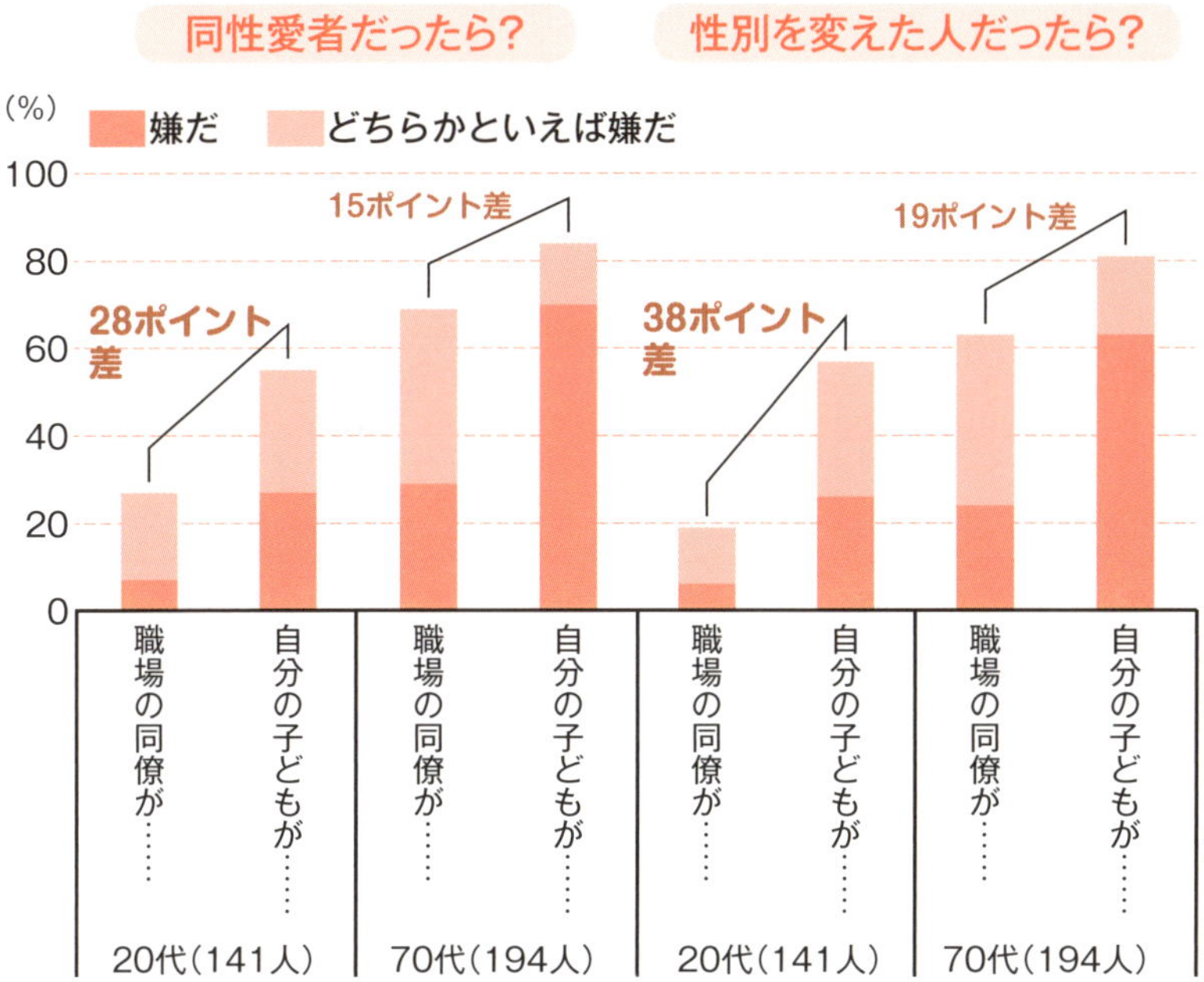
同性愛者だったら？
性別を変えた人だったら？
(%)
嫌だ
どちらかといえば嫌だ
100
80
60
40
20
0
28ポイント差
15ポイント差
38ポイント差
19ポイント差
職場の同僚が……
自分の子どもが……
職場の同僚が……
自分の子どもが……
職場の同僚が……
自分の子どもが……
職場の同僚が……
自分の子どもが……
20代（141人）
70代（194人）
20代（141人）
70代（194人）

これがいい!!
20 代のほうが相手との関係性によって反応が大きく変わる

プラスα　この調査で「嫌だ」の感情を中心にたずねた理由は、以前行われた別の調査の質問文と一致させる必要性があり、肯定的感情をたずねた場合には回答の解釈が難しいと判断したため。

統計からわかること

カミングアウトすると、勤続意欲が高まる？

◆カミングアウトと勤続意欲の関係

2154人が回答した虹色ダイバーシティ・ICU CGSの「LGBTに関する職場環境アンケート2015」によれば、職場でカミングアウトをしていない層よりしている層のほうが、勤続意欲の高い人の割合が多いことが明らかになりました。カミングアウトをしていない層において、勤続意欲が高い人々の割合は47・4％でしたが、カミングアウトをしている層では、そうした人々が61・2％にのぼりました。

◆調査結果の読み解き方

これは大変貴重な調査結果ですが、結果を読む際には少し留意が必要です。この結果からわかるのは、〝職場でカミングアウトをしていることと、その本人の勤続意欲の高さには統計的な関連がある〟という事実につきます。〝カミングアウトをすれば勤続意欲が高まる〟とか、〝勤続意欲が高まればカミングアウトをする〟といった結果が示されているわけではありません。「△△すれば○○になる」という関係性を「因果関係」といいます。因果関係をこうした調査で明らかにするためには、以前の状況とその後の状況の両方を1回の調査で聞いて比較するとか、同じ人に時間を置いて同じ質問をたずねる（パネル調査をする）といった、別のしくみが必要です。

参考文献 Nijiiro Diversity, Center for Gender Studies at ICU 2015.

カミングアウトと勤続意欲の関係

LGBTの当事者1,492人の、職場でのカミングアウトの有無と、勤続意欲を「高」「中」「低」の3段階で集計したオープン型ウェブ調査の結果。カミングアウトしている層のほうが、勤続意欲「高」を選んだ人の割合が多かった。

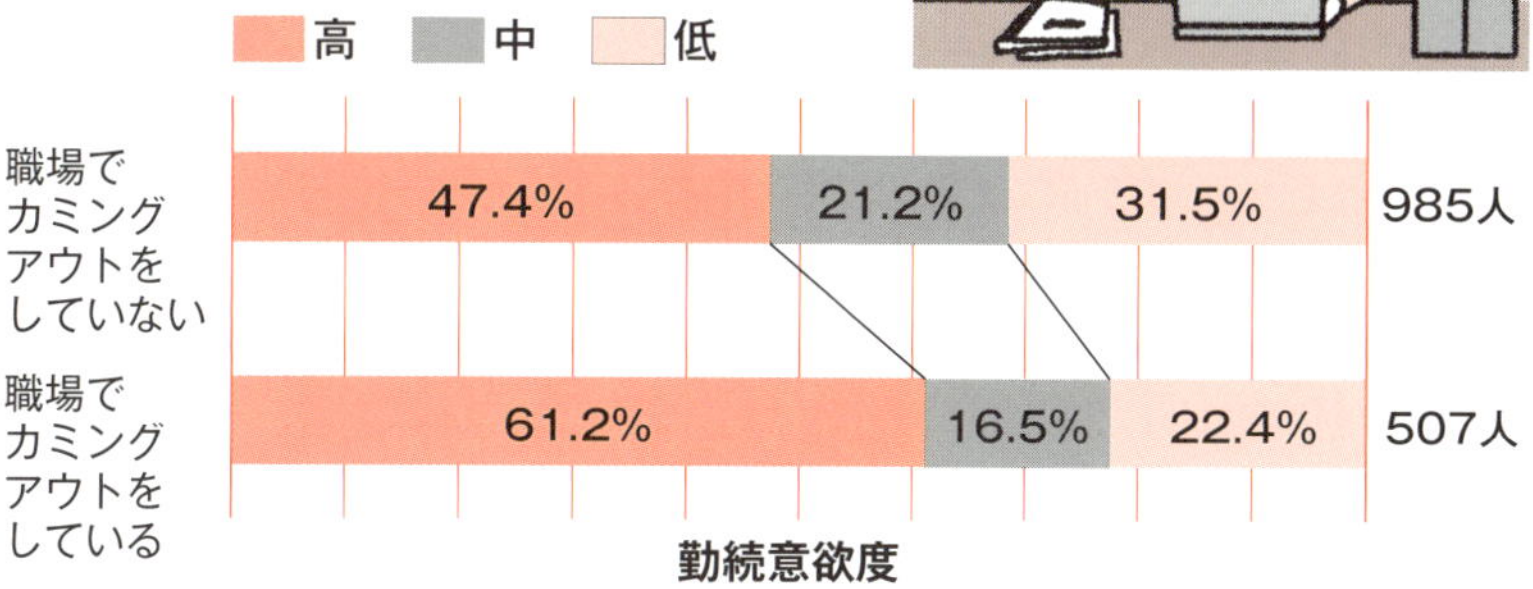
高
中
低
職場でカミングアウトをしていない
47.4%
21.2%
31.5%
985人
職場でカミングアウトをしている
61.2%
16.5%
22.4%
507人

勤続意欲度

対象回答者1,492人（χ^2=25.957, p<.000）

この調査でわかったこと

カミングアウトの有無 ― 勤続意欲の高い人の割合

「関連性」があること

この調査では下記のことは明らかではない

原因 → 結果

カミングアウト → 勤続意欲の向上

勤続意欲の向上 → カミングアウト

「因果関係」があること

プラスα パネル調査は、期間をあけて同じ人に同じ質問をし、心理の変化などをみる方法。手間と時間がかかる。

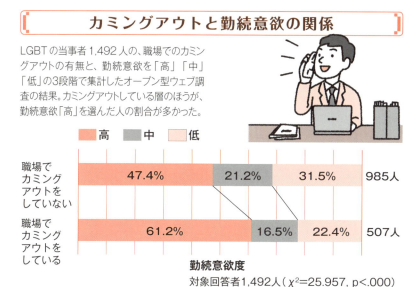

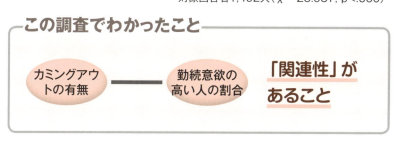

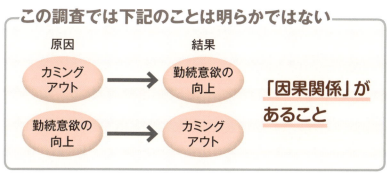

カミングアウトはしたほうがいい？

カミングアウトのメリット・デメリット

◆カミングアウトで人間関係が変化することも

ＬＧＢＴの当事者は、誰もがカミングアウトをしたほうがよいと言い切れるでしょうか。カミングアウトには、メリットとデメリットがついて回ります。カミングアウトを損得勘定のように考えるのはよくないという考えもたしかにあるでしょう。しかし、**自分をまもるためにも、社会生活や人間関係に与える影響を知っておくことは大切です。**

アメリカの人権団体ヒューマン・ライツ・キャンペーン（ＨＲＣ）[※]が、カミングアウトのメリットとデメリットをまとめています[*1]（Ｐ35参照）。デメリットは、アウティングされたときの被害ともほぼ共通します。

アメリカの状況が日本にそのまま当てはまるわけではありませんが、アメリカでは若いホームレスの約4割がＬＧＢＴの若者、そのうち約7割がホームレスになった主な要因として家族からの拒否があったという報告もあります[*2]。カミングアウトをすることと家を追い出されることが密接に関連している社会だといえます。

日本ではどうでしょうか。若年層ホームレスにおけるＬＧＢＴの割合は少ないように見受けられますが、皆無ではありません。カミングアウトによって家から追い出されるケースは、日本でも昔から多少なりとも存在していたという認識が必要です。

カミングアウトすることの長所と短所を知っておきましょう。

参考文献
*1 Human Rights Campaign (2014) “A Resource Guide to Coming Out”.
*2 SDGLN (2012) “America's shame: 40% of homeless youth are LGBT kids”.

HRCが挙げるカミングアウトのメリット・デメリット

メリット

- オープンに生き、人生をまっとうできる
- より緊密で正真正銘の関係を築くことができる
- 他者からよく知られ愛されることによって、自尊心が築かれる
- アイデンティティを隠すことによるストレスが軽減する
- LGBTのほかの人々とつながり、強く活気のあるコミュニティに参加できる
- LGBTとはどういった人々のことを指し、どのような生活を送っているのかにまつわる俗説やステレオタイプをぬぐい去る働きを持つ
- 他者にとってのロールモデル（行動や考え方の模範となる人物）となる
- 自分たちの足跡をたどろうとする、より若い世代のLGBTを楽にさせられる

デメリット

→ アウティングしてしまったときに、相手に与える被害でもあることを認識しよう

- すべての人が理解し受容するわけではない
- 家族や友人、職場の同僚は衝撃を受け、混乱し、敵意さえ持つかもしれない
- 関係性が永続的に変わってしまうおそれがある
- 嫌がらせや差別を受ける可能性がある
- 身体の安全性にリスクが生じるかもしれない。特に18歳未満の若者は家を追い出されたり、両親からの経済的な支援を失う可能性がある

※HRC（Human Rights Campaign）　LGBTの人々への差別をなくし権利を守るために活動する、アメリカの非政府組織（NGO）。

理由・目的・伝えたい内容を書き出してみる

◆カミングアウトをする前には準備を

カミングアウトは「告白」と訳されることもあります。「告白」を「広辞苑（第五版）」で引くと、心の中に秘めていたことや隠していたことを打ち明けること、とあります。告白という表現がキリスト教の「悔悛《かいしゅん》（告解）」に近いという指摘もあります（P248も参照）。このため、「公開」「開示」という訳語を選ぶ人もいます。

カミングアウトはその後の社会的な生活に影響を与えるものであることから、「ありのまま」の自分を聞いてもらえる人がいればよいのですが、そうでない場合は少し工夫が必要です。

ＱＷＲＣ※と思春期保健相談士の徳永桂子氏は以下のように説明します※。

カミングアウトを迷ったり悩んだりしているなら、まず専門の相談窓口に電話し、自分の気持ちと考えを整理するのがよいでしょう。次に、カミングアウトしようとしている相手は秘密を守れそうな人かどうかを考えましょう。また、カミングアウトをしてどうなりたいかをイメージしましょう。カミングアウトしようとしている理由・目的・伝えたい内容を、言葉に起こします。怒りや不安があれば相談機関に電話するのもよいかもしれません。多くの思いを抱えているので、伝える内容はシンプルに１つか２つとし、メモを見ながら、書いてあることだけをていねいに伝えることがよいでしょう。

事前準備をすれば、心の準備にもなります。

※ QWRC（くぉーく）　フェミニズムの視点を重視しながら、LGBT など多様な性のあり方が尊重される社会をめざし、講演活動や情報発信、電話相談などを行う NPO 法人。

目的に応じた話の切り出し方の例

1. ただ伝えたい場合
「今日は、ただただ聞いてもらいたいんだ。質問したいこと、たくさん出ると思うけど、それはまたあとにしてね」

2. 理解してほしい場合
「わたしの話を、まず聞いてね。聞いたあとで、わからないことはなんでも質問してね」。質問されてわからないことがあれば、「そのことはまだわからない」「その部分はまだ迷っているの」などと答える。

3. 援助してほしい場合
「困っているので、助けてもらいたいことがあります。助けてもらいたいことの話はあとでするので、まずは、カミングアウトをするので聞いてください」

誰かに話を聞いてもらいたい人へ

LGBTに関する悩みの相談機関

● **よりそいホットライン**：性別や同性愛などの性的マイノリティについて相談できる。

相談電話　0120-279-338
※ガイダンスのあと4番を選ぶ（24時間通話料無料）
※岩手・宮城・福島からは 0120-279-226

サイト　http://279338.jp/

● **NPO法人 QWRC**：LGBTの当事者やその家族、友人を対象とした電話相談。労働相談も受け付けている。

相談電話　06-6585-0751（第1月曜 19:30～22:30）

メール　info@qwrc.org　　サイト　https://qwrc.jimdo.com

● **AGP電話相談**：同性愛者本人やその家族の悩み、心の問題に対応する「こころの相談」と、同性愛者の体の悩みや病気について相談できる「からだの相談」ダイアルがある。

相談電話　050-5539-0246
（「こころの相談」毎週火曜 20:00～22:00）

サイト　http://www.agp-online.jp

参考文献　＊ QWRC&徳永桂子（2016）『LGBTなんでも聞いてみよう』子どもの未来社:113-116.

周りの人ができること

カミングアウトを支えるために

◆相手との関係性で支え方が変わる

もしあなたが性的マイノリティの人々からカミングアウトを受けたときには、どう対応したらよいのでしょうか。原ミナ汰氏は人間関係の領域をミクロ－メゾ－マクロの３つに分け、わかりやすく説明しています。

◆ミクロ領域（一対一の関係）

まずは特に助言をしようとは思わず、投げられたボールをしっかり受け止めるのがよいでしょう。「教えてもらってよかった」と平常心で反応すれば十分です。

ただし「信じられない」「身近にそんな人はいなかった」という反応は信頼感を損なう原因となります。開示と受け入れが成立するまでは、憶測や固定観念は脇に置き、一個人として本人の話を傾聴することが重要です。

◆メゾ領域（一対数人の関係）

メゾ領域のカミングアウトとは、直接所属する集団や組織に対して表明する場合にあたります。この領域でのカミングアウトは自己開示そのものだけでなく、現状の改善や不都合の是正、介入の要請を伝えるために行われます。

必要ならばＬＧＢＴの相談窓口や支援団体につなげますが、丸投げをせず、本人が居場所と感じる場所を増やすことが重要です。

参考文献
原ミナ汰（2016）はた・藤井・桂木編『学校・病院で必ず役立つLGBTサポートブック』保育社；
原ミナ汰（2017）二宮周平編『性のあり方の多様性』日本評論社.

　このレベルでは自己開示がもたらすリスクが大きくならないための対策、たとえばカミングアウトの予行演習をするなどのサポートをします。それと同時に、集団や組織にもの申す関係上、支援者も孤立しがちであるため、3人1組のチーム対応を基本とし、1人がミクロ領域でのケア担当、2人目がメゾ領域での調整役となり、3人目が制度やルールへの対応を担当できるとよいです。

◆マクロ領域（見知らぬ相手も含まれる関係）

　マクロ領域でのカミングアウトとは、メディアや不特定多数が集う空間、あるいはネット上で、自己を表明し、制度や法律の制定や改正に取り組むことを示しています。いったんマクロ領域でカミングアウトをすると、後戻りするのは難しいとされています。本人や賛助者が直接コントロールできない範囲に自己開示の情報が及ぶためです。

メゾ領域でのカミングアウトは3人で支援

部下からカミングアウトされた場合の例

1人目の役割
当事者の話を聞く

2人目の役割
会社側の主張と本人の希望を調整する

3人目の役割
会社の制度やルールを見直す

たとえば同期など親しい間柄の人が当事者の相談役に、現状の調整や制度などの対応は上司が担うなど、3人で対応する。

プラス α　カミングアウトを初めてする人は、自分を適切に表す言葉が不足し、たとえば好き嫌いの自由な表現や、自尊感情を育む機会が不足していることがある。相手方は傾聴が大切である。

当事者を追い込むアウティング

アウティング事件は単なる失恋だったのか？

◆彼は何をアウティングしたのか？

都内国立大学において、ある男性が友人からアウティングされたあと、転落死する事件が起こりました（P41参照）。この事件にさまざまな人が意見を表明し、なかには、異性愛に置き換えてみれば単なる失恋に過ぎないとか、本人の心持ちの弱さが原因だとする意見も出ました。大学も、「これは同性愛を苦にした転落死であり、人知《じんち》の及ばないことだった、対応に問題はないと法廷で主張しています。

果たして単なる失恋だといえるのでしょうか。友人が言った言葉を手がかりに考えてみましょう。

「おれもうおまえがゲイであることを隠しておくのはムリだ。」

まず、仮にこの文を「おまえが異性愛者であることを隠しておくのはムリだ」にしたらどうでしょうか。文は有意味でなくなります。よってこの言動はセクシュアリティのアウティングです。では次に、仮に告白した側が女性だったとして「おまえが俺を好きであることを隠しておくのはムリだ」にしたらどうでしょうか。今度は、異性間であったとしても、当人の好意を第三者に暴露したことには変わりありません。

よって友人が行ったのは、セクシュアリティと好意のアウティングです。失恋や同性愛を苦にした事件に矮小化《わいしょうか》されるべきではありません。

アウティングの危険性を考えるきっかけになった事件があります。

※LINE　一対一、もしくはグループでメッセージや通話のやりとりをすることができるスマートフォン等で使えるアプリ。

アウティング事件のあらまし

都内国立大学のロースクールに通っていた男性

同じロースクールに通っていた当事者の友人の男性

＜2015年4月＞

2015年4月、当事者の男性は、友人関係だった相手の男性にコミュニケーションアプリのLINE※で「俺、好きだ、付き合いたいです」と思いを伝えた。相手の男性は「付き合うことはできないけど、これからもよき友達でいてほしい」と返信。

↓

＜2015年7月＞

告白から約3か月後、相手の男性は当事者も含む友人数人が見ることのできるLINEのグループに、「おれもうおまえがゲイであることを隠しておくのはムリだ。ごめん」というメッセージを投稿した。それ以来、当事者の男性は相手の男性と接すると動悸や吐き気などの体調不良を来すようになり、心療内科に通院するように。ロースクールの教授や大学のハラスメント相談室にも複数回、相談に行っていた。

↓

＜2015年8月＞

8月、当事者はロースクールのクラス全員が読むことのできるLINEグループに、「＜相手の名前＞が弁護士になるような法曹界なら、もう自分の理想はこの世界にない」「いままでよくしてくれてありがとう」などのメッセージを送ったのちに、大学の校舎から転落死した。当事者の両親は、「被告のしたことは、当事者への加害行為であり、違法である。適切な対応をとらなかった大学側にも責任がある」とし、訴訟を起こした。

プラスα　2018年1月に遺族と被告の学生は和解をしたが、大学とは係争中（2018年8月現在）。

当事者を追い込むアウティング

ネット上でのアウティングから身を守るには

◆個人を特定されている場合には対応を

プライバシーの侵害がインターネット上で増えています。性的マイノリティであるという情報を本人の了解なく第三者に知らせることは、プライバシーの権利の侵害や名誉毀損《きそん》にあたる可能性があります。対応のあり方について、LGBT支援法律家ネットワークがまとめています。*

プライバシーの侵害が認められるためには、ネットの書き込みを読んだ人が、内容からあなたのことだと特定できる必要があります。一般的に、ハンドルネームだけの場合は特定できないと考えられています。ただし前後の書き込みを併せて判断し、削除できる場合もあります。

ネット掲示板で個人情報をばらされてしまう事件もあるんだ。

書き込んだ人物がわかる場合は、メールやダイレクトメッセージを利用し、削除を求めましょう。悪意がある、無視される、連絡を取る方法がないなどの場合は、次の手段を取ります。

掲示板などのサービス提供者の多くが、利用規約でプライバシーの侵害や名誉毀損にあたる書き込みを禁止しています。違反者申告専用のフォームやメールアドレスから管理者に削除を求めましょう。削除に応じてくれないときは、サービス管理者に対して、送信防止措置手続き（＝削除）の申し立てをします。「プロバイダ責任制限法関連情報Webサイト」の「名誉毀損・プライバシー関係ガイドライン」を参考に作成します。裁判所の仮処分※手続きもありえます。

参考文献 * LGBT支援法律家ネットワーク出版プロジェクト編（2016）『セクシュアル・マイノリティQ&A』弘文堂:100-103.

名誉毀損・プライバシー関係書式の記入例

書式①－１　侵害情報の通知書兼送信防止措置依頼書（名誉毀損・プライバシー）

年　月　日

至　［特定電気通信役務提供者の名称］御中

［権利を侵害されたと主張する者］
住所
氏名　（記名）　印
連絡先（電話番号）
（e-mail アドレス）

侵害情報の通知書　兼　送信防止措置依頼書

あなたが管理する特定電気通信設備に掲載されている下記の情報の流通により私の権利が侵害されたので、あなたに対し当該情報の送信を防止する措置を講じるよう依頼します。

記

掲載されている場所		URL： その他情報の特定に必要な情報：（掲示板の名称、掲示板内の書き込み場所、日付、ファイル名等）
掲載されている情報		例）私の実名、自宅の電話番号、及びメールアドレスを掲載した上で、「私と割りきったおつきあいをしませんか」という、あたかも私が不倫相手を募集しているかのように装った書き込みがされた。
侵害情報等	侵害されたとする権利	例）プライバシーの侵害、名誉毀損
	権利が侵害されたとする理由（被害の状況など）	例）ネット上では、ハンドル名を用い、実名及び連絡先は非公開としているところ、私の意に反して公表され、交際の申込やいやがらせ、からかいの迷惑電話や迷惑メールを約○○件も受け、精神的苦痛を被った。

上記太枠内に記載された内容は、事実に相違なく、あなたから発信者にそのまま通知されることになることに同意いたします。

	発信者へ氏名を開示して差し支えない場合は、左欄に○を記入してください。○印のない場合、氏名開示には同意していないものとします。

掲示板などの管理者に、プライバシーを侵害された当事者が、書き込みの削除を求めるための書類の記入例。書式のフォーマットは「プロバイダ責任制限法関連情報Webサイト」（http://www.isplaw.jp/）でダウンロードすることができる。

アウティングされた場合の記入例

掲載されている情報		私の実名、メールアドレス及び職場名を掲載したうえで、私が同性愛者であり、さらに肉体関係だけの同性パートナーを常時募集しているような内容の書き込みがされた。
侵害情報等	侵害されたとする権利	プライバシーの侵害、名誉毀損
	権利が侵害されたとする理由（被害の状況など）	ネット上では、ハンドル名を使い、実名及び職場は非公表としているところ、私の意に反して公表され、職場に確認や嫌がらせの電話が約○件届き、交際の申し込みのメールが約○件届き、精神的苦痛を被った。

※仮処分　裁判の結果を待っていては当事者に著しい不利益が発生する危険がある場合に、裁判の結果を待たずに権利を守るために必要な暫定的措置を認める処分。

COLUMN

石田先生と一緒に考えてみよう

性的マイノリティは日本社会で何％を占めるのか

本章では、性的マイノリティは「いない」のではなく「伝えにくい」ということを主眼に解説してきました。

それでは、日本の中に性的マイノリティはいったいどれほどいるのでしょうか？　インターネット・モニタを用いた各種調査では、７～８％が性的マイノリティという数字が出ていますが、調査対象者の選び方の点から、この値を日本における人口比と見なすことはできません（詳しくはP226 ～ 229 参照）。

数値を社会の人口比に置き換えることができる各種社会調査では、同性や両性に性的魅力を感じたことがある、もしくは性経験があると答えた人の割合は、１～４％台でした。ただし公的な名簿を用いた調査なので、調査される側は自分のセクシュアリティを「伝えにくい」と感じ、実際よりも低い数値となっている可能性があります（真実に近い数値の可能性もあります）。

2017 年には三重県在住の高校２年生約１万人に調査が行われ、性的マイノリティと見なしうる生徒の割合は 10％という結果が出ました。また現在、複数の研究チームが社会における性的マイノリティの人口比を出すための調査を計画しており、ここ５年ほどの間にその研究が日本で進むと考えられます。しかし人口比の多い少ないにかかわらず、行政や企業、学校での性的マイノリティへの理解が進められることが、何より重要です。

釜野さおり（2016）『性的マイノリティについての意識』報告書：207、日高庸晴(2018)『ヒューマンライツ』(365)：2-12.

第2章

どうしたら
学校は
過ごしやすい
場所になる？

学食にて
新聞で女子大が女性として入学したい学生を受け入れることが話題になってたよ
見た?
見た見た
小中学生にもきっといるんだろうね
ばんばん
それもだけど、今までどうしてたんだろう…トイレも更衣室も‼
消え去りたいって思って学校に通ってる子もいるだろうしね
おー
辛いよね…
いい視点ですね

教育現場では性的マイノリティやそうかもしれない子どもへの適切な対応が課題となっています
いるし
世界的には学校でマイノリティの存在について学んで、偏見や差別をなくすための教育が求められているんです
ぱくぱく
うおっ
授業で少し聞いたことある…
僕はなかったな…
そこが日本の課題なんです

学校空間での困難

性的マイノリティの子どもの居場所は？

◆困難を感じやすい5つの原因

性的マイノリティの一員である、あるいはそうかもしれないと感じている子どもたちは、学校生活でどのような困難を感じているでしょうか。LGBTの若者の課題に取り組んできた「ReBit《リビット》」※の薬師実芳《やくしみか》氏は次の5点を挙げます。＊

1つめは、学校空間が男女で分けられていることそのものについてです。トランスジェンダーの子どもは、望まない性別に振り分けられるたびに自尊心を削られていく可能性があります。

2つめには、性的マイノリティの不在が前提となっていることです。出生時の性別に即した男らしさ・女らしさの強要や、「いつかは結婚して子どもを育てるんだから」などの異性愛モデルは、当事者の子どもたちに疎外感を与えます。

3つめは、子どもたちが正しい知識を得られにくいことです。当人は自分をどのようにとらえたらよいか分からず、また周りの知識や理解の不足はいじめにもつながる可能性があります。

4つめは、身近に相談できる人がいないこと。教職員が基本的な知識を持っていないと、当事者である子どもの困りごとに気付けなかったり、不適切な対応をしてしまうことがあります。

5つめには、ロールモデルが見えないことです。大人であれ、性的マイノリティであることを周囲にカミングアウトするのは難しい状況において、当事者の子どもが大人になるイメージ

学校での
何気ない場面が
LGBT の子どもを
傷つけてしまう
んだね。

※ ReBit LGBTを含めたすべての子どもが、ありのままの自分で大人になれる社会をめざすNPO法人（https://rebitlgbt.org/）。

を描くことは、困難といえます。

◆教師や保護者が解決できることもある

学校生活においては、このような困難がありますが、そのうちいくつかは、教職員や保護者の取り組み、あるいは子どもたちへの教育で解決に向かう可能性があります。

本章では、性的マイノリティの子どもたちへの接し方、性教育の実態と取り組みなどを説明します。

こんなとき当事者の子どもたちは？

学校内の設備は、男か女の2つの性を想定してつくられていることがほとんど。家庭科や道徳などの授業も、異性愛を前提とする話になっていることが多い。社会に性的マイノリティが存在していないかのような印象を植えつけられてしまう。

異性愛前提の会話
彼女できた？

ジェンダーで分けられた空間や行動

参考文献 ＊ 薬師実芳（2017）「多様な性から多様性が受け入れあえる社会を目指して」『神奈川大学評論』(88)：83-91.

学校空間での困難

「いない」のではなく「伝えにくい」

◆周りが気付いていなくても当事者はいる

「いのちリスペクト。ホワイトリボン・キャンペーン」は、10歳から35歳までの当事者に調査を行い、過去や現在の学校生活上での自己の開示、いじめやからかいの経験・見聞きなどについて、609人の回答を集計しています。

結果によると、回答者の約4分の3が、自分がLGBTであることを、誰にも話せないかごく少数の相手に伝えるにとどまっています（グラフ1参照）。その理由（複数選択）としては、「理解されるか不安だった」「どう話したらいいかわからなかった」などが多く選ばれ、他人に理解してもらうための自己表現の言葉がうまく見つからない状況にあるといえます（表1参照）。

LGBTをネタとした冗談やからかいを見聞きした経験は多く（表2参照）、そうした状況で「自分がいじめられないよう一緒になって笑った」人は、異性愛者でない男女の中で3割以上を占めていました（表3参照）。学校空間での同調圧力の強さが浮き彫りになっています。

冗談やからかいに対して、級友や教職員が「誰も傷ついていないからいいと思った」と考えるのは早計であることを調査は示しています。「いる・いない」の基準ではなく、「していいこと・悪いこと」という基準で行動すべきであると考えることが大切です。ほかならぬ、大人の社会はその基準で成立しているはずですから。

LGBTであることを打ち明けにくくしている原因はなんだろう。

キーワード　いのちリスペクト。ホワイトリボン・キャンペーン　LGBTの子ども、若者に対するいじめ対策、自殺対策（＝生きる支援）などに取り組むNPO団体。

LGBTの生徒の多くは周囲に伝えにくいと感じている

高校生までの間にLGBTであることを誰にも伝えられなかった人は、男子で約5割、女子で約3割を占める（グラフ1）。表1はその理由を集計したもので、男子のほうが、よりいじめや差別を受けることを心配している傾向があった。表2、3の結果からは、学校でLGBTをネタとしたからかいが多く、当事者は無理をして同調していることが読み取れる。

［グラフ1］高校生までの間にLGBTであることを伝えた人数は？

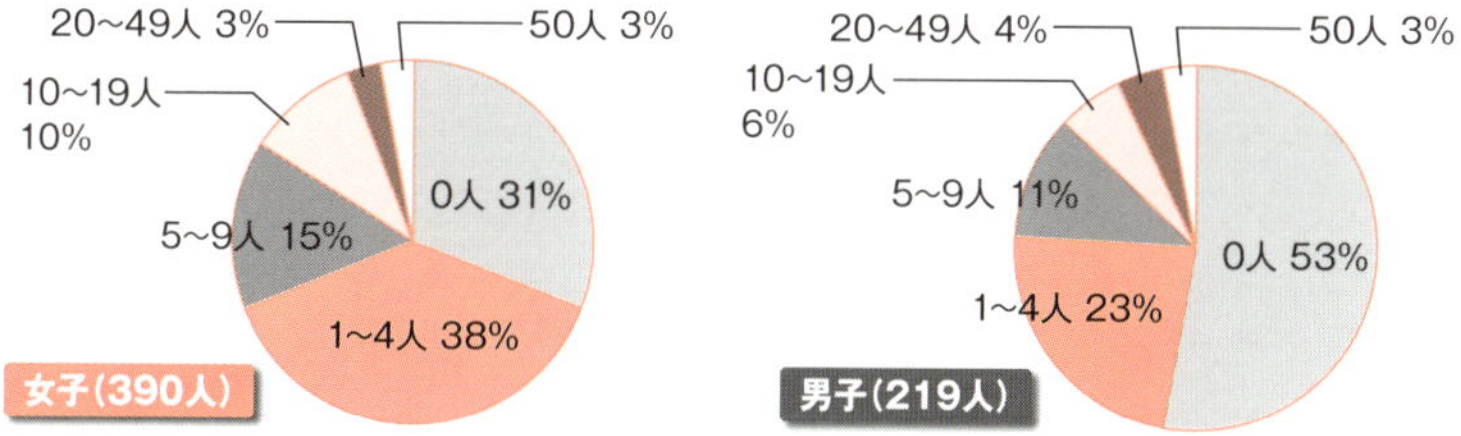

［表1］自分自身がLGBTであることを話さなかった理由（複数回答）

	性別違和のある男子	非異性愛男子	性別違和のある女子	非異性愛女子
理解されるか不安だった	62%	67%	66%	59%
話すといじめや差別を受けそうだった	60%	59%	38%	33%
特に話す必要を感じなかった	34%	46%	45%	49%
どう話したらいいかわからなかった	51%	40%	46%	39%
その他の理由で話さなかった	14%	10%	9%	10%
話さなかった相手は特にいない	2%	1%	3%	1%

［表2］LGBTをネタとした冗談やからかいを見聞きした経験

	性別違和のある男子	非異性愛男子	性別違和のある女子	非異性愛女子
特定の誰かを指したものではないが見聞きした	66%	62%	62%	60%
周囲の誰かを対象としたものを見聞きした	42%	47%	41%	41%
自分が不快な冗談やからかいを受けた	42%	44%	33%	14%
そのようなことはなかった	12%	15%	14%	20%

［表3］LGBTをネタとした冗談やからかいを見聞きした際の対応

	性別違和のある男子	非異性愛男子	性別違和のある女子	非異性愛女子
何もしなかった	71%	68%	75%	87%
自分がいじめられないよう一緒になって笑った	17%	38%	25%	30%
やめてほしいと言った	16%	14%	13%	14%
親に相談した	0%	2%	1%	0%
学校の教師に相談した	3%	1%	1%	8%
他の友人や同級生に相談した	3%	2%	2%	2%
各表の回答者数	65名	154名	180名	210名

（LGBTの学校生活に関する実態調査（2013）をもとに作成。報告書における男子・女子は「生物学的性別」を指している。）

教職員にできること

子どもたちの気持ちを理解しよう

◆子どもの行動に注目する

性的マイノリティを表すための言葉を十分に得ていない段階の子どもたちは、自分の気持ちを伝えるために試行錯誤をくり返します。

性的マイノリティの教育上の課題に対し幅広く活動する遠藤まめた氏は、性別違和（P86参照）のサインとして、①スカートをはきたがらない、②作文の時間になるとソワソワする、③授業が始まるとトイレに行くといった例を挙げています[*1]。

これらはそれぞれ、①女の子っぽい洋服を着たがらない、②からだの性に合わせて「ぼく」「わたし」を使うことへの抵抗がある、③男子／女子トイレにいるのを同級生に見られたくない、といった解釈の可能性を指摘しています。

もちろん、授業中にトイレに行く子どもがすべて性別違和を抱えるわけではありませんが、ときには教師や保護者が想像力を働かせ、子どもたちの行動の意味を考えることは大切です。

教職員は、
本人の迷いに
寄り添う姿勢が
大切です。

◆必要なのは〝分類〟ではなく、寄り添い

テレビ番組などでは、オネエタレントの好奇な言動として性別違和や同性愛が表現されることが多く、おうおうにして「笑ってもよい」「気持ち悪い」という文脈の中で発信されます。

その価値観に影響された子どもたちは、「自分がそうかもしれない」と気付いたとき、自己嫌

参考文献 ＊1 遠藤まめた（2016）『先生と親のためのLGBTガイド』合同出版：54-63.　＊2 薬師実芳ほか（2014）『LGBTってなんだろう?——からだの性・こころの性・好きになる性』合同出版：33.

悪をくり返すことも少なくありません。[*2]

なお、サインを発する子どもたちは、将来的に必ずしも性的マイノリティとしての自己認識を持つとは限りません。気付きの時期はさまざまで、幼少期の人もいれば、かなり大人になってから気付く人、自分を探求し続ける人もいます。**本人を性急に分類することは慎み、声ならぬ声に寄り添うことを心がけましょう。**

そして、「ひとりではない」というメッセージと、「私たちは多様性を持った尊重されるべき個である」という一見異なるような2つのメッセージを同時に伝えることも大切です。

性別違和のサインの例

体の性と心の性に対する違和感をうまく言葉で表せない子どもも、行動にサインが現れることがある。

□**スカートをはきたがらない**

↓

考えられる理由　女の子っぽい服を着たくない

□**作文の時間になるとソワソワする**

↓

考えられる理由　体の性に合わせた1人称を使いたくない

□**授業が始まるとトイレに行く**

↓

考えられる理由　男子／女子トイレにいるのを同級生に見られたくない

プラスα　LGBTの子どもに限らず、男子トイレが個室に分かれていないことに、使いづらさを感じる子どももいる。

教職員にできること

子どもたちからのSOSを受け取ったら

◆子どもがつらいと感じる詳しい理由を聞く

子どもからSOSの訴えを受け取った場合は、どうしたらいいでしょうか。高校教師の土肥いつき氏は、そうした訴えは学校生活を続けたいサインであり、まずは「言ってくれてありがとう」という一言から始めてほしいと言います。

生徒への支援で教職員がまずすべきことは、「生徒が何に困っているか」を明確にするため、教職員が先回りをせずに生徒からよく話を聞くこと、さらに、解決案を実現するために具体的に何をするのかを生徒と一緒に考えることです。

たとえば、性別違和を抱える生徒が「水泳の授業が嫌だ」と言うとき、ほかの生徒と一緒に授業を受けるのが嫌なのか、ほかの生徒との着替えが嫌なのか、自分自身の身体を見るのが嫌なのかなどにより、支援の方法は異なります。ですから、生徒の話をよく聞くことが必要です。*1

この対応として、着替え場所に保健室や多目的トイレの利用を認めることはよいことですが、ほかの生徒にカミングアウトをしていない状態での別室使用は、ほかの生徒から不審がられる可能性もあります。そのような場合、どうすればよいのでしょうか。

LGBTの子どもへの取り組みは、当事者でない子どもにも有益です。

◆あらゆる生徒にとって居心地のよい場所に

土肥氏は、ある小学校のI先生の取り組みを紹介します。I先生が性的マイノリティの存在

参考文献 *1 土肥いつき（2016）はた・藤井・桂木編『学校・病院で必ず役立つLGBTサポートブック』保育社：54-57. *2 土肥（2016）前掲：62-65.

を知ったとき最初に取り組んだのは、児童を男女に分けざるを得ない場面（ここでは着替えの場面）で、「もうひとつの場」を用意することでした。職員会議では〝その場を使う子どもはいないから無駄ではないか？〟という意見も出ました。

実際に「もうひとつの場」を使ったのは誰だったでしょうか。それはかつて心臓手術の傷跡を友達に見られて「気持ち悪い」と言われた経験を持つ子でした。その理由を聞いた友人は、過去にその子に向けられた心無い言葉に憤慨し、「それ、頑張って手術したあとなんやろ？」と言葉を継ぎ足しました。その友人の言動を受け、手術跡のある当人は、翌日から「もうひとつの場」を使わずに、友達と一緒に着替えるようになったということです。

制度としてもうひとつの場を用意することは、トランスジェンダー「ではない」子どもたちのためにもなること、またこれがユニバーサル・デザインの考え方に通じるものでもあり、「子どもたち同士の出会い直し」を生むことでもあると、土肥氏は論じています。*2

解決策を生徒と一緒に考える

どんな場面がつらいと感じる？
例　水泳の授業
その理由は？
例　一緒に着替えたくない
どうすれば授業に参加できそう？
例　保健室で着替えられたらなんとか

もし子どもが自殺願望を持つ場合は、担当教員が１人で抱え込むのではなく、カウンセラーや医療機関などと連携することも必要である。

プラスα　教員は不用意なアウティングをしないように注意を払う。例えば、職員会議などで取り上げる前に、当事者の子どもから、どの範囲の先生になら話してもよいか意思を確認する。

教職員にできること

学校では差別問題に触れないほうがよい？

◆積極的な指導は必要か

中学・高校において、たとえば同性愛に対する差別的な発言が生徒から聞かれた場合、教師は生徒にどう指導すべきでしょうか。実際には、「差別問題に触れるべきでない」「同性愛のテーマを扱うには早すぎる」「性はプライベートな問題である」などの理由を伴って、何も指導しない教師が多いのも事実です。

しかし、中学校と高校で教えた経験を持つ教育社会学者の前川直哉氏は、どれも誤った対応であると言います。

「学校は差別問題に触れるべきでない」は、たとえば部落差別などに対しても「寝た子を起こすな」「放っておけば時代とともに解消に向かう」といった見識に支えられてきました。けれども実際には、大人のひそひそ話や、ネットの匿名掲示板など、学校以外の多くのルートを通じて差別・偏見が生徒にも伝えられているのが現状です。また過去に比べ状況が改善されているのは、これまでの関係者の不断の努力の結果であることを前川氏は強調します。

次に、「年齢的に早すぎる」ため学校で扱う問題ではないとする意見に対しては、当事者を対象とした調査の結果から、同性愛の自覚と悩みや葛藤は、多くが中学・高校生の時期に、人によっては小学生の時期に経験することがわかっているため、決して早くないと前川氏は説明し

学校だからこそ差別や偏見に向き合う必要があります。

参考文献 前川直哉（2010）「学校での同性愛差別と教師の役割」加藤慶・渡辺大輔編『セクシュアルマイノリティをめぐる学校教育と支援』開成出版：66-81.

ます。

◆子どもたちの偏見をつくるのは社会

大人の会話、メディア上のおもしろおかしく脚色された表現、ネットの書き込みなどによって、生徒たちは同性愛に対する多くの誤ったイメージを植え付けられています。つまり、生徒たちは社会から隔絶された囲いの中で学校生活を送っているのではなく、社会と関わり合いながら価値観や語彙《ごい》を得ているということです。

そのため、たとえば差別的な発言が生徒から表明された場合、発言した生徒個人に責任を負わせ叱責する対応は適切ではありません。責められるべきは、そのような差別を温存している社会と大人たちであると前川氏は強調します。

つまり、「性はプライベートな問題である（から扱うべきでない）」とすることは、差別解消への努力を放棄し、当事者の悩みや葛藤をますます大きくする行為だといえるのです。

差別や偏見は学校の内にも外にもある

子どもたちには、学校の内外からさまざまな情報が入ってくる。偏見や差別は、そういった情報からつくられる。

大人同士の会話
バラエティ番組
インターネットの書き込み
差別発言があった場合、責められるべきは、その差別を温存している社会と大人たち

プラスα 差別や暴力について取り組む世界の性教育の試みも参考になる（橋本紀子ほか編 (2018)『教科書にみる世界の性教育』かもがわ出版）。

教職員にできること

差別や偏見をなくすための指導とは

からかいが、差別を差別でなくしてしまうんだ。

◆生徒の理解を促すためにできること

高校生にならどんな指導が可能でしょうか。前述の前川氏は、自らの取り組みを3点にまとめています。

1つめは、「からかいという差別」の問題点を説明することです。社会学者の江原由美子氏は、1970年代の女性解放運動（P17参照）に対するマスコミの報道を分析し、〝からかいの文脈でしか運動を報道が取り上げないことによって、女性解放運動を真面目に扱うに値しないものだとする印象を与えた〟と指摘しています。からかいは「遊び」であるため、それが差別であるという抗議には「おとなげない、空気が読めない行為」とみなされ、抗議が非常に困難です。前川氏はこの「からかいという差別」が同性愛にもかなり当てはまるとし、同性愛差別を含んださまざまな差別問題がこのやり方で見えにくくなっていることを、生徒に伝えています。

2つめは、メッセージを明確に伝えることです。生徒の差別的な発言は、授業中に発せられることもあります。その際、授業中の限られた時間の中で、同性愛差別が不当であること、同性愛の感情は不自然でも病気でもない自然な感情であることを、教師は明確に伝える必要があります。教室の中に存在するであろう孤立した生徒に届くことを期待して、明快に伝えます。

とはいえ、教師が勝手に「この生徒は同性愛

参考文献 ＊前川直哉（2010）、P56前掲；江原由美子（1985）『女性解放という思想』勁草書房.

者ではないか」と憶測し、その生徒を凝視して語るのは、その生徒への偏見を増長させることにもなりかねないので、注意が必要です。

3つめは、万人が自分の問題として考えることです。私たちは異性愛を「自然なこと」とみなしがちですが、それは、そのような〝水路づけ〟がさまざまな社会領域でたえず行われていることが大きいからでしょう。前川氏はこれを「異性愛の情報シャワー」と表現し、小さい時から「シャワー」に満たされてきたという説明をします。

◆差別問題は、誰にとっても人ごとではない

これからすれば、同性愛を不自然とみなす発言は、「一部の人たち」の問題、たとえば差別発言をする人と同性愛者だけの問題ではありません。ましてや、その発言に心が折れる同性愛者の「心の弱さ」として矮小化《わいしょうか》すべきではないのです。社会構造の中で、差別を受けて苦しむ人が存在することは、その社会に生きるすべての人々の問題であることを前川氏は強調します。*

異性愛の情報シャワー

シャワーを浴びるように「異性愛が自然」という情報に触れ続けることで、価値観が形成される。

幼少期
ママ役とパパ役なのね？
青年期
壮年期
モテメイク
10のテク
モテファッション
異性愛＝自然なことという情報に満たされる

プラスα 男らしさや女らしさの情報のシャワーについても同様。保育園や幼稚園ですでに、日々水路づけが行われている。（青野篤子（2008）柏木ほか編『日本の男性の心理学』有斐閣：74-79.）

日本の性教育

性に対し、ネガティブなイメージが強い

◆戦後すぐの価値観をいまだ引きずる

性的マイノリティは日本の学校教育で十分に教えられていません。2011年の「青少年の性行動全国調査」では、性的マイノリティについて学校で教わったことがあると答えた生徒は、中学で男子7％・女子5％、高校でも1割台でした。精神的に不安定になり「思春期危機」に直面しやすい中学でこの数値にとどまるのは、情報の伝達の観点から問題といえます[*1]。

そもそも、日本ではセクシュアリティ全般の教育に関する取り組みが不十分ですが、それには以下の歴史があるためです。

敗戦によって、性教育は学習指導要領に位置づけられましたが、現場の忌避《きひ》感もあり、その実態は「純潔教育」でした。純潔教育とは、性的な関係をさせず性的潔白を守らせる教育のことです。もともとは社会教育の観点から出てきた考え方で、売春非公認の地区で商売をする売春婦の取締りと保護を主な目的として登場しました。内務省警保局が主導するこの施策を文部省が取り入れる過程で、望ましい男女交際を指す言葉として使われるようになっていきます。文部省は、戦後の男女共学政策の中で、男女の性質や役割の違いを前提としたうえで、男女がお互いの違いを理解・尊重し合うことを強調し、またそこに男女共学の意義を見いだしたのです[*2]。

こうした成り立ちをもつ戦後の性教育は、禁

子どもに「性」を語ることは、よいとされない傾向があるよね。

参考文献
＊1 渡辺大輔（2017）「学校教育」谷口洋幸ほか編『セクシュアリティと法』法律文化社：105.
＊2 小山静子（2014）「純潔教育の登場」『セクシュアリティの戦後史』京都大学学術出版会.

日本の性教育の現状

性にかかわる青少年の意識の実態を明らかにすることを主な目的として実施された、「青少年の性行動全国調査」の集計結果。性的マイノリティについて教わった生徒は少ない。

学校で教わった覚えのある内容は？（複数回答）

（%）

	中学		高校		大学	
	男子	女子	男子	女子	男子	女子
妊娠のしくみ	80.3	84.6	82.9	87.5	87.2	91.4
セックス（性交）	36.4	32.6	55.6	51.5	61.3	56.3
避妊の方法	20.2	17.8	74.2	78.3	80.5	79.8
人工妊娠中絶	15.4	12.7	55.9	60.7	53.2	57.5
HIV ／エイズ	63.6	63.6	87.5	86.0	88.8	91.2
クラミジアや淋病など性感染症（性病）	24.8	24.5	63.0	64.9	62.7	61.9
男女平等の問題	36.8	34.2	61.0	52.2	66.0	64.5
セクハラ、性暴力の問題	44.6	42.8	50.7	48.9	66.5	59.7
性的マイノリティ（同性愛、性同一性障害）	7.1	5.3	19.2	15.1	41.7	41.9
特に教わったことはない	4.2	1.9	2.8	0.4	1.7	0.3

日本性教育協会編（2013）『「若者の性」白書─第7回　青少年の性行動全国調査報告』より一部抜粋、作図

欲主義・純潔主義的で、固定的性差観の強調を特徴とします。結果として、妊娠中絶の恐怖を強調したり、〝男性は加害者に、女性は被害者にならないように〟といったメッセージを伝えたり、性的欲求や性そのものに対してネガティブなイメージを与えてきたりしました。[*3]

◆諸外国では、ネガティブなイメージを払拭

世界的なセクシュアリティ教育は日本と異なり、性は個人に安寧《あんねい》（well-being）を与えるポジティブなものであるとし、楽しく幸せな性を自分で選び取る力をつけさせる方向性にあります。そのための性の学習を受けることは権利であり、また学びの対象には、性の多様性を含むジェンダー平等観、多様な家族観が含まれます。

しかし日本では、学習指導要領にＬＢＧＴが入らず、男女の違いや「母性」「父性」「伝統的家族」を強調する保守的価値観への回帰がみられるなど[*4]、世界とのかい離が進んでいます。

参考文献
*3 田代美江子（2015）「性教育と道徳教育」『季刊セクシュアリティ』（72）：132-133.
*4 艮香織（2015）「ジェンダー・性教育バッシング」『季刊セクシュアリティ』（72）：124-125.

〝生殖のため〟に限らないセクシュアリティ教育

◆国際的な指針が示されている

かつて「性教育」と呼ばれてきたものは、国際的には「セクシュアリティ教育」へと徐々に名称が変化しています。２００９年にはユネスコが中心となり、国際文書「国際セクシュアリティ教育実践ガイダンス」が発表されました。

この文書の中で、「セクシュアリティ教育」とは、性の健康と権利の発展を推進することに関わるものであり、狭い意味での「生殖のための教育」にとどまらず、情報の取得、態度、関係、親密さなどを形づくるような広がりを持つ言葉として使われています。また、本文書の中で重要な点は、教育学者の田代美江子氏の整理によ

国際セクシュアリティ教育実践ガイダンス

1 性の学習は基本的な人権の一部である性の権利を構成する

性差別的･性暴力的な情報の影響を強く受けている子ども･若者たちにとって、性は人権に関わる大切なものであり、それゆえ学習が必要である。

大人にとってこれは、すべての子どもが接触できる義務教育現場で性の学習を保障していくことである、とも言い換えられ、大人の義務にあたる。

性について学ぶことは、よりよく生きるための権利です。

キーワード 国際セクシュアリティ教育実践ガイダンス　国連教育科学文化機関（ユネスコ）が発表した、性教育の指針。文書の策定には、多くの専門家が関わっている。

ると、次の4点です。

①性の学習は基本的な人権の一部である性の権利を構成すること。②性の多様性を含むジェンダー平等の視点を欠落させてこの教育は成立しないこと。③性の学習・性の教育を包括的なものとしてとらえること。④子ども・若者の性的自己決定能力を高め、性的自己決定を励ますための実践方法を工夫すること、です。

◆日本の性教育も変わろうとしている

60ページで紹介した日本の性教育と比べてみましょう。日本の性教育は、禁欲主義・純潔主義に立ち、固定的性差観を強化し、性に対してネガティブなイメージを植えつけるものであることが、一層わかるのではないでしょうか。

とはいえ日本でも、セクシュアリティ教育に熱心な教育関係者によって、国際的な動向とのかい離を埋めるための努力が払われています。評価されるべき取り組みです。

2 性の多様性を含むジェンダー平等の視点を欠落させては成立しない

セクシュアリティは、ジェンダーとの関連なしには理解できず、性の多様性とジェンダー平等はセクシュアリティ理解の基本。

3 性の学習・性の教育を包括的なものととらえる

セクシュアリティは、身体的・心理的・精神的・社会的・経済的・政治的・文化的な側面をもつことを確認する。

4 子ども・若者の性的自己決定能力を高め、性的自己決定を励ますための実践方法を工夫する

リスクが少なく、楽しく幸せな性行動を自分で選び取る力をつけていくことを重視する。

参考文献
堀川修平（2015）「包括的性教育・セクシュアリティ教育」『季刊セクシュアリティ』（72）：128-129.
田代美江子（2015）「国際性教育実践ガイダンス」『季刊セクシュアリティ』（72）：137-139.

教科書での取り扱い

高校の教科書から消された同性愛

　高等学校の教科書は、小・中学校と同じく、文部科学大臣の検定を経なければ教科書として学校で使用されません。このため検定意見を教科書会社はのむことになります。文部科学省の検定意見は、時の政府の教育に対する見方に左右されます。２００６年の検定意見を分析した教育学者の渡辺大輔氏によると、日本には実際に生活をする同性愛者は存在せず、その存在や法的保障などは遠い外国の話であるかのように印象づけようとする意図が読み取れる*そうです。その例として次のケースを挙げています。

◆以前は認められていた内容が削除に

　まず、開隆堂出版の教科書『家庭総合』での「人の一生の発達」という項目では、セクシュアリティの多様性や性同一性障害、同性カップルの社会的理解の広がりといった記述が以前は認められていたのに、２００６年には「理解し難い表現である」という検定理由がつき、教科書会社はこの記述を削除しました。

　また、第一学習社の『改訂版　家庭総合』では、「血縁によらない養子・里子、婚姻届を出さない事実婚、同性どうしのカップル」などが、家族形態の多様化の例示として以前は記述されていたところ、「記述が整理されておらず理解し難い」という検定意見がつき、「同性どうしのカップル」が削除されました。

　それだけでなく、「家族形態が多様化し、ライ

高校の教科書で、性の多様性は扱われているのでしょうか？

参考文献 *渡辺大輔（2006）「学校における同性愛者の『消され方』『現れ方』」『歴博』（137）：11-14.

フスタイルが変わっても、個人にとって、家族がかけがえのない心の支えであることには変わりはない」という「心の支え」としての「家族」が強調されました。

◆家族は誰にとっても「心の支え」？

この「家族＝心の支え」という強調は、過度の一般化といえます。生まれ育った家庭に、心の支えを見いだしにくい人々は一定程度存在するからです。また、従来の家族形態とは異なる形で、他者と新たな関係を築こうとする人々もいます。このような新しい関係性を「家族」と呼びたいかどうかは、関係性を紡ぐ当人同士が決める問題です。

なお、最近では一部の高等学校の教科書や資料集で「ＬＧＢＴ」やジョグジャカルタ原則（Ｐ250参照）を取り上げる動きがあり、好転の兆しも見えています。

教科書が使用されるまでの道のり

1 民間の教科書発行者が著作・編集を行う

文部科学省が告示する学習指導要領や教科用図書検定基準などに基づき、民間の発行者が創意工夫を凝らした図書を作成し、検定申請をする。

↓

2 文部科学省が内容を審査する

検定申請された申請図書は、教科用図書検定調査審議会や教科書調査官による審議や調査によって、教科書として適切かどうかが審査される。検定を通過すると、学校で使用する資格が与えられる。

↓ **指摘があった場合は内容を修正・変更** ↓

3 公立は教育委員会、国・私立は校長が教科書を採択

検定を通過した教科書のうち、どれを使用するかは、公立学校の場合は教育委員会が、国・私立学校の場合は校長が決定する。

プラスα 学校教育法第62条で、高校では文部科学大臣の検定を経た教科用図書、又は文部科学省が著作の名義を有する教科用図書を使用することが義務づけられている。

中学校の教科書には登場し始めている

◆隠れたカリキュラム

文部科学省が教材として制作・発行し続けてきた中学校の道徳教科書には、「異性を理解し尊重して」というテーマがありました。そこでは「好きな異性や意識してしまう異性がいるのは不思議ではない。むしろそれは自然な気持ちで、大切にしなければならない気持ちだ。」と書かれていました。

渡辺大輔氏は、この記述を生徒が読めば、好きな同性がいること、あるいは好きな人がいないことは「不自然」であるといった学習の仕方をする可能性が十分にあるとし、「隠れたカリキュラム」であると指摘しています。*1

隠れたカリキュラムとは、公式のカリキュラムとしては示されていないながらも、教育を受ける者に、実質的な効果として価値・行動の様式が伝えられる内容を指します。

このような状況の中、２０１７年には学習指導要領の改定が予告され、政府は国民から広く意見を募集しました。性的マイノリティの適切な記載を求める意見が多数集まりましたが、文科省は〝保護者や国民の理解、教員の適切な指導の確保〟を考えると記載は難しいとし、学習指導要領の中に何も盛り込みませんでした。*2

学習指導要領の改定に伴い、道徳が２０１９年度から中学校で正式の教科になります。文科省の検定意見には、節度や愛国的態度の強調が

中学校の教科書では、教科書会社の積極的な姿勢が見てとれます。

参考文献
*1 文部科学省監修（2014）『私たちの道徳（中学校）』: 68.
*2 渡辺大輔（2017）「学校教育」谷口洋幸ほか編『セクシュアリティと法』法律文化社 : 107-109.

見てとれます。これは、戦前、個人より国家が優越するという発想の「修身」と呼ばれる教科を想像させるものです。

◆教科書会社は性的マイノリティを盛り込んだ

文科省が性的マイノリティを見捨てたままにし、集団主義を強めようとするなか、道徳の教科書を開発した教科書会社8社中4社は、性的マイノリティを取り上げることになりました。これは、特筆すべき朗報です。*3

COLUMN

文科省の回答をどうとらえればよい？

文科省は、“保護者や国民の理解を考えると記載は困難”だと回答しました。これに対し、行政書士の永易《ながやす》至文《しぶん》氏は、「世の中が変わったあとに追随することは、誰にでもできます。しかし、ことは人権問題にかかわる事柄です。だからこそ行政や政治が率先して理解促進に努める責務があるのではないでしょうか」と論じます。*4

学習指導要領はほぼ10年おきに改訂されます。次の学習指導要領に性的マイノリティが書き込まれるかどうか、重要な局面を迎えています。

中学校の道徳教科書で見られる記述

2019年4月から使用される中学校の道徳教科書を著作・編集した教科書会社は、各社の判断により、「公平・公正・社会正義」や「友情・信頼」の項目などにおいて、性的マイノリティの記述を盛り込んだ。

性は複数の要素からなり、強弱もさまざまである。自分の性について周りに表明するかしないかは、その人自身が決めることである。

（2018『中学道徳 あすを生きる』3年、日本文教出版：145より要約）

セクシュアル・マイノリティに向き合おうとする人の“公正に向き合おうとする姿勢”が、多様性を認め合う生き方の実現につながる。

（2018『輝け 未来 中学校道徳』学校図書：174より要約）

参考文献
*3 文部科学省「パブリックコメントの結果について」2017年3月31日.
*4 毎日新聞「「考え、議論する道徳」へ　検定細かく、教科書厚く」2018年3月28日.

統計からわかること

教師の見識と世論に違いはあるか

◆約4割の教師は「偏見」があるという調査も

2011年秋から2013年春にかけて教師に向けて行った調査があります（回答者5979人）。調査では、「多くの人は、同性愛に偏見をもっていると思う」という問いに「そう思う」と答えた教師が約7割、この質問文の「同性愛」を「性同一性障害」とした場合に、「そう思う」と答えた教師が約6割いました。[*1] これが教師の世間に対する評価です。

この調査では、①「同性愛は精神的な病気のひとつだと思いますか？」②「同性愛になるか異性愛になるか、本人の選択によるものだと思いますか？」という、教師自身の見識をたずねる質問もあり、「そう思う」を選んだ人は、①で5.7％、②で38・6％でした。

◆世間の人々と感覚が違うとは言えない

教師は、世間の人々より「偏見」を持つ人の割合が少ないのでしょうか。まったく同一の質問文ではないので、ゆるやかな比較しかできませんが、別の調査[*2]によると、A「日本では、同性愛は精神病とされている」に「正しい」と答えた回答者は3.2％でした。B「同性愛は、生まれつきのものである」に「そう思わない」「どちらかといえばそう思わない」と答えた回答者は、合わせて45・6％でした。

①とA、②とBを比較すると、教師と世間の

人に物事を教える教師のほうが偏見がないのでしょうか？

参考文献 ＊1 日高庸晴（2015）「子どもの“人生を変える”先生の言葉があります。」平成27年度厚生労働科学研究費補助金エイズ対策政策研究事業（結果概要）.

教師とその他の人の感覚に大きな差はない

教師を対象としたアンケート調査と20～59歳のいわゆる世間一般を対象としたアンケート調査のうち、類似した質問に対する回答を比較すると、大きな差がないことがわかる。

① 教師 同性愛は精神的な病気のひとつだと思うか？

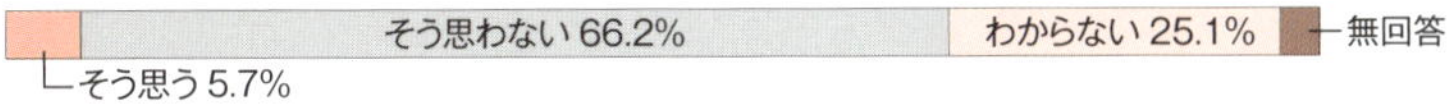
そう思わない 66.2%
わからない 25.1%
無回答
そう思う 5.7%

A 世間一般 日本では、同性愛は精神病とされている

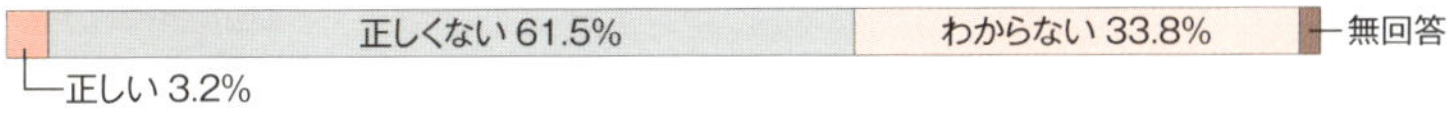
正しくない 61.5%
わからない 33.8%
無回答
正しい 3.2%

② 教師 同性愛になるか異性愛になるか、本人の選択によるものだと思うか？

そう思う 38.6%
わからない 32.8%
そう思わない 25.4%
無回答

B 世間一般 同性愛は、生まれつきのものである

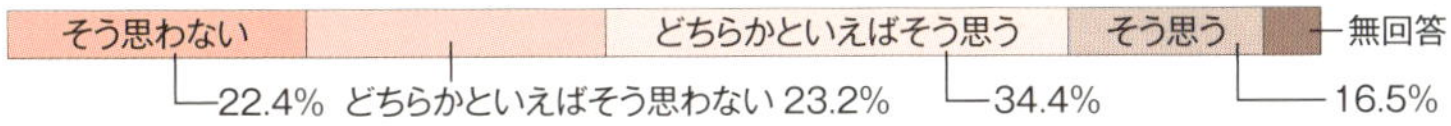
そう思わない
どちらかといえばそう思う
そう思う
無回答
22.4%
どちらかといえばそう思わない 23.2%
34.4%
16.5%

見識に大きな違いがあるとはいえません。

冒頭に掲げた調査では、同性愛、性同一性障害について教える必要があると答えた教師は各々6割、7割を超え、この内容の研修があれば6割が参加したいとも答えていました。教師は、自分たちの見識が世間と大差ないことを認識したうえで、性的マイノリティに対する確実な知識と対応を修得することが期待されます。

上記の調査から読み取れること

●同性愛の社会運動においては、性的指向は変えられないとみなすのが主流

➡②で「そう思う」Bで「そう思わない」と答える人の多くには、「偏見」が存在することになる

“変わるもの”とする意見もある

同性愛が本人の選択によるかどうかは、さまざまな議論があり、自己洞察を突きつめた結果、「私のセクシュアリティは可変的である」という見解に至った人々も一定数存在する（P22参照）。このため偏見であると言い切ることは必ずしもできない。そのため、上では「偏見」とカッコでくくった。

参考文献 *2「男女のあり方と社会意識に関する調査」データから、20-59歳の回答者を抽出して筆者が集計。

行政機関の取り組み

性的マイノリティへの理解を促す動き

◆行政は差別や偏見の解消に取り組み始めた

１９９０年、同性愛の社会運動団体「アカー」※が、都の施設で合宿中に他団体から嫌がらせと差別を受けたにもかかわらず、都はアカー側に対して、今後の宿泊利用を拒否しました。

この通告にアカーは異議を申し立て、提訴した結果、東京地裁・高裁はアカーの主張を支持しました。裁判所は「行政当局はその職務を行うにあたり、同性愛者の権利や利益を十分に擁護することが要請されるべきとし、無関心だったり知識がないことは公権力の行使にあたる者として許されない」と判断を下しました。

この画期的な判決から20年、本当に少しずつですが、性的マイノリティに対する見方を行政機関は改めていきました。

２００２年の閣議決定「人権教育・啓発に関する基本計画」において、「同性愛者への差別といった性的指向に係る問題」が解決に資する施策の検討対象として明記されました。２０１０年には、文科省が性同一性障害を持つ子どもに配慮を求めた通知を各教育委員会に発出します。

２０１２年には「自殺総合対策大綱」が閣議決定され、性的マイノリティに自殺念慮《ねんりょ》の割合が高い背景として、無理解や偏見などがあるとし、教職員の理解の促進が明記されました。

２０１５年には、文科省はさらに新しい通知を発出し、支援の対象を「性同一性障害」から

※アカー（OCCUR）　同性愛やHIV、エイズについての正確な情報の普及、差別・偏見の解消などをめざして活動するNPO法人。本項目で取りあげた裁判（府中青年の家事件）の原告。

「性的マイノリティ」へと拡大しました。2016年にはQ&A形式でまとめた周知資料が、出されています。

◆文科省の資料には偏りのある記述も見られる

ただし問題もあります。15年の通知内容のすべて、また、16年の周知資料におけるQ&Aの12項目中11項目が、性同一性障害に関わるものであり、偏りは一目瞭然だからです*。文科省は同性愛者の子どもたちを支援する気がないようにみえます。

さらに、「当事者の団体から学校における講話の実施の申し出があった場合」は「児童生徒の発達の段階を踏まえた影響等についての慎重な配慮を含め」「教育の中立性の確保に十分な注意を払う」といった回答も掲載されています。

「当事者の団体」の講話が子どもたちに悪影響を与え、「教育の中立性」を欠くかのごとく読める文書です。改善が求められるべき表現です。

性的マイノリティの子らを守るための取り組み

2002年 「人権教育・啓発に関する基本計画」での言及（閣議決定）

不当な差別やその他の人権侵害のない人権尊重社会の実現のために策定された。解決のための施策が必要な人権問題の1つとして、性的指向に言及している。

2010年 性同一性障害の子どもに配慮を求める通知（文科省）

教職員が協力して相談に応じること、保護者の意向を聞くこと、必要に応じて関係医療機関と連携を図ることなどが書かれ、児童生徒の心情に十分配慮した対応が求められた。

2012年 「自殺総合対策大綱」での言及（閣議決定）

誰も自殺に追い込まれることのない社会の実現に向けた指針。性的マイノリティの自殺を防ぐためには、教職員の理解が重要である旨が書かれている。

2015年 支援対象を性的マイノリティ一般へ拡大（文科省）

2010年の文科省による通知（上記）は性同一性障害を対象としていたが、対象が性的マイノリティ一般へと拡大された。

参考文献 *渡辺大輔（2017）「『性の多様性』教育の方法と課題」三成美保編『教育とLGBTIをつなぐ』青弓社：145-166.

当事者を支えようとする「アライ」の存在

◆アライの登場でサークル活動も活発化

首都圏だけに限っても、大学の性的マイノリティのサークルは、実はこれまで何度も浮かんでは消えています。おおむね、近隣同士の大学で活発になると増えていき、中心的な人物が卒業すると自然解体するという過程を経ます。

性同一性障害が社会的理解を得る前には、セクシュアリティ・フリーを名乗りつつも実態はゲイ・サークルであり、女性やトランスジェンダーにとって必ずしも居心地がよい場所ではないということが多くみられました。しかし、2000年過ぎから、トランス男性・トランス女性・Xジェンダー（P19参照）の学生がサークルを引っ張ることが珍しくなくなりました。

その後の変化として挙げられるのは、「アライも歓迎」という方針によって生まれた「アライ」メンバーです。「アライ」という言葉が普及する以前、性的マイノリティのサークルに入るのは、程度の差はあれ、「当事者」を意味しましたから、まずサークルに連絡を取ることが、本人にとって非常に高いハードルでした。携帯電話が普及する前は、大学のある場所に、ある時限だけ集う、秘密結社の趣《おもむき》さえありました。

けれども「アライ」以後は、「アライとして参加しています」と自己表明をすれば、「当事者であるかどうか」は保留できます。サークルのメンバー全員が「アライ」として活動しているケ

アライは
学生当事者の
支えになって
いるのかな。

キーワード
アライ（Ally）　性的マイノリティの当事者ではないが、活動に理解を示したり、応援したりする人々のこと。元は軍事用語で同盟国・盟友という意味。

時代とともに変化する大学サークル

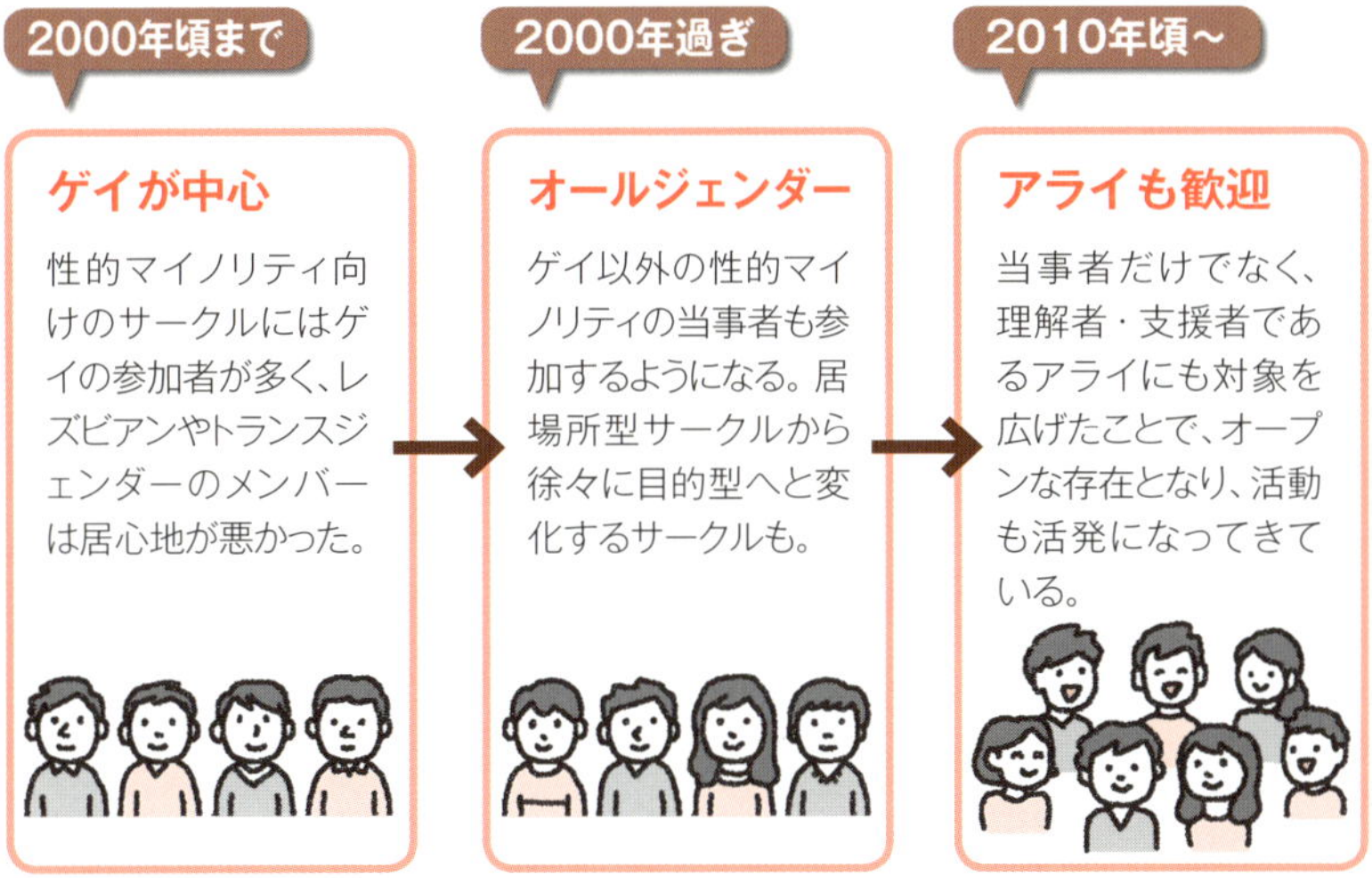
2000年頃まで
ゲイが中心
性的マイノリティ向けのサークルにはゲイの参加者が多く、レズビアンやトランスジェンダーのメンバーは居心地が悪かった。
2000年過ぎ
オールジェンダー
ゲイ以外の性的マイノリティの当事者も参加するようになる。居場所型サークルから徐々に目的型へと変化するサークルも。
2010年頃～
アライも歓迎
当事者だけでなく、理解者・支援者であるアライにも対象を広げたことで、オープンな存在となり、活動も活発になってきている。

ースもさほど珍しいわけではありません。また「理解」「啓発」のためといった対外的なアピールもできるようになりました。「アライ」以降、サークル参加の障壁は下がり、活動も活発化しているように思えます。この意味で「アライ」という概念は、大学において有効に機能していると筆者は考えています。

◆「心」を利用する動き

ただし「アライ」以降の性的マイノリティのサークルは、別の勢力に回路を開くことにもなるでしょう。

すでにLGBT関連のイベント会場においては、「アライ」を名乗ったスピリチュアル・自己啓発・宗教団体の出店が目立っています。長い支援実績を持つ団体もありますが、性的マイノリティの心を利用するような動きも残念ながらあり、大学サークルにも接近を試みる勢力の伸長が予想されるところです。

プラスα 大学サークルの最初期は、読書会や反差別活動といった目的型サークルとして結成された。徐々に「たまり場」を確保する居場所型サークルになっていったが、また目的型サークルが増えている。

COLUMN

石田先生と一緒に考えてみよう

トランス女性が女子大の入試に出願できることが決まった

国立のお茶の水女子大学が、トランス女性に対して入学の門戸を開くことを決めました。入試の出願資格は「女子」から「戸籍または性自認が女子」へと変更されます。出願時に性同一性障害の診断書を、なければ自身の希望を記した書類を提出するしくみです。

性同一性障害の診断を受けていないトランス女性をも対象とした、先駆的・画期的な決定といえます。しかしこの決定を受けて、一部からは、女性が安全に大学生活を送ることが損なわれるのではないかという疑念も表明されました。

「女子大なら」子の進学を許すという親がまだおり、また、男性が女性を見下して説明する「マンスプレイング」が広くみられる中で、対等で公平な空間で、安心して伸びやかに教育を受けられるところに、今でも女子大の存立意義はあるように思えます。

とはいえ、女性もトランス女性も、安心・安全な大学生活を一緒に送ることができるというのが私の見解です。女性とトランス女性の安心・安全をバーター（交換条件）のようにみなす考え方は、ありうる教育の可能性を閉じてしまうことになるのではないでしょうか。

第3章

性的
マイノリティの
心と体の健康

たくや!!
何聴いてるの?
最近好きになったアーティスト!
来月ライブにも行くんだ〜!
ガサゴソ
この人!
バーン
キレイな人だね
でしょ
うっとり
この前、性同一性障害をカミングアウトしたんだ
すごいよね!

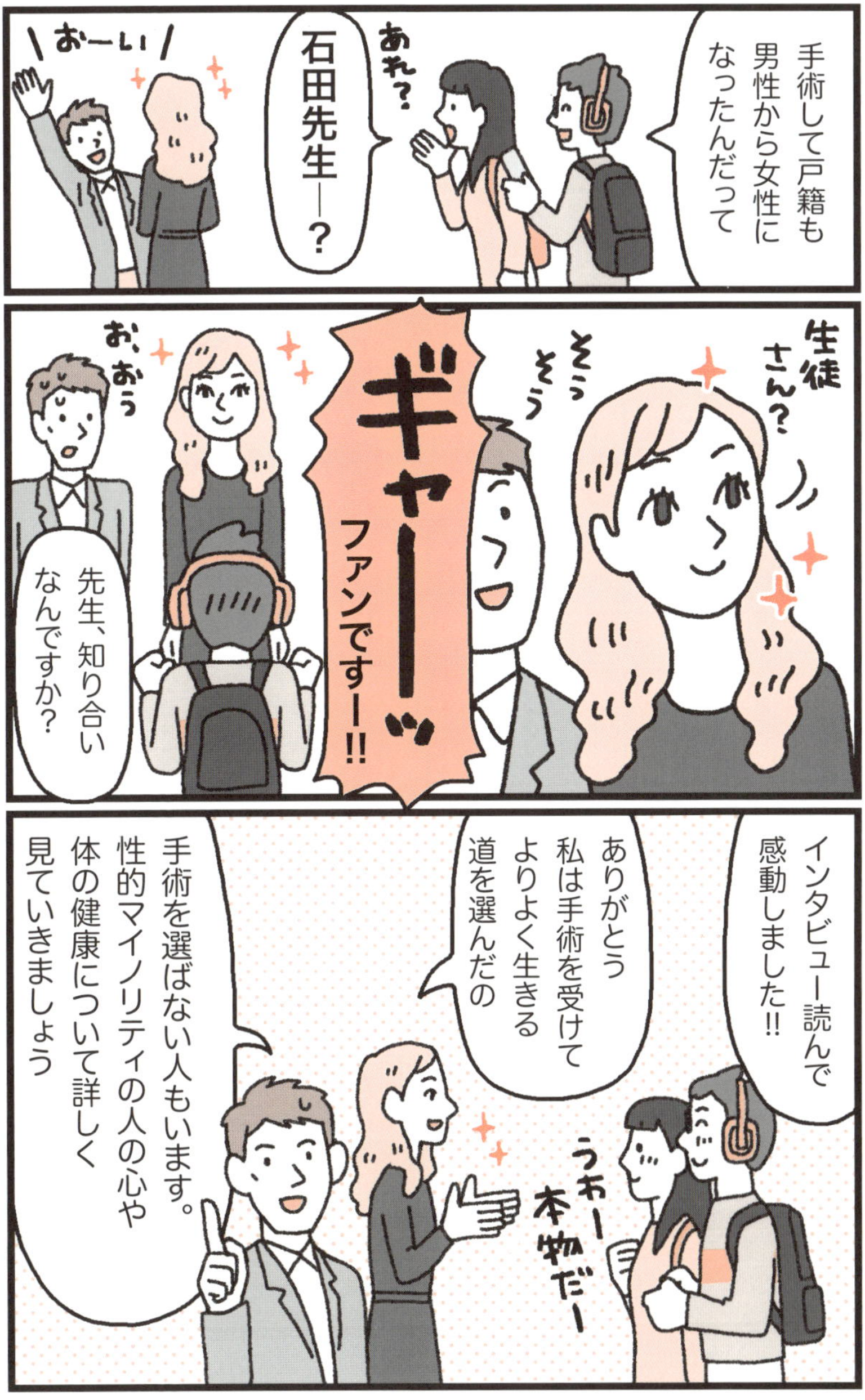
手術して戸籍も男性から女性になったんだって
あれ？
石田先生――？
おーい
生徒さん？
そうそう
ギャーッ
ファンですー!!
お、おう
先生、知り合いなんですか？
インタビュー読んで感動しました!!
ありがとう 私は手術を受けてよりよく生きる道を選んだの
うわー 本物だー
手術を選ばない人もいます。性的マイノリティの人の心や体の健康について詳しく見ていきましょう

性的マイノリティの健康

〝病気〟とされていた時代を乗り越えて

かつて「異性装」や「異性化願望」「同性愛」は、その存在や行為自体が異常な精神病だとされてきました。娯楽や祝祭における異性装は例外とされることもありましたが、[*1] 少なくとも19世紀末から、20世紀の4分の3までは、性的マイノリティは精神医学の中で、「病気」として烙《らく》印《いん》（スティグマ）を押されていたのです。

◆「病気」という決めつけからの脱却

しかし「性転換治療」の方針転換、公民権運動[※]の成功、フェミニズム、同性愛解放運動などの進展によって、スティグマをぬぐい去ろうとする動きが、当事者運動として活発になります。

その活動の成果として、次の方針を得ました。

「当事者が望まない場合は、疾患（病気）として扱わない、疾患としてみなす場合も、当事者の意思を尊重する」という方針です。性別越境の「治療」は望む性を実現するために行われるようになり、同性愛は精神病理の分類から外されました。

性的マイノリティが心身の健康を保つためには、どんな課題があるでしょうか。

日本では、１９８０年代後半から１９９０年代前半にかけて、差別や偏見を打破する精力的な運動がありました。それによって、たとえば医学会の見解を変えたり、辞書・事典類から同性愛を異常とする記述を削除させたりすることに成功します。[*2] 性別違和に関する支持的な医療は、１９９０年代終盤に整備が進み、たゆまぬ改善がくり返されてきました。「同性愛者は精神的に健康で、異性愛者と変わらない」とか、「性

参考文献 ＊1 三橋順子（2005）「トランスジェンダーと興行」『現代風俗 2004 興行』. ＊2 稲場雅紀（1994）「日本の精神医学は同性愛をどのように扱ってきたか」『社会臨床雑誌』 2（2）.

同一性障害は独立した1つの疾患であり、ほかの精神疾患と関係はない」ということが強調された時代でもありました。

◆今日的な課題が見えてきた

性的マイノリティの行為・存在自体が病気とされていた時代が過ぎ、差別や偏見に立ち向かうために展開された〝性的マイノリティも健康である〟という主張が受容されてからは、より生活に根ざした課題が前面に出てきます。

「異性愛・シスジェンダー」を当たり前とする社会は性的マイノリティを軽んじ、傷つけます。こうしたことが積み重なることで、性的マイノリティの中に抑うつや不安、身体症状の不調など、心や体の問題を抱える人の割合が多いことが明らかになってきました。

また、いったん整備された性同一性障害の医療制度についても、その恩恵にあずからない人を抑圧・排除したり、恩恵にあずかる人にも精神や身体に直接的に強い負担を与えたりすることが指摘されだしました。

性的マイノリティの心と体の健康に関する調査・研究は、日本に限ってもこの20年ほどの間にめざましい蓄積がみられました。本章ではそうした成果を紹介することを通じて、性的マイノリティの心と体の健康の安寧《あんねい》を考える礎《いしずえ》にしたいと思っています。

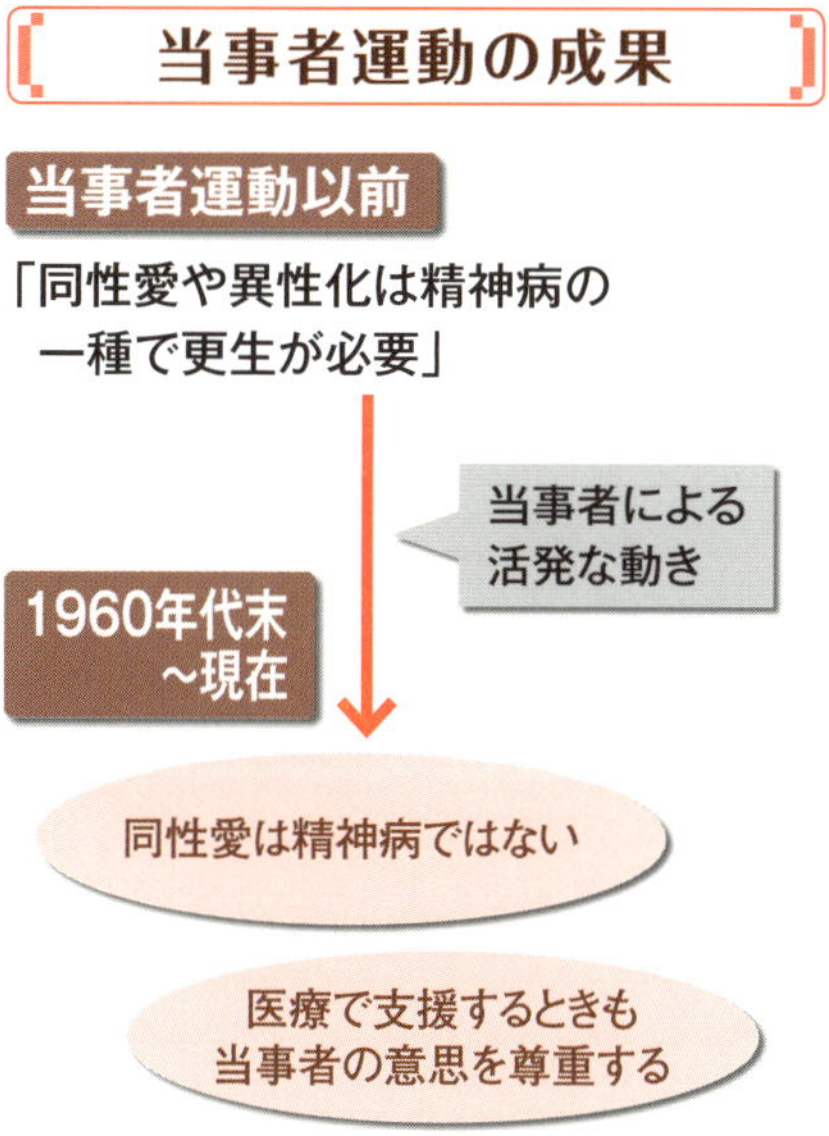
当事者運動の成果
当事者運動以前
「同性愛や異性化は精神病の一種で更生が必要」
当事者による活発な動き
1960年代末～現在
同性愛は精神病ではない
医療で支援するときも当事者の意思を尊重する

※公民権運動　1950年代なかばからの約10年間、米国において、黒人が人種差別に抗議し、憲法によって認められた権利の保障を求めて行った運動。

心の健康

抑うつや不安を抱えるゲイ・バイセクシュアル男性

異性愛者より心に不調を来す割合が多いんだ。

◆メンタルの不調があっても、受診率は低い

ゲイ・バイセクシュアル男性は、抑うつや不安を抱えている人が少なくない、という調査結果があります。社会健康医学者の日高庸晴氏は、ゲイやバイセクシュアルの男性のメンタルヘルスのあり方を明らかにするために、オープン型ウェブ調査（P228参照）をくり返し行っています。この調査では、家族以外の異性愛者へのカミングアウト率が調査協力者の約5割にみられたものの、その多くの人は少数の他者に話せる程度であり、異性愛者であるかのように同調して暮らしを送っていると分析しています。

また、**抑うつや不安の疑いがある層**（陽性群）**とその重症群を合わせた割合**は、回答者中**52・9％にのぼり**（P81表参照）、一般人口と比べて**きわめて高い**ことを明らかにしています。さらに、これまでに刃物などでわざと自分の身体を切るなどの自傷行為の経験があると答えた人は、10代では17・6％にのぼりました。これに対して過去6か月間の精神科・心療内科等への受診率は低く、13・7％にとどまりました。*1

◆レズビアン・バイセクシュアル女性は？

心理的な問題に直面しているという報告は、レズビアン・バイセクシュアル女性についてもあります。昔のデータになりますが、96年から97年にかけて310人の非異性愛者に対して行った

参考文献 *1 日高庸晴（2016）「ゲイ・バイセクシュアル男性のメンタルヘルスと自傷行為」『精神科治療学』31(8)；同（2014）「個別施策層のインターネットによるモニタリング調査」厚労科研報告書.

ゲイ・バイセクシュアル男性の心の健康

K6という心理尺度によるメンタルヘルスの調査。一定の得点以上の場合、抑うつや不安の疑いがある(陽性群)とみなされる。

[抑うつや不安の疑いがある人の割合(%)]

	10代	20代	30代	40代	50歳以上	全体
陽性群	41.5	41.0	38.9	35.6	32.4	39.0
重症群	21.5	16.0	13.0	10.6	6.7	13.9

[自傷行為の経験率(%)]

これまでに	17.6	12.2	8.4	5.7	3.0	9.6
過去6か月間	5.9	2.3	1.2	0.8	0.2	1.8
回答者数	1,096人	8,351人	6,355人	4,122人	897人	20,821人

なお、首都圏男子中高生(一般)における刃物による自傷行為経験率は7.5%である。

調査では、自殺を考えたことがあるかという問いに対し、「自殺未遂を起こしたことがある」とした回答者は全体のうち18・7%、「考えたことはあるが実行に移したことはない」が56・2%でした。〝精神科・神経科の診断・治療または精神的なカウンセリングを受けたかどうか〟に関しては、外来受診の経験が24・2%、入院の経験が1.6%でした。[*2] しかし、**性的マイノリティ女性の日本のデータについては、十分に分析できるだけの数が少ないのが現状**です。

ゲイ・バイセクシュアル男性のメンタルの不調は、エイズ予防対策の研究資金の中で調査が行われ、見いだされてきた重要な知見です。その一方で、HIVの感染リスクが比較的少ないとされるレズビアン・バイセクシュアル女性は、調査対象とされないことが続いてきました。[*3]

近年の調査では、対象をゲイ・バイセクシュアル男性以外にも広げつつあり、新しい成果が期待されています。

参考文献
*2 性意識調査グループ編(1998)『310人の性意識』七つ森書館:205-229.
*3 金城理枝(2010)「女性同性愛者とメンタルヘルス」加藤慶・渡辺大輔編、P56前掲:117.

心の健康

自殺の引き金となる要因とは？

◆繁華街で男女に協力を依頼する調査

自殺しようと試みたこと（自殺企図）に関する研究もあります。前述の日高氏などは、2001年に、大阪市の繁華街で街頭調査を行い*、自殺企図のリスクを上げる要因を調べました。

8〜9月の夕方に大阪の繁華街を訪れた15〜24歳に調査の協力を依頼しています。分析の対象者は、月1回はその繁華街に訪れる人に限定しました。自殺企図にはさまざまな要因が考えられますが、分析にあたっては、それらを取り除き、ある1つの要因が自殺企図に与える正味の影響力を、リスクの倍率に近似して表すことのできる手法が用いられました（下図参照）。

より正確な要因分析が行える

●「自尊心の低さ」が自殺企図に与える正味の影響力を計算する場合

自尊心の低さ → 自殺企図

いじめ被害 - - → 自殺企図

点線の影響力を消して計算

●「いじめ被害」が自殺企図に与える正味の影響力を計算する場合

いじめ被害 → 自殺企図

自尊心の低さ - - → 自殺企図

点線の影響力を消して計算

性的指向は
自殺リスクを
高める要因になる
でしょうか？

参考文献 *Hidaka Y, et al. (2008) "Attempted suicide and associated risk factors among youth in urban Japan," *Social Psychiatry and Psychiatric Epidemiology.*

◆男性の非異性愛者は自殺企図リスク増

この調査の結果、男性については、性的指向が「異性愛ではない」ということが「異性愛である」ことに比べ、自殺企図のリスクを約6倍高めることが明らかになりました。女性の場合、いじめ、薬物使用経験に加え、喫煙の頻繁さなども自殺企図のリスクを上げていましたが、性的指向については自殺企図につながる要因とはいえない結果となりました。これは回答者中、〝異性愛者ではない〟と答えた女性の中で〝自殺企図の経験がある〟者が6名にとどまり、分析に十分なケース数に至らなかったことなどが関係していると思われます。

80ページの「自傷行為」と、この「自殺企図」の研究は同じ日高氏の研究であり、両者は混同されることが少なくありませんが、まったく別の手法の調査に基づく研究で、どちらも貴重な研究です。

自殺企図のリスク

●男性（1,035名）の結果

異性愛者である人に比べ、非異性愛者である場合の自殺企図のリスク **約6倍**	学校でいじめ被害を受けなかった人に比べ、受けた人の自殺企図のリスク **約5.5倍**	薬物使用経験がない人に比べ、使用経験がある人の自殺企図のリスク **約3倍**	自尊感情が高い人に比べ、低い人の自殺企図のリスク **約2倍**

●女性（1,060名）の結果

異性愛者である人に比べ、非異性愛者である場合の自殺企図のリスク **有意差なし**	学校でいじめ被害を受けなかった人に比べ、受けた人の自殺企図のリスク **約2倍**	薬物使用経験がない人に比べ、使用経験がある人の自殺企図のリスク **約2.5倍**	自尊感情が高い人に比べ、低い人の自殺企図のリスク **有意差なし**

（ロジスティック回帰分析による調整済みオッズ比をリスク比と近似するとみなした。Hidakaほか（2008）の結果においてp値が.05未満となった変数の一部を取り上げた。）

プラスα 街頭調査は、たとえば薬物使用経験や金銭を介したセックスなど、学校での集合調査では回答を得にくい内容について調べることができるメリットがある。

心の健康

レズビアン・バイセクシュアル女性のメンタルヘルス

◆女性であることによる困難がある

ゲイ・バイセクシュアル男性と比べ、レズビアン・バイセクシュアル女性は「社会にあまりいない」ように思う人もいるかもしれません。でも、そうではありません。心理セラピストの金城理枝氏によれば、レズビアン・バイセクシュアル女性の不可視性は、社会における女性が置かれた地位や期待と密接に関連し、またそれが心理的な課題にも関連していると論じます*。

まず、社会で女性は、痴漢などの性犯罪に巻き込まれやすく、ポルノグラフィ（性的興奮を目的とした絵や写真など）として商品化・客体化されています。そのような社会で女性が性的指向を表明することは、一層性的なイメージを連想させ、身体を危険にさらしてしまうおそれがあります。こうした危険を回避せざるを得ないことが、レズビアンやバイセクシュアル女性を不可視化させている1つめの理由です。

他方で、家族や地域からは、世話や介護の担い手として期待されています。〝息子〟の場合は「仕事があるから手伝えないのは当然」と考えられるのに、〝娘〟はそうではありません。

加えて、女性が経済力をつけて自立していくことを喜ばしく思わない風潮も残っています。雇用状況や賃金の面においても、依然、女性は厳しい労働条件のもとに置かれています。

これらの社会構造が、性的マイノリティの女

女性の同性愛者や両性愛者には、男性とは違う問題があるみたい。

参考文献 ＊ 金城理枝（2010）「女性同性愛者とメンタルヘルス」加藤慶・渡辺大輔編『セクシュアルマイノリティをめぐる学校教育と支援』開成出版：117-134.

性を不可視化し、精神的・経済的自立を困難にさせています。自宅で暮らし続けること、あるいは自宅を出て食うや食わずの生活を送り続けることが、さまざまなメンタルヘルスの不調を生み出します。

◆内面の葛藤は後回しになってしまう

〝女性であること〟に起因する社会生活上の課題解決を優先することで、自分の内面に起こるセクシュアリティに関する葛藤や違和感などを後回しにさせてしまう場合もあります。

たとえば、勉強やクラブ活動に励み、浮いた話も出さずに仕事に勤勉であり続けることで、自立に成功する女性もいます。しかしある日プツンと糸が切れたような状態となり、心療内科に連れてこられるというケースがあることを金城氏は報告します。

レズビアン・バイセクシュアル女性は、家庭環境や進路選択、自立の問題にどう向き合うかによって、性的指向への直面の仕方が異なります。困難や課題を整理し解決の方策を検討するためにも、レズビアン・バイセクシュアル女性の研究に対する十分な資金援助が望まれます。

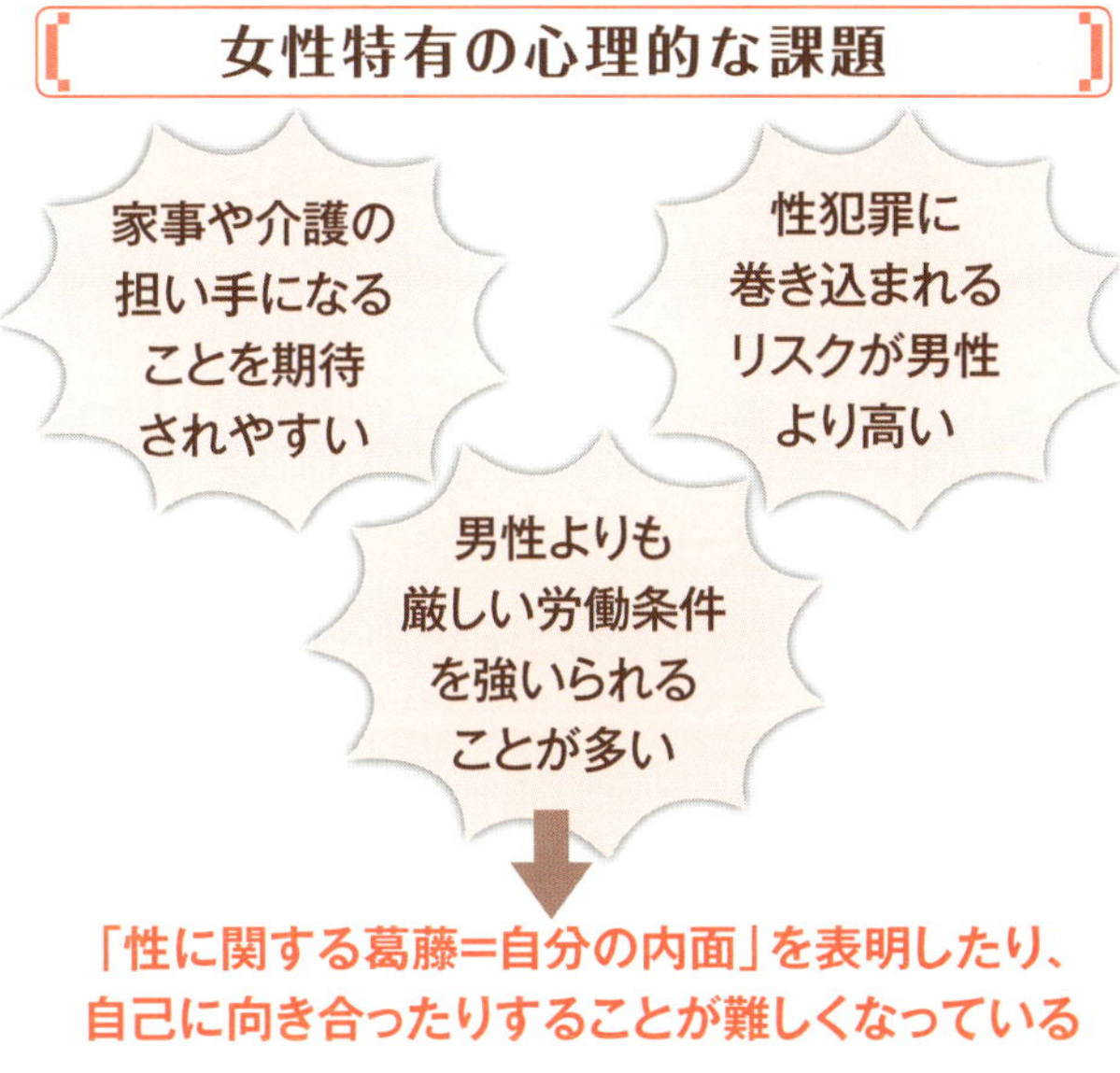
女性特有の心理的な課題
家事や介護の担い手になることを期待されやすい
性犯罪に巻き込まれるリスクが男性より高い
男性よりも厳しい労働条件を強いられることが多い
「性に関する葛藤＝自分の内面」を表明したり、自己に向き合ったりすることが難しくなっている

プラスα 日本社会では、レズビアンを〝女同士の性行為〟としてのみ描き、過剰な性的イメージを負わせる、〝男のためのレズビアンポルノ〟に仕立て上げられてしまうことがしばしばある。

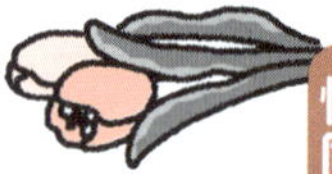

性同一性障害は、心と体の医療サポートが必要

性同一性障害の人が望む性を実現するための「治療」を解説します。

人は生まれた時に、他者（医師）から「女」「男」と性別を割り当てられます※。この割り当てられた性別に違和感を持つことを「性別違和」といい、強い苦痛を持続的に感じたり、そのことで社会生活に困難を来したりする人々がいます。その場合、医学的には「性同一性障害」という診断名が与えられます。

性同一性障害に対する医療サポートにはさまざまなものがありますが、精神科領域の治療と身体的治療に分けることができます。

◆まずは精神科領域の治療が基本

精神的な医療サポート（精神科領域の治療）では、精神科医・心理関係の専門家が、本人の受けてきた精神的、社会的、身体的苦痛について、受容的・支持的・共感的に聴きます。割り当てられた性別に〝戻す〟治療では決してありません。

問診では、当事者の性別違和の実態を明らかにするため、「割り当てられた性別に対して不快感・嫌悪感があるか」「反対の性別に対して強く持続的な同一感があるか」「反対の性役割を求めるかどうか」も検討されます。これらの情報を総合的にみて、性同一性障害の診断基準を満たすかが精神科医によって判定されます。

また、本人の同意を得た範囲で、近親者から情報を聞き、状況をより適切に把握するとともに、カミングアウトの是非の検討、望む性別で

※割り当てられた性別（assigned gender）　出生時に医師などから宣告された性別。ほかの本では「からだの性別」「生物学的性別」などと表現されているものに相当する。

生活を送れるかの体験・検討をさせます。専門的には「実生活経験」といいます。なお、うつ病などの精神科領域の疾患を抱えている場合は、そちらの治療を優先します。

◆望む性別に近づけるための身体的治療

ホルモンに関する医療サポートとしては、望む性別に近づけるホルモンの投与があります（P90参照）。思春期の当事者には、二次性徴抑制療法（P88参照）が行われるようになりました。

手術に関する医療サポートとしては、望む性別に似た性器を形成する、生殖腺を除去する、加えてトランス男性に関しては、乳房を切除することなどが行われます（P92参照）。

精神科に求められるサポート

身体的な治療を受ける場合も、精神科での医療サポートを受ける必要がある。性同一性障害の判定は、精神科医によって行われる。

当事者が受けてきた苦痛を受容的に聴く
反対の性別に接続的な同一感があるかを見極める
望む性別で生活を送っていけるかを検討する
うつ病などを抱えている場合は治療を行う

参考文献 日本精神神経学会（2018）「性同一性障害に関する診断と治療のガイドライン」第4版改.

性同一性障害への医療サポート

思春期の第二次性徴を抑える治療

性同一性障害を抱える人々の成育史の聴き取りが蓄積されるようになると、第二次性徴が起こることで、当事者は自己の身体に対する嫌悪感を強く経験し、不登校や引きこもり、自殺企図といった、さまざまな課題を抱えることが明らかになってきました。このため、身体にかかわる性同一性障害の治療開始年齢の引き下げが検討されるようになりました。

◆二次性徴抑制ホルモンの利用が可能に

2012年、「性同一性障害に関する診断と治療のガイドライン」の第4版が発行されたとき、性同一性障害を抱える18歳未満の者に対して第二次性徴を抑制するための治療が明記されるようになりました（条件付きで15歳から開始が可能）。**第二次性徴の開始によってもたらされる、身体的変化の違和感に対する苦痛の軽減などを目的としています。**

この治療には第二次性徴の進行を遅らせる、「ゴナドトロピン放出ホルモンアゴニスト（GnRHa）」という薬が使われます。原則として30μg／kgを4週間ごとに皮下注射します。現在のところ、健康保険は適用されません。

GnRHaの使用を中止すれば、**第二次性徴は再び訪れます。**ただし、思春期の進行を止めるものなので、2年程度をめどに使用を中止して身体の性徴を再開させるか、あるいは望む性別の性ホルモンによる治療を開始するかを決めるのが

体に大きな
変化が起こる
思春期に治療を
始めることが
有効なんだね。

参考文献 日本精神神経学会（2018）「性同一性障害に関する診断と治療のガイドライン」第4版改.

よいとされます。このような事情もあり、問診を十分に行うことが必要とされます。骨密度が低下する副作用が現れる可能性があるため、骨年齢を定期的に測定することもすすめられています。

◆十分な説明に基づく同意が必要

ほかの治療と同様、治療を開始する前に医師がこの具体的な方法、効果と限界、起こりうる副作用について十分な説明を行い、治療の対象者が理解していることを確認したうえで、文書で同意を得ることが必要とされます（インフォームド・コンセント）。また、未成年者に対して行う治療のため、親権者など法的代理人の同意も必要です。

第二次性徴で起こる体の変化

10 歳頃から性ホルモンの分泌が活発になり、より男性らしい、もしくは女性らしい体つきになってくる。身体に現れた性徴に違和感を持っている場合は、より精神的な苦痛が大きくなることも。

女性型の第二次性徴の場合

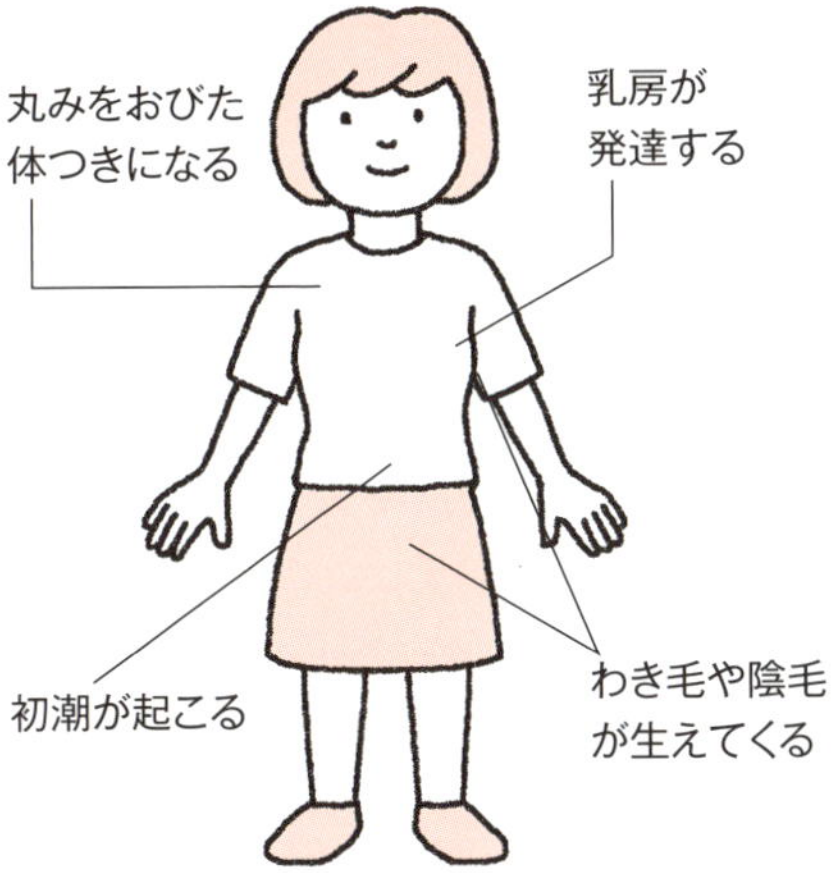
丸みをおびた
体つきになる
乳房が
発達する
初潮が起こる
わき毛や陰毛
が生えてくる

男性型の第二次性徴の場合

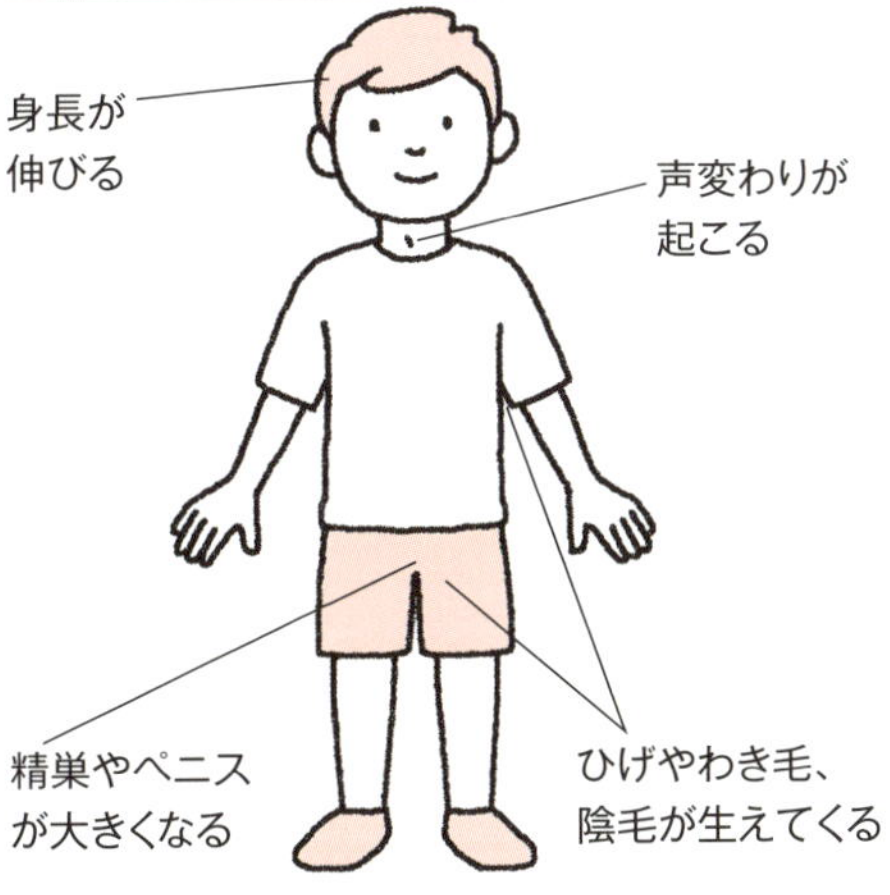
身長が
伸びる
声変わりが
起こる
精巣やペニス
が大きくなる
ひげやわき毛、
陰毛が生えてくる

参考文献 高谷竜三･にえ川智美（2015）「思春期の二次性徴抑制療法について」『ホルモンと臨床』63（4）：277-280.

望む性別の性ホルモンを投与する

性同一性障害を抱える人に対して、望む性別の身体に自己の身体を近づけることで苦悩を軽減させる医療的措置があります。その1つに、「ホルモン療法」が位置づけられます。現在行われているホルモン療法の内容を説明します。

◆トランス男性には男性ホルモンを投与

トランス男性には、男性ホルモン「テストステロン」を投与します。経皮投与、筋肉注射、経口投与の3つの方法がありますが、経口投与は、肝臓に負担がかかって毒性が生まれ、それが肝炎などにつながるため、すすめられていません。

経皮投与は現在のところ、「軟膏製剤」のみです。外国ではジェル製剤や貼付製剤も使われていますが、日本では使用できません。軟膏は、外陰部《がいいんぶ》・大腿部《だいたいぶ》・下腹部に1日数回塗布します。ただ、効果の現れ方は筋肉注射に劣るため、現段階では、確実な方法ではありません。

筋肉注射は、数週間にわたって効果が続く「デポ製剤」を用います。2週間に1回の間隔で、250㎎を基準として注射します。長期間にわたって投与することで、投与量を減らしたり、間隔を延長できたりする場合もあります。

望ましい作用として、月経停止、陰核《いんかく》の肥大、体毛増加がみられます。また、声帯の形状変化によって声の基本周波数が下がって低い声になります。一方、多血症、にきび、頭髪の減少と

男性ホルモンや女性ホルモンを投与することで、体に変化が起こります。

参考文献
舛森直哉（2015）「男性化ホルモン療法の臨床と課題」『ホルモンと臨床』 63（4）：281-287.
石原理（2015）「女性化ホルモン療法の臨床と課題」『ホルモンと臨床』 63（4）：289-293.

いった望まれない副作用が現れることもあります。子宮は萎縮しませんが、卵巣は変化します。乳房の萎縮はあっても軽度です。

◆トランス女性には女性ホルモンを投与

トランス女性の場合は、女性ホルモン「エストロゲン」を投与します。経口、経皮、注射のいずれかの方法になります。2週間に一度の間隔で投与する場合は、5～20㎎を目安とします。また、エストロゲンに加えて、体内で生成される男性ホルモンを抑制する作用を持つ薬も用います。

望ましい作用としては、女性的な体型への変化、筋肉量の低下、皮膚や皮脂の変化、乳房の肥大、睾丸の萎縮などがみられます。他方で、静脈血栓《じょうみゃくけっせん》症、肺塞栓《はいそくせん》症、Ⅱ型糖尿病などのリスクを上げる副作用が指摘されています。投与をきっかけに、抑うつを訴える患者も少なくなく、精神科には継続的に通う必要があります。

いずれにせよ、ホルモン療法を受ける場合は、医師の診断による適切な量の投与と継続的な検診がもっとも重要です。

ホルモン療法には副作用もある

男性ホルモン投与による副作用

・赤血球が増えすぎる、多血症が起こる
・にきびができやすくなる
・頭髪が減少する
など

女性ホルモン投与による副作用

・血栓（血のかたまり）ができ、肺や静脈に詰まる（静脈血栓症、肺塞栓症）
・糖尿病が起こる
・抑うつ症状が起こる
など

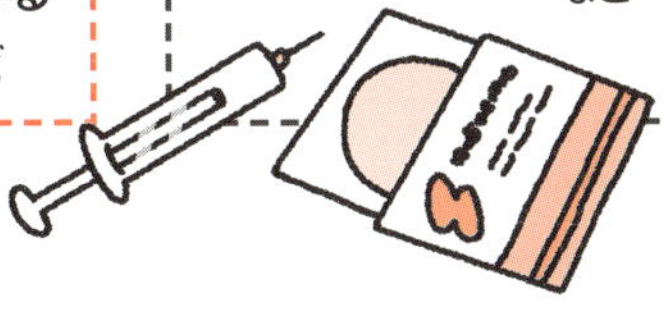

プラスα インターネットを通じてホルモン製剤を個人的に調達し、自己投与するケースもあるが、十分な効果が得られないばかりか、副作用の危険性が増大するため、慎むべきである。

性別適合手術によって、希望の体に近づける

性同一性障害による苦悩を緩和するための手術療法もあります（性別適合手術）。内性器の切除や外性器の形成などが行われます。トランス男性ではさらに乳房切除が行われます。 一医療者が独断で行うことは推奨されません。

性別適合手術は、医療機関の性別適合手術適応判定委員会などにおいて手術実施が承認されていることが必要です。

こういった手続きを国内で経ずに、海外の医療機関を選択する人もいます。しかし、海外での手術やケアを仲介するアテンド業者の質、インフォームド・コンセントを含む意思疎通や術後の対応をどうするかなど、多くの課題が残されています。

◆トランス男性への手術

トランス男性に行われる乳房切除は、乳房の形状によってさまざまな手術の方法があります。乳腺は血流に富んだ器官で、術後に血腫《けっしゅ》（血流が滞《とどこお》ってできるこぶ）が発生することがあります。そのため、「入院設備がある」「緊急の対応が可能な医療機関である」などの条件のもとで手術を行うことが望ましいとされています。

子宮卵巣切除は、近年では、内視鏡を用いた術式が広まりつつあります。また、「ミニペニス」を形成します。立位排尿を可能にしたり、特例法の第五要件（P120参照）を満たすために行われます。膣《ちつ》の粘膜とホルモン治療で肥大し

性別適合手術で戸籍を変更した著名人を見たことがある。

参考文献 百澤明（2015）「性同一性障害の外科治療の現状と課題」『ホルモンと臨床』63(4)：295-299.

た陰核《いんかく》を用いて形成し、尿道を延長します。

他国では膣を閉鎖する手術も行われてきましたが、膣粘膜を切除することによる大量出血のリスクがあることから、日本では完全な膣閉鎖を行わないこともしばしばです。男性のような大きさの外性器にするための「ペニス形成手術」もありますが、費用が高額で身体的負担が大きく、できあがりの見た目もあまりよくないことなどから、敬遠する患者も少なくありません。

◆トランス女性への手術

通常は、外陰部形成術、陰茎・精巣切除術・造膣術をまとめて行います。

膣の内張りには、本人の身体部位を利用します。どこを利用するかによって、手術法は何通りかに分けられます。これまでは海綿体《かいめんたい》などを除いて陰茎《いんけい》の皮膚などをひっくり返し、膣とする「皮弁《ひべん》法」がもっとも一般的でしたが、最近は血流を温存したままのS状結腸を移植する「大腸法」も増えています。大がかりな手術になりますが、粘液の分泌があるため性交には有利です。若い患者で採用する例が増えています。

性別適合手術を行うための条件

1. 身体的治療に移行するための条件を満たしていること。
2. 性別適合手術を行うことによって健康に重篤な、明らかに悪影響を及ぼすような疾患が否定されていること。
3. プライベートな場所では、希望する性別での生活を当事者が望むスタイルでほぼ完全に送られており、この状態が後戻りしないで少なくとも1年以上続いていること。（実生活経験）
4. 手術に伴う休暇などが患者に確保されていること。
5. 家族やパートナーなどのサポートシステムが安定的に得られていること。それが得られない場合、あるいはカムアウトしていない場合には、精神的にも経済的にも安定的に自立できていること。
6. 性別適合手術に関して十分な説明を患者に行い、理解を得たうえで手術が決定されたことを文書として保存すること。
7. 家族・パートナーへの説明。
8. 患者の年齢は成年に達していること。

日本精神神経学会、性同一性障害に関する委員会「性同一性障害に関する診断と治療のガイドライン」（第4版改）より

キーワード　**ジェンダー医療チーム**　性同一性障害の診断と治療に理解・関心があり、十分な知識と経験を持った精神科医、形成外科医、泌尿器科医、産婦人科医などによって構成される医療チーム。

性同一性障害への医療サポート

健康保険の適用には大きな制限がある

日本は国民皆保険制度をとっており、保険適用となる医療を受けた場合は、原則的に3割以下の自己負担で済みます。

性同一性障害の医療サポートについては、精神療法は保険適用のうちですが、ホルモン療法・手術療法については長い間適用外でした。

手術費用は数十万円～数百万円におよびますが、誰もがその代金を用意できるわけではありません。

特例法の通常の解釈（P120参照）によれば、手術をせずに戸籍の続柄《つづきがら》（法的性別）を変えることはできないとされているので、実質的には経済的に余裕のある層から法的性別の変更を果たしていく状況が生まれていたのです＊。

◆手術療法に健康保険が適用されるように

精神療法以外への健康保険の適用は悲願でしたが、2018年4月に転機を迎え、手術療法については認められることになりました。

ただし、問題は山積みです。保険適用の対象となるのは、「性同一性障害の認定医がいて20例以上の手術実績がある医療機関」と定められ、2018年9月時点では、岡山大学病院などの数か所の認定施設にとどまります。すでに手術の予約は数年待ちともいわれています。

また、認定機関であっても同じ医療機関でホルモン療法も受けている人には手術は保険適用されません。というのも、日本では保険診療と

保険適用にならない治療は高額で、受ける人が限られてしまうね。

参考文献 ＊石田仁編（2008）『性同一性障害：ジェンダー・医療・特例法』御茶の水書房：270.

保険外診療（自由診療）を併せて行う「混合診療」は原則禁止されており、その場合は10割負担となるためです。しかし、この杓子定規的な解釈は実情にまったく合っていません。

このため、性別適合手術を考える当事者は、ホルモン療法で通っている医療機関とは別の遠くの認定施設に通うか、認定施設を横目で見ながら高額な費用を払って自由診療で手術を行うか、あるいはアテンド業者を頼って海外の医療機関を求めるかの選択を迫られています。

同じ水準の医療を、どこでも同じ金額で受けられるのが国民皆保険制度のよいところですが、性同一性障害の手術療法への適用に関していえば、その理念からまだ遠い位置にあります。

公的医療保険のしくみ

日本では、国民は何らかの医療保険制度に加入することになっている。医療機関で保険適用の治療を受けた場合、本人の負担は3割以下で済む。

［1万円相当の治療を受けた場合］

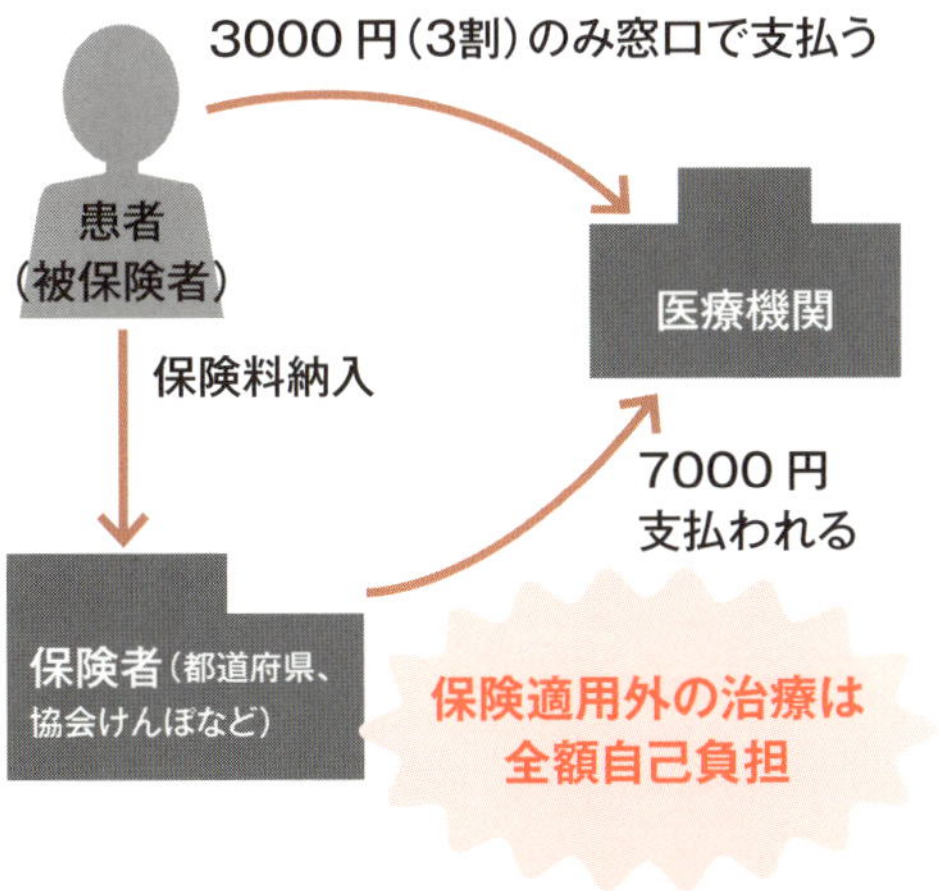

保険適用で治療を受けるには

制限1 保険適用で受けられる治療は一部

保険適用となる
- 性別適合手術
- 精神科でのカウンセリング

保険適用外
- ホルモン療法
- ホルモン療法＋性別適合手術

制限2 下記のような条件を満たす医療機関で治療を受けた場合のみ

- GID（性同一性障害）学会の認定医が1人以上いる
- 20例以上の手術実績がある
- 形成外科、泌尿器科、産婦人科のいずれかが認定医である

プラスα 2018年4月から、岡山大学病院、札幌医科大学附属病院、山梨大学医学部附属病院などの施設で、保険適用による性別適合手術が認められた。

「体の性」と「心の性」の不一致という誤解

◆心身の不一致＝性同一性障害ではない

性同一性障害に関して広く行き渡ってしまった誤解に、〝「心の性」と「体の性」の不一致が性同一性障害、一致の状態が「性同一性」である〟とする説明があります。日本精神神経学会のガイドラインにもそのように書かれ続けており、メディアでもそう説明されています。

しかし、性同一性（ジェンダー・アイデンティティ）とは、「魂」と「容器」の一致・不一致を指す言葉ではなく、性別に関する自己同一性を表す言葉です。自己同一性とは、「自分自身に関する、ある程度の一貫性を持った感覚」のことを指します。

ここでいう「一貫性」とは、時間的同一性と空間的同一性の2つの側面からなります[*1]。時間的同一性とは、たとえば1年前の自分と今が同じ自分であると把握していることで、空間的同一性とは、自分が別の人と「同じ○○である」（○○には家族、民族、女などが入る）と把握していることです。

よって、少し長い定義になりますが、性同一性障害とは〝生まれた時に割り当てられた性別と、自分が確信し表現する性別との間に何らかの不一致を感じ、そのため性別に関する自己の一貫した感覚を形づくることができず、それにより社会生活を送ることに大きな苦痛や困難を生じている状態〟を指します。

“性同一性”という言葉に広い誤解があるんだね。

参考文献
＊1 上野千鶴子（2005）「脱アイデンティティの理論」『脱アイデンティティ』勁草書房．
＊2 APA（2014、原書 2013）『DSM-5』日本語訳、医学書院：444.

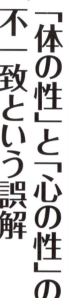

◆「性同一性障害」に代わる新たな概念

実は性同一性障害という用語は、アメリカ精神医学会では2013年以降、世界保健機関では2018年以降、使われなくなっています。

アメリカ精神医学会が「性同一性障害」から「性別違和」に言葉を変えたのは、医療行為者にとって必要な情報とは患者の性同一性そのものよりも、実際に経験する苦痛や社会生活上の障害であると考えたためです。[＊2]

また、「性同一性－障害」という言葉だと、患者の「性同一性」を「障害」とみなし矯正するという解釈も成り立つことから、この言葉を廃することになりました。[＊3]

世界保健機関では「精神及び行動の障害」に分類されていた「性同一性障害」を「性の健康に関連する状態」の中に置き直しました。これをもって、〝性別越境は脱・精神病理化した〟とみなすことができるようになりました。

性同一性障害に代わる新たな概念

「性同一性（ジェンダー・アイデンティティ）障害」という用語の問題点

- “心の性”と“体の性”の不一致である、という誤解を招きやすい
- “障害”とみなし、矯正すべきものという解釈が成り立つ

これらを解消するため登場した概念

ジェンダー・ディスフォリア（訳・性別違和）
アメリカ精神医学会、2013年以降

ジェンダー・インコングルエンス（訳・性別不合）
世界保健機関、2018年以降

参考文献 ＊3 東優子（2016）「トランスジェンダー概念と脱病理化をめぐる動向」『こころの科学』（189）：69；針間克己（2016）「『性同一性障害』から『性別違和』へ」『精神療法』 42（1）：16.

特例法が求める内容は、時代錯誤になりつつある

◆性同一性障害「者」？

性同一性障害をめぐる日本の現状には、世界的に見ても特異なことがいくつかあります。

日本では、性同一性障害の特例法（P120参照）が制定されて以降、性同一性障害を抱える人のことを、「性同一性障害者」と呼ぶ習わしができました。医学論文でも、この表現をしばしば目にします。当事者の中にも、プライドを込めて「性同一性障害者」と自称する人もいますが、そうした国は日本だけだそうです。*1

これに対し、たとえばアメリカ精神医学会*2では、精神疾患の呼称について日本と逆の動きがみられます。〝精神疾患が人間を分類する〟という過去の過ちを避けるために、「統合失調症者」とか「アルコール症者」といった表現をやめ、「統合失調症を持つ人」「アルコール使用障害を持つ人」といった表現に置き換えています。**日本の現在の呼称は、疾患が全人格を代表するかのように機能しかねず、改善が求められます。**性同一性障害の疾患名が「性別不合」に変更されることで、特例法も改正が望まれます。

国が性別変更のために外科手術を強制するのは、許されるだろうか？

◆「性の健康と権利」の理念に反する手術要件

また、特例法の要件は、法的性別を変える際に手術療法を求めていると解されます。この要件は強制的に生殖能力を失わせる力を持ち、「強制断種」であるという批判も高まってきました。

参考文献
*1 東優子（2016）『こころの科学』、P97 前掲：69.
*2 APA（2004、原書 2002）『DSM- Ⅳ -TR』医学書院：31.

この要件は世界的に見ても厳格だといえます。＊3 英国では早くから、性別の変更に際しホルモン療法・手術療法は不要とされていましたし、近年では、簡易な自己申告で性別の変更ができるように制度を変えていく国が増えました。

特例法が求める性別適合手術は、当人の心身に多くの負担を与え、高い医学的侵襲《しんしゅう》性を伴う医療行為です。「強制断種」の点においても、性の健康と権利の理念から反するといえます。

性科学者の東優子氏は、日本の特例法で規定された手術による性別変更要件は、「『厳しい』という表現はもはや不適切であり、『非倫理的・非人道的』と非難される日がやがて来る」と警鐘を鳴らします。

世界の性別変更の要件

日本

➡**外科手術で生殖腺（内性器）や外性器を切除・形成することが必須**

イギリス　**アイルランド**　**デンマーク**　**マルタ**　**アルゼンチン**　など

➡**外科手術は不要**

世界的には、外科手術をせずとも性別変更を認める国や地域が増えている。

COLUMN

「疾患が人間を分類する」状況をやめる

1990年頃から、英語圏では「エイズ患者」という呼び方をやめて、「People with AIDS」「People living with AIDS」（訳・エイズの状態にある人、エイズとともに生きる人）などといった表現が使われるようになってきています。

疾患（病気）を全人格と単純に結びつける誤解を避けるためです。性同一性障害においても、同様の考え方が望まれます。

参考文献 ＊3 東優子（2016）「LGBTの人権と医療」『精神科治療学』31(8)：973-978.

トランスジェンダー

誰しも心身を健康に保つ権利がある

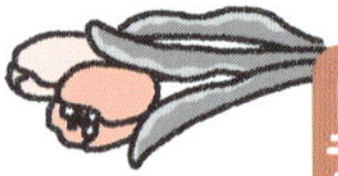

性別を越境して生きようとする人々を、総称してトランスジェンダーといいます。LGBTのTにあたる人たちです。

この言葉はもともと、「性転換症」（現在でいう性同一性障害）という医療概念で性別越境の営みが理解されてしまうことに反対し、〝私たちは医療サービスを必ずしも必要としない〟とする信条を表明するために用いられた、自己執行カテゴリー※です。

◆「性同一性障害」以外は排除されている

しかし、性同一性障害の医療サポートが整備されていく過程で、トランスジェンダーや、そのようには自己を名づけないながらも医療を必要としない立場をとる当事者、そして「ニューハーフ」や「おなべ」と呼ばれていた職業的に異性装をする人々の声は、相対的にかき消されていきました。

性社会・文化史研究者の三橋順子氏は、1996年と2002年の2つの実体験から、性別越境をしようとする人たちに対する人々の視線が、対等なものから、「健常者が病者を哀れむ」ような視線に変化したと言います*。

日本精神神経学会が「性同一性障害に関する診断と治療のガイドライン」を1997年に公表した時、「職業的利得」のために「別の性を求める」人々を性同一性障害の診断から除外するといった方針を明記しました。正当な医療サポ

LGBTのTには、性同一性障害以外の人も含まれます。

※自己執行カテゴリー　自分たちで確立した見方を通して自分たちを見るように他者をしむけるための自己の名指し方のこと。(H. サックス「ホットロッダー」『エスノメソドロジー』)

医療サポートの必要性は職業やカテゴリーで決まらない

職業的異性装者の
中にもサポートを
必要とする
人々もいる

誰もが心身を健康に保つ権利がある。そして支援のあり方は1つではない。

手術療法は望まない
が心理サポートを
必要とする
人々もいる

ートを受けられる対象者から、職業的異性装者を排除しようとしたのが見てとれます（のちの第2版では撤回されました）。

◆トランスジェンダーにも医療は必要

しかしながら、職業的異性装者の中にも、またトランスジェンダーの中にも、あるいはそうと自己を名付けない人にも性別違和を抱え、医療サポートを必要としている人々はいるでしょう。

手術療法をゴールの1つ手前とし、戸籍の続《つづき》柄《がら》変更を最終ゴールと考える支援のあり方では、それらを望まない人々の身体・精神の健康を尊重しようとする考えや権利はおろそかになりがちです。

「性同一性障害」から「性別不合」に診断名が変化することをよいきっかけとして、割り当てられた性別を越境しようとするすべての人々の実状にかなった適切なサポートが望まれます。

参考文献 ＊三橋順子（2010）「トランスジェンダーをめぐる疎外・差異化・差別」好井裕明編『セクシュアリティの多様性と排除』明石書店：162-191.

COLUMN

石田先生と一緒に考えてみよう

性的マイノリティが医療と接近するときに

この章の冒頭で説明したように、性的マイノリティに対する健康観は変わってきました。性的マイノリティ「であること」そのものが病気とされていた過去から、性的マイノリティはシスジェンダー・異性愛者と「同等に健康だ」と主張される時代を経て、社会構造の中に生きる性的マイノリティの「健康の低下」に着目する現代といった流れとしてまとめることができます。

上記の流れは総じてよいものではありますが、個別に見るとまた違った側面もあります。性別越境者（トランスジェンダー）は、その一部が医療の中に「性同一性障害」として取り込まれることで、かなり危ない橋を渡らされ、現在も渡らされている、というのが私の見解です。くり返しますが、性別適合手術を経て法的性別の変更を実現させる特例法のあり方は、身体への侵襲性の高い手術の強制であり、望まない当事者にとっては強制断種です。

また、乳房手術や性別適合手術を含め、もし医療行為に誤ちがあったときは、医療機関は非を認め、責任を負わなくてはなりません。しかし、日本精神神経学会のガイドラインでは、いまだ「当事者の自己決定と自己責任を最大限に尊重」するという記述が残り、「自己決定＝自己責任」論が顔を出します。この一文は医療機関の免責事項として機能するおそれを残しています。

第4章

性的マイノリティを取りまく法律上の問題を考える

居酒屋にて
いらっしゃいませー
二人です
掘りごたつでいいですか?
OH-タタミ!!
ご注文は?
おすすめは何ですか?
お刺身盛り合わせです
いいですねー
刺し身おいしい!!
だし巻き卵もオススメです
それもお願いします
ご旅行ですか?
カナダからです

新婚旅行なんです
世界一周してるんです
あ、ご夫夫《ふうふ》なんですね
おめでとうございます
ありがとう
てことがバイト先でありまして…
ステキ！
でも日本では聞かないですよね
どうして日本は同性婚が認められていないんですか？
いいな〜世界旅行〜
落ちつけたくや…
あーこがれるわ〜
そこはさまざまな議論が交わされているところなんです。日本の憲法などを読みといてみましょう

婚姻・事実婚・パートナーシップ制度

婚姻制度、
パートナーシップ
制度、事実婚など、
用語を整理
しましょう。

役所に届け出をする結婚――婚姻――は、長らく異性間にのみ許されていました。

この制度のもとでは、同性カップルや、届け出をせずに夫婦然として暮らす「事実婚」の異性カップルは、婚姻で得られる法的保障が与えられませんでした。いま世界で、同性同士の婚姻である同性婚を認める国が増えてきています（P107表参照）。しかし、日本ではまだ認められていません。

◆婚姻制度の歴史

世界の流れを少し説明しておきましょう。近代国家が異性間の婚姻制度を確立させてからしばらく経つと、異性間の事実婚に対しても、婚姻当事者が享受《きょうじゅ》できるような法的保障を裁判所などが個別に保護する動きが出てきます。ここでいう法的保障には、財産権、第三者から損害を受けたときの慰謝料請求権、2人の同居・扶養義務などの、権利義務関係が含まれます。さらに時がたつにつれて、同性間の事実婚に対しても法的に保護する国が増えてきました。

ただし、保護のいかんは、個別法や裁判所の判断に委ねられます。また、税制・相続の面では課題を残しており、婚姻との格差が残っているのも事実です。

◆パートナーシップ制度の成立

異性間カップルは婚姻か事実婚による保護の

キーワード　**事実婚**　事実上夫婦として生活しているが、婚姻届は提出しておらず、法律上の婚姻には至らない関係のこと。内縁ともいう。

世界の同性婚の現状

国名など	法律施行日	国名など	法律施行日
オランダ	2001年4月1日	ウルグアイ	2013年8月5日
ベルギー	2003年6月1日	ニュージーランド	2013年8月19日
スペイン	2005年7月3日	英国（北アイルランドを除く）	2014年3月29日
カナダ	2005年7月20日	ルクセンブルク	2015年1月1日
南アフリカ	2006年11月30日	米国	2015年6月26日
ノルウェー	2009年1月1日	アイルランド	2015年11月16日
スウェーデン	2009年5月1日	コロンビア	2016年4月28日
ポルトガル	2010年6月5日	フィンランド	2017年3月1日
アイスランド	2010年6月27日	マルタ	2017年9月1日
アルゼンチン	2010年7月22日	ドイツ	2017年10月1日
デンマーク	2012年6月15日	オーストラリア	2017年12月9日
ブラジル	2013年5月16日	オーストリア	2019年1月1日
フランス	2013年5月18日	台湾	2019年5月24日

EMA 日本「世界の同性婚」（http://emajapan.org/promssm/world） 2019 年 5 月現在。一部改変。

どちらかを選ぶことができましたが、同性カップルには婚姻制度がありません。このため、まずは同性間のカップルに、婚姻よりは保障の内容が減じられた、しかし婚姻によく似た制度がつくられるようになります。これを「パートナーシップ制度」といいます。制度化はヨーロッパで先行しました。その後、この制度は異性間にも適用が拡大していきました。

COLUMN

なぜパートナーシップ制度はヨーロッパで誕生したの？

キリスト教社会のヨーロッパでは、結婚は異性間のものとする根強い信念がありました。その上、役所へ婚姻の届け出をする場合には、教会が発行する「挙式証明書」が必要となる場合が多いのです。同性同士など、教会から証明書を出してもらえそうにない場合のために、教会の承認が不要な、婚姻とは別制度を構築する必要がありました。このような背景から、ヨーロッパでパートナーシップ制度が導入されるようになったのです。

プラスα 婚姻によって得られる日本国内の権利に、所得税・住民税の配偶者控除、子の共同親権、相続権・相続税の控除・税制の優遇、（夫の）子の嫡出推定（P128 参照）などがある。

婚姻制度のあゆみ

すべての人に婚姻を認める「婚姻平等」へ

　同性パートナーシップ制度が浸透していくと、異性の婚姻とほぼ同等の法的保障を同性間にも認める制度、すなわち「同性婚」を認める国が現れます。

　同性婚が法制化されると、社会意識はさらに変化していきます。〝わざわざ別建ての制度を運用する必要はなく、誰にも平等に婚姻を認める「1つ」の制度をつくるべき〟という考えが広まっていくのです。

　この考えを奇異に思う読者もいるかもしれません。というのも、異性と同性で〝別々に制度を運用している〟中で、あらためて制度を〝わざわざ統合〟することは、コストがかかり、不要と考える人もいるからです。

◆白人専用車両と黒人専用車両は平等か

　しかしこれは、過去の人権保障の過程を考えれば納得のいくことです。性的指向に着目して別個の制度を設けるという発想は、たとえば人種差別の問題において、「同じ交通機関が使えるのだから白人専用車両と黒人専用車両に分けてもよい」「同じ内容の教育を受けられるのだから人種によって別の学校に通わせてもよい」という考えと変わりありません。

　弁護士の三輪晃義氏は、この「分離すれども平等」の考えが社会にいわゆる二級市民を生み出すことにつながり、個人の尊重（憲法第13条）と法の下の平等（同第14条）の根本原理に背く

同性婚の広がりは、婚姻に対する新たな価値観をもたらします。

参考文献 ＊三輪晃義（2017）「同性による法律婚の可能性」二宮周平編『性のあり方の多様性』日本評論社：40.

もので、妥当ではないと説明します。*「分離すれども平等」の観点を乗り越え、誰にも婚姻を認めるという思想を「婚姻平等（marriage equality）」と呼びます。「婚姻平等」の考えのある社会において、「同性婚」という特別な響きを持つ言葉は過去のものにすらなりつつあります。

たとえばフランスでは、異性も同性も婚姻ができる現行の法制度には、「みんなのための婚姻（le mariage pour tous）」という名前がついています。

婚姻制度拡張の一例

“婚姻平等”という考えのもと、すべての人に平等に婚姻の権利がある1つの制度をめざす動きが始まっている。

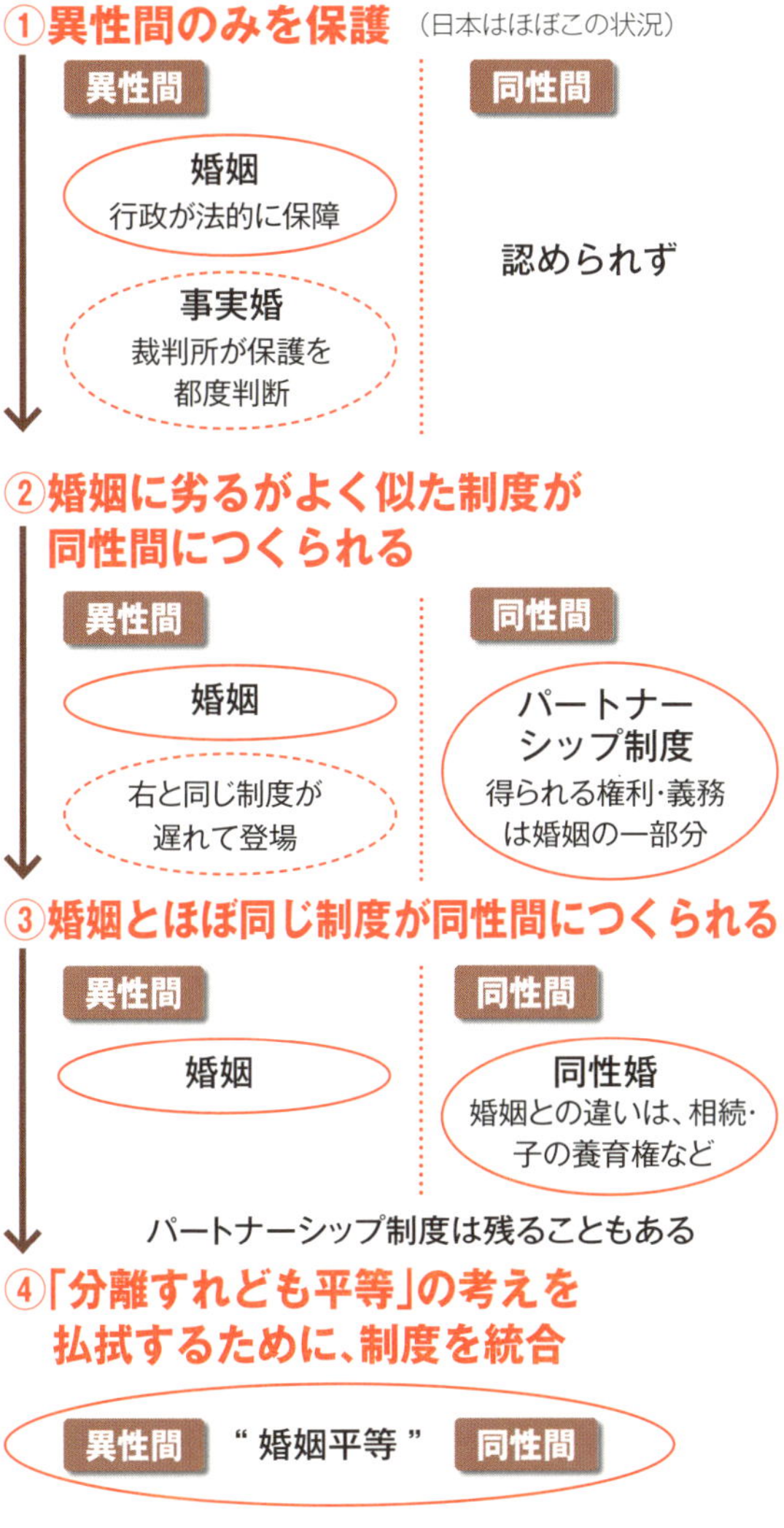
①異性間のみを保護 （日本はほぼこの状況）
異性間
同性間
婚姻
行政が法的に保障
認められず
事実婚
裁判所が保護を
都度判断
②婚姻に劣るがよく似た制度が
同性間につくられる
異性間
同性間
婚姻
パートナーシップ制度
得られる権利・義務
は婚姻の一部分
右と同じ制度が
遅れて登場
③婚姻とほぼ同じ制度が同性間につくられる
異性間
同性間
婚姻
同性婚
婚姻との違いは、相続・
子の養育権など
パートナーシップ制度は残ることもある
④「分離すれども平等」の考えを
払拭するために、制度を統合
異性間
“婚姻平等”
同性間

プラスα 1954年米国の最高裁は、白人と黒人で学校を分ける人種の分離を違憲とする判決を出した。公民権運動に大きな影響を与えた画期的な判決で、「ブラウン判決」といわれている。

日本国憲法は同性婚を禁止している？

◆憲法第24条に基づく、同性婚の不受理

日本では、同性婚が認められていません。そんな中で、実際に同性同士で婚姻届を出した当事者カップルも複数いますが、届出書を出された自治体はある時期まで、憲法第24条1項を理由に受理しませんでした。同性婚の制度に反対する人の中には、こうした状況があったことから、「日本国憲法は同性婚を禁止しているので、同性婚は当たり前に認められない」と主張する人もいます。本当にそう言えるのでしょうか。

憲法第24条1項には「婚姻は、両性の合意のみに基いて成立し、夫婦が同等の権利を有することを基本として、相互の協力により、維持されなければならない。」と定めています。「両性」「夫婦」の言葉があることから、憲法は同性同士の婚姻を禁止していると読めそうです。

しかし、憲法や法律を読むには、それらの法がつくられた時点での目的（立法趣旨）にさかのぼることが大切とされます。日本国憲法が制定された1946年当時の立法趣旨を見ると、〝同性婚は想定されていなかった〟というのが少なくない学者の意見です。

日本で同性婚が認められていないのは、どうしてなんだろう？

◆不平等な「家制度」の撤廃

日本国憲法第24条は、戦前の「家制度」の解体が目的にありました。

「家制度」とは、「家」を存続させるために家業

参考文献 ＊1 米村千代（2012）「家制度」『現代社会学事典』弘文堂：40. ＊2 三輪晃義（2017）「同性による法律婚の可能性」二宮周平編『性のあり方の多様性』日本評論社：40.

や家財、家名、家系の永続を優先する士族の家族秩序をモデルとした制度のことで、その制度を明治政府下で運用させるために、戸籍法や民法が整備されました。男子優先、長幼《ちょうよう》の序《じょ》、戸《こ》主《しゅ》権の優越などの特徴があります（家父長制）。また、家の存続のために養子縁組も多用されました[*1]。

この「家制度」では、家督を含めた権利が戸主に集中していました。婚姻も例外ではありません。婚姻は戸主（多くは男親）同士の合意に基づいてなされ、婚姻をした女性は未婚時にあった権利が大幅に制限されました。

封建的で不平等なこの制度を撤廃するために、夫婦は同等の権利を有するといった基本が、新憲法の第24条に書き込まれたのです（下図参照）。

憲法は、想定していないものを禁止できるはずがありません[*2]。**憲法が制定された時の社会背景と立法趣旨をかんがみて、同性婚の是非の議論を開始することが大切**です。

COLUMN

不受理の理由は民法・戸籍法に

戸籍を取り扱う行政においては対応に変化が見られ、憲法への違反ではなく、民法・戸籍法に適合的でない（不適法である）という理由へと変わっています。（鈴木賢（2018）「パートナーシップ制度の現状、そしてその先にあるもの」『自治研』60(705)：50.）

憲法第24条1項起草の背景

制定前 封建的で男女不平等

- 婚姻は、本人同士ではなく、戸主同士の同意によって行われる
- 婚姻をした女性は、未婚時に持っていた権利の多くを失う

↓

制定後 男女平等かつ自己決定

- 婚姻は、本人同士の合意のみに基づいて行われる
- 両者は同等の権利をもつ

家制度は家父長制を守るためにつくられていた

プラスα 戦前の家制度は、女性の権利が妻となったことで大幅に削減されるしくみであるため、今では「妻の無能力制度」として批判されている。

同性婚に対する世間の見方は？

◆世論調査で同性婚賛成は過半数に

同性婚の賛否をめぐる3つの調査があります。

2014年3月に実施された調査では、同性婚に「賛成」「やや賛成」と答えた人は全体の42・3%、「反対」「やや反対」と答えたのは52・4%でした。翌2015年3月に行われた毎日新聞社の電話調査※では、同性婚賛成が44%、反対が39%、同時期に行われた科研の調査では「賛成」「やや賛成」が51・2%、「反対」「やや反対」が41・3%という結果になりました（P113参照）。

◆3つの調査は世論を正確に反映している

3つの調査はいずれも、明らかにしたいと考える社会集団（母集団）の中から、等しい確率で調査対象者が選ばれるようなしくみに基づいて行われました。このしくみを確率標本抽出といいます。たとえば科研の調査では日本在住の20歳から79歳を母集団として確率標本抽出をしているため、この調査結果は、20歳から79歳の日本在住者の世論を反映しているといえます。

賛成と反対の割合を見ると、最初の調査ではおよそ4対5であったのに対して、毎日新聞社と科研の調査ではともに5対4であり、反対より賛成の比率が多くなっています。

これらの結果から、日本では2015年あたりに同性婚に対する世論が賛成多数に転じたということができます。

同性婚の
賛否を聞いた
世論調査を
見てみましょう。

参考文献　石田仁（2016）「同性婚」『性的マイノリティについての意識 2015年全国調査報告書』：149-182.

同性婚の賛否を問う３つの調査

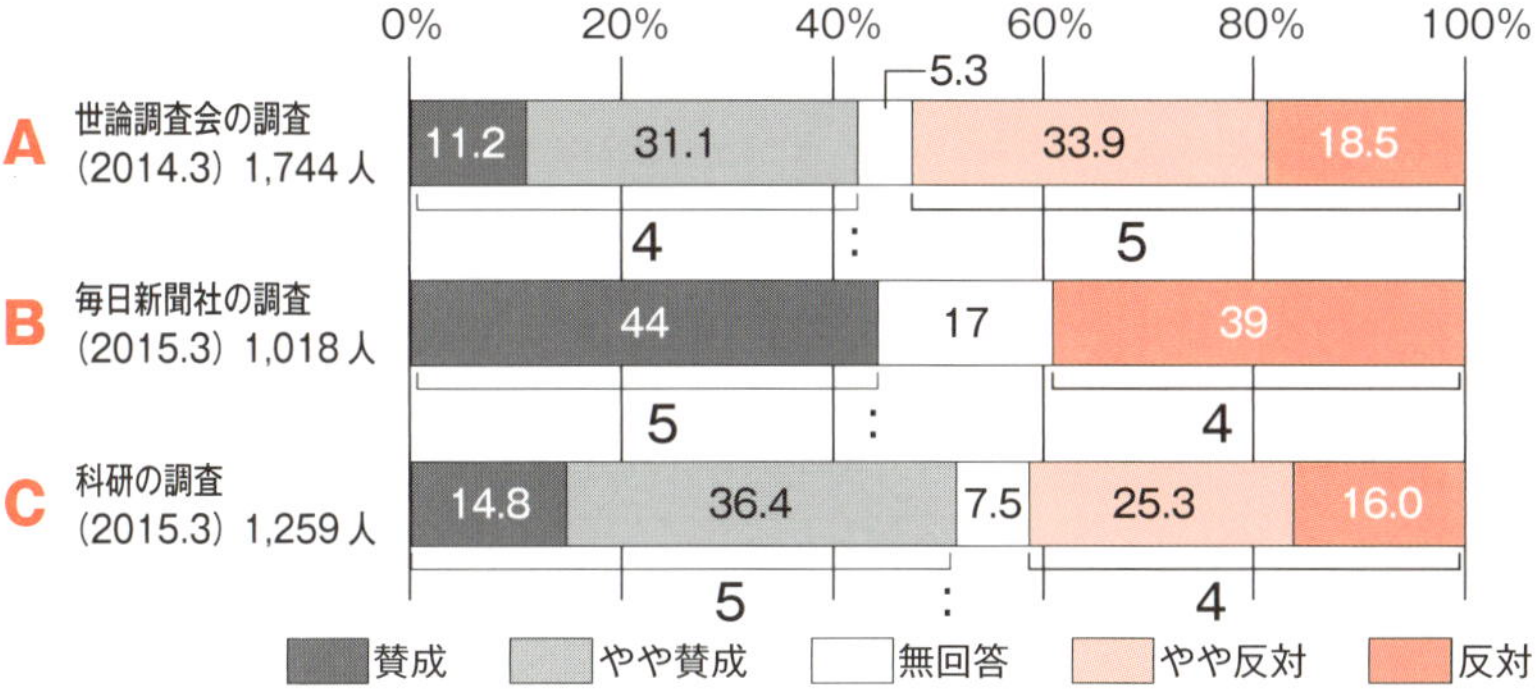

Aの設問: 「同性婚は日本では法律上、認められていませんが、英国やフランスでは昨年合法化されました。あなたは日本で同性婚を法的に認めることについてどう思いますか」(賛成・どちらかといえば賛成・どちらかといえば反対・反対)

Bの設問: 「あなたは、男性同士、女性同士で結婚する同性婚に賛成ですか、反対ですか」(賛成・反対)

Cの設問: 「次の意見についてあなたは賛成ですか、反対ですか。同性同士の結婚を法で認めること」(賛成・やや賛成・やや反対・反対)

世論を正確に測定するための抽出方法

サンプルを選ぶための手続きが正しく行われていれば、千数百程度のサンプルで世論を正確に推測することができる。

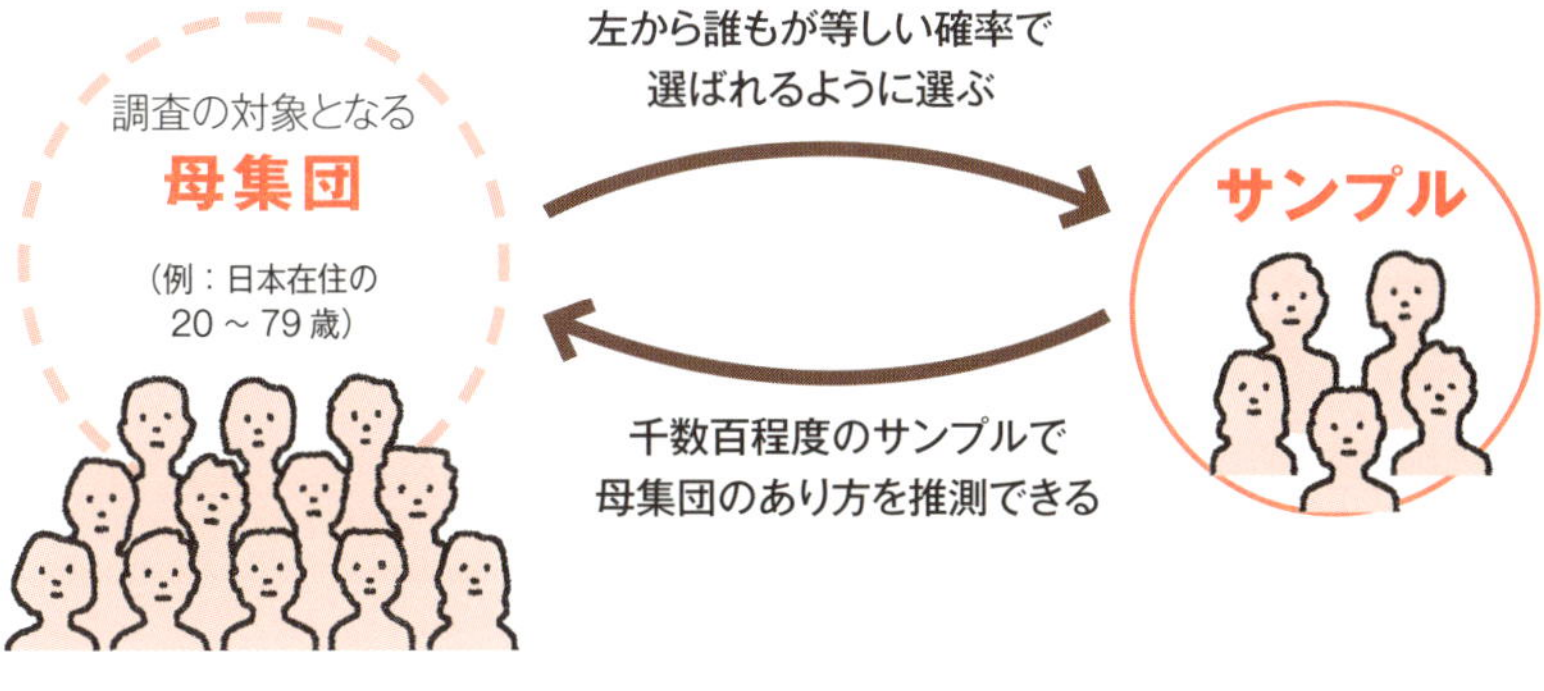

※電話調査　ランダムに電話番号を生成し、電話をかけて調査への協力を依頼する手法。RDD法という。このため、Bの調査対象者は毎日新聞の購読者であるかどうかは関係ない。

日本における同性婚

世論とネット言説にはずれがある

◆「伝統的な家族」と「生殖」

同性婚に対して、①「伝統的な家族のあり方が失われる」や②「生殖にむすびつかないから好ましくない」といった否定的な見解も持つ人々がいます[*1]（下グラフ参照）。

これらの見解の有無は、どれほどの収入があるか、あるいはどの階層に自分が属していると思うかなどでは、差はみられませんでした。

性別や年齢層別で見たところ、①も②も、男性や高年齢層のほうが「伝統的家族の喪失」「非生殖のため好ましくない」を選ぶ割合が多いことがわかりました。ただし「生殖」を理由として挙げる層の割合は、全体の11・3％、高年齢

同性婚への否定的な意見

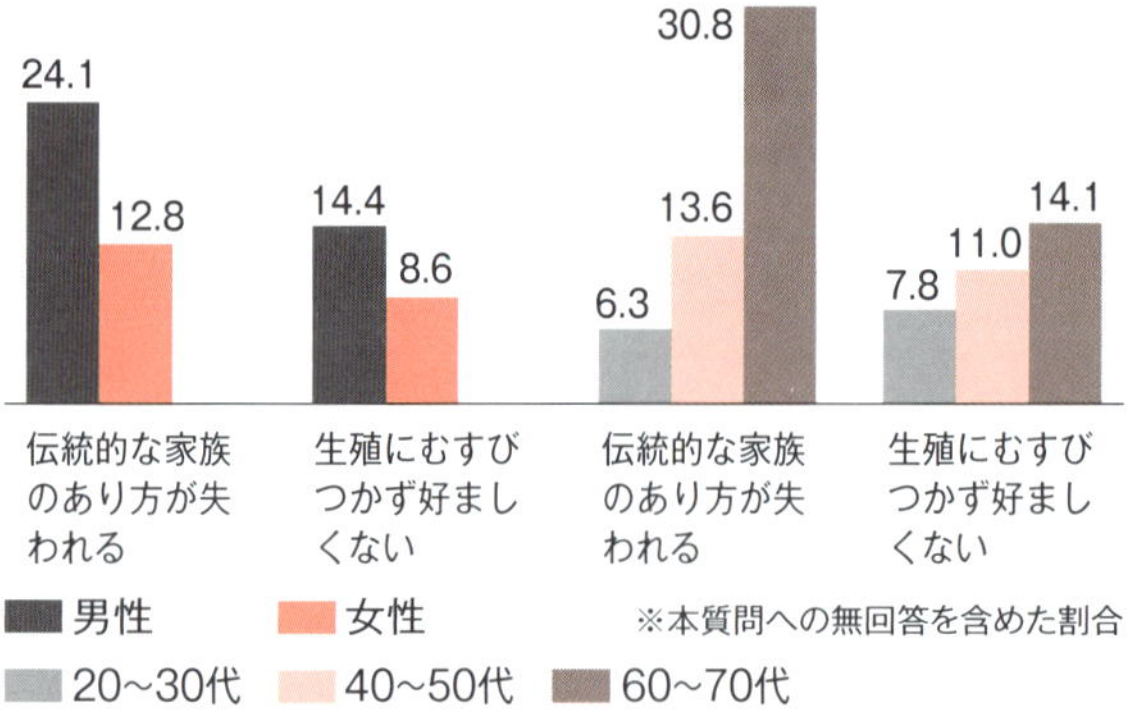
24.1
12.8
14.4
8.6
6.3
13.6
30.8
7.8
11.0
14.1
伝統的な家族のあり方が失われる
生殖にむすびつかず好ましくない
伝統的な家族のあり方が失われる
生殖にむすびつかず好ましくない
男性
女性
※本質問への無回答を含めた割合
20~30代
40~50代
60~70代

科研の調査結果。「伝統的な家族のあり方が失われる」は、同性婚に否定的な見解であるといちがいには言えないが、同性婚の賛否を問う別の質問とクロスして分析すると、同性婚に反対する理由として選択していることがわかっている。

ネットの書き込みでは、同性婚に批判的な意見も見かけるけど…。

参考文献 ＊1 石田仁（2016）「同性婚」『性的マイノリティについての意識 2015年全国調査報告書』.

層でも約14％にとどまりました。

◆SNSは極端な意見が増幅されやすい

東京都渋谷区の同性パートナーシップ条例報道以降、有識者や政治家によって、同性愛者や同性婚に対して「生殖」に基づいて否定する発言が相次ぎました。そうした発言は、SNSが主流の現在のネット社会において、何度も目に入ってくる形になっています。しかし実は、世論の大勢を占めている発言ではないという事実を知っておくことも大切です。

たとえば、「同性カップルは生産性がないため、税金を投入すべきでない」と雑誌に寄稿した杉田水脈議員（自民党）の主張に対し、ソーシャルメディアでは杉田氏を擁護する書き込みも多数みられました。しかし、朝日新聞の調査の結果、所属政党の自民党の対応に「問題がある」と答えた人は全体の61％を占め、「問題がない」と答えた人は26％にとどまり、両者には2～2.5倍程度の開きがあったのです。

有識者や政治家の発言

長谷川三千子（NHK 経営委員）
「同性婚とはまさに生物5億年の歴史に逆らう試みといえる」（産経ニュースウェブ 2015.3.8）

鶴指真澄（海老名市議）
「一例が同性愛とやらだ！ 生物の根底を変える異常動物だということをしっかり考えろ！」（本人のツイート（のちに撤回）→朝日新聞 2015.11.30 に掲載）

小坂英二（東京都荒川区議）
「同性愛は異常な形です。（略）新たな世代である子供を生み、血筋を永続させていく形である男女の結婚（略）と、同性同士のカップルという『標準の形と異なり、次世代を生み出す形ではない』存在では、『合理的な区別』があってしかるべきである。」（本人のブログ 2015.12.2）

杉田水脈（衆議院議員）
「同性カップル（略）は子供を作れない、つまり『生産性』がない（略）そこに税金を投入することが果たしていいのか」（『新潮 45』2018 年 8 月号）

杉田氏への自民党の対応には？
杉田氏に対し自民党は、当初静観していたが、批判が高まると「今後十分に注意するよう指導した」と公表した。朝日新聞の調査では、指導にとどまる対応に、回答者の 61％が「問題がある」と答えた（＊2）。

参考文献 ＊2 朝日新聞 2018 年 8 月 7 日付朝刊：4。RDD 法で 8 月 4 日～5日に実施。1,928 人から回答。

養子縁組制度で〝家族〟になるカップルも

カップル間で養子縁組をすると、家族としての権利が得られるんだ。

◆普通養子縁組制度で家族になる？

日本の同性カップルの一部は「養子縁組制度」を利用してきました。ここでいう養子縁組制度とは、カップルの２人が養子をとるという話ではなく、カップルの一方が他方の養子となる法的制度を指します。

日本には、民法上「特別養子縁組」と「普通養子縁組」という２つの制度があります。特別養子縁組制度は１９８７年に制定されました。養子が６歳に達しておらず、父母による養育が著しく困難または不適当であるなど、子の利益のため特に必要と認められた場合に、元の親子関係を終了させ、養親を希望する親との間に新しい親子関係を認める制度です。

一方、普通養子縁組は１８９８年に制定された古い制度で、養親と養子の同意により成立します。実父母等のもともとの親族関係は終了しません。同性カップルにおける養子縁組は、こちらの制度の利用を指します。

養子縁組制度のメリットは、養親と養子の間に実の親子と同様の権利義務の関係が発生することです。たとえば、親子のどちらか一方が入院した場合には、家族として当然に面会ができ、交通事故にあった場合は加害者への慰謝料を請求する権利を持つことができます。また、養子は養親の財産を相続する権利が得られます。

養子縁組によって、こうした諸権利を同性カ

参考文献
＊1 福岡市（2018）「福岡市パートナーシップ宣誓制度の手引き」：5 など.
＊2 永易至文（2015）『ふたりで安心して最後まで暮らすための本』太郎次郎社エディタス：31.

ップル間でも得ることができます。

◆養子縁組制度の利用には批判もある

しかし、この歴史ある普通養子縁組制度は、家制度（P110参照）を存続させるためにつくられたと考えられています。年長者が養親となる長幼の序があり、またその順に基づいて家財の継承を認めるところに、二者間に対等性を欠きます。このため同性愛者の中には、家制度批判の点から普通養子縁組制度を選択しないと明示する人々もいます。

なお、養子縁組制度で親子関係になった者同士は婚姻ができないため（民法第736条）、「将来、日本で同性婚が認められても2人は婚姻ができないのではないか」と考える人もいます。ただこの問題については、パートナーシップのために養子縁組をした者たちもパートナーシップ証明制度を利用できることが自治体の制度であらかじめ明記されたり[*1]、縁組の無効（民法第802条）の申し立てをすれば同性婚も可能であるという解釈も存在したりします[*2]。現在この制度を新たに利用する人々は、同性婚が日本で実現する前に、二者間の権利義務関係を一時的に守るためのものとして選んでいるようです。

COLUMN

里親制度との違いは?

「里親制度」は、養子縁組制度と混同されることがありますが、異なる制度です。里親制度とは、子が成人になるまで「養育里親」と呼ばれる成人の家族に入り、必要な養育サービスを受けられる制度です。近年、里親が研修を受けること（2008年）、施設での養護より里親委託を優先すること（2011年）などの制度改革が著しく[*3]、2015年には大阪府で男性カップルが、2016年には兵庫県で女性カップルが、それぞれ養育里親として誕生しました[*4]。

参考文献
*3 野辺陽子（2018）『養子縁組の社会学』新曜社：84-94.
*4 朝日新聞 2017年4月18日付朝刊「男性カップルが養育里親に：固定観念を超え」：29.

戸籍上の性別は変えられるか

◆法的性別の記載は変えることができるか

出生届が出された時に、多くの新生児は法的性別が決まります。この法的性別が本人の社会生活に多大な困難を生む場合、その性別は変えることができるのでしょうか。関連する法律は戸籍法第113条で、戸籍の記載が「錯誤《さくご》」「遺漏《いろう》」などの場合は、家裁の許可を得て、戸籍の訂正を申請できます。

1979年に、ある「性転換手術」（現在でいう性別適合手術）を受けた男性が、戸籍の続柄《つづきがら》の「二男」を「長女」に訂正してほしいとする申し出を裁判所にしました。当人の性染色体はXYでした。一審で申し出は却下され、控訴審でも人間の性別は染色体いかんによって決定されるべきで、本人を女性と認める余地はまったくないと棄却しました。*1

しかし判例に変化が起こります。91年に「性器異常」を伴う男性が、続柄を「二男」から「長女」に訂正してほしいとする申し出をしたところ、一審は却下しましたが、控訴審では一転して認める決定を出しました。当人の性染色体はXYでしたが、命にかかわりかねない重い排尿障害があり、カテーテルで延長可能な尿道の長さは「女児」と同じ程度であった、などの事情を抱えていました。

控訴審は、〝現在の医学では、外性器異常の新生児には性染色体の構成だけでなく、内外性器

「長男」「長女」など、戸籍の続柄が法的な性別となります。

参考文献
*1 名古屋高裁 1979 年 11 月 8 日決定、『家庭裁判月報』 33(9).
*2 札幌高裁 1991 年 3 月 13 日決定、『家庭裁判月報』 43(8).

の状態、外科的修復の可能性、将来の性機能などを慎重に考えて、どちらの性別を選択したほうがその新生児にとってより幸福か考え、性別を決定し、医学的措置を実践するようになってきている。このような実践は社会通念上、容認しがたいほど不当であるとはいえない〟として、続柄を「長女」とすることを許可しました[*2]。

この判例は、法的性別が染色体によって一律に決められるものではなく、当人の幸福の追求をも考慮すべきであるとする新しい司法見解を切り開いたものとして、画期的であるといえます。

◆性同一性障害では認められず立法へ

それでは、性同一性障害の場合も法的性別を変えることは認められるでしょうか。

２００１年には性同一性障害の当事者6名がそれぞれの家裁に戸籍記載事項の訂正を求めて一斉に申し立てをしましたが、訴えはいずれも認められませんでした。

訴える側は第113条の「錯誤」（誤り）という言葉を使わざるを得ませんでしたが、裁判所は「錯誤」にあたらないとし、新たな法律を設けることにより解決されるべきであるとしたのです[*3]。

司法判断の移り変わり

1979年 名古屋高裁（性転換症）

“人間の性別は染色体によって決定されるべき”

↓

1991年 札幌高裁（性分化疾患）

“現在の医学では、新生児にとってより幸福かを考え、性別を決定し、医学的措置を行うようになってきている。このことは容認しがたいほど不当であるとはいえない”

↓

2001年 最高裁（性同一性障害）

“戸籍の記載は錯誤にあたらない。性同一性障害は新たな法律を設けることで解決されるべき”

参考文献 ＊3 南野知恵子（2004）『解説 性同一性障害者性別取扱特例法』日本加除出版：40-41；最高裁判所平成15年5月28日第二小法廷決定（平成15年（ク）第409号）.

性同一性障害の特例法

法的性別を変更できる法律がある

◆法的性別を変更できる特別法が成立

性別違和を抱える人々の戸籍の続柄《つづきがら》記載（法的性別）が変えられない状況が日本で続きましたが、２００３年に特別法[※1]として１つの法律が成立し、性同一性障害を抱える者のうち、要件[※2]を満たした者に限って、戸籍の続柄（法的性別）の変更を裁判所が認めることができるようになりました。施行はその翌年の２００４年です。

法律の正式名称は「性同一性障害者の性別の取扱いの特例に関する法律」ですが、長いので、一般的には「性同一性障害者性別取扱特例法」あるいは「性同一性障害者特例法」と呼ばれています。

特例法第三条の５つの要件

第一号は年齢要件、第二号は非婚要件、第三号は子の成人要件、第四号は生殖能力放棄要件、第五号は性器形成要件という。

一 二十歳以上であること。

二 現に婚姻をしていないこと。

三 現に未成年の子がいないこと。

四 生殖腺がないこと又は生殖腺の機能を永続的に欠く状態にあること。

五 その身体について他の性別に係る身体の性器に係る部分に近似する外観を備えていること。

性同一性障害の人が性別を変更するには、厳しい条件があるんだ。

※1 特別法　その法律が規定する一般法は、特別法の影響を受けない。本法律において一般法は戸籍法を指す。　※2 要件　法律上の「条件」のこと。

◆5つの要件を満たすことが必要

特例法では、2名以上の医師から性同一性障害の医学的診断を受けていること（第二条）に加え、法的性別を変えるための5つの要件が規定されています（P120下図参照）。

第四号については、生殖腺（性腺。精巣や卵巣などの内性器）の摘出手術を求めていると解されています。第五号は一般の人には大変わかりにくい日本語ですが、意訳すると「当人が、今の性別ではない性別の人が持つ性器部分に似た形状のものを、その身体に備えていること」と表現できます。こちらは陰茎《いんけい》・陰嚢《いんのう》や膣《ちつ》・陰《いん》核《かく》・陰唇《いんしん》などの外性器の手術を求めていると理解されています。* なお、成立当初、第三号は「現に子がいないこと」でしたが、2008年に条件が緩和され、子が成人していれば可能になりました。5つの要件については、さまざまな批判もあります。

5つの要件に対する批判

性別を変えるために、離婚しなくてはならないのか

子を持つ当事者は子が成人するまで、性別を変更する望みを断つしかないのか

同性婚を許さない認識を、結果として強めたのではないか

体にメスを入れる方向に個人をつき動かすことは、法律が明記してもよいのか

一部の手術を不要とした例も

トランス男性の場合、第五号の要件については、ホルモン療法によって肥大化した陰核をマイクロペニスとして認め、その手術については不要とした例もあるという。

参考文献 * 南野（2004） P119 前掲；石田（2008）『性同一性障害:ジェンダー・医療・特例法』御茶の水書房より第10章.

差別解消への取り組み

「LGBT理解増進法」と「LGBT差別解消法」

2016年の国会では、LGBTに関する2つの法案が提出されました。

◆差別や偏見を解消するための法律の模索

性同一性障害者特例法のように例外的に物事を認める特別法ではなく、一般法として、ＬＧＢＴの差別や偏見を解消するための包括的な法律の導入が、模索されています。

野党から「ＬＧＢＴ差別解消法」という法案が起草されると、対抗する形で与党が「ＬＧＢＴ理解増進法」を打ち出しました。

野党案は国会に提出されましたが、第194回国会（臨時会）中に衆議院の解散で廃案となりました。与党案は２０１８年秋現在では、概要以上の内容が明らかにされておらず、国会提出にも至っていない状況です。[*1]

◆２つの法案の性格の違い

法学者の谷口洋幸氏の整理によれば、野党案の「差別解消法」は、男女雇用機会均等法や障害者差別解消法にならった規定が多く含まれています。国や自治体だけでなく、民間企業における差別も禁止するもので、合理的配慮の提供やハラスメントの防止などに言及し、支援体制の確立や審議会の設置など、差別解消に向けた具体的な手続きが盛り込まれています。[*2]

一方、与党案の「理解増進法」は、その内容を人権教育法にならっていると考えられ、差別や偏見をなくすためには、まず一般社会の十分な理解が必要であるという考えに基づいていま

参考文献
＊1 中西絵里（2017）「LGBTの現状と課題」『立法と調査』（394）：12.
＊2 谷口洋幸（2017）「SOGIに関する国レベルの法整備の現状」『BEYOND』（3）：20-21.

す。しかし与党案は概要版にとどまりますので、与党である自民党が作成・公開した「性的指向・性同一性（性自認）の多様性って？　自民党の考え方」[*3]という文書をここでは参照することにします。

自民党は、めざす方向性として「カムアウトできる社会ではなく、カムアウトする必要のない、互いに自然に受け入れられる社会を実現します。すなわち、勧告の実施や罰則を含む差別の禁止とは一線を画す」と主張をします。

次ページ以降では、差別解消の取り組み状況を世界と日本で比較します。差別禁止法を不要とみなす自民党の「考え方」に理があるといえるかどうかを検討していきましょう。

廃案となった野党案の概要

2016年、野党である民進党は「性的指向又は性自認を理由とする差別の解消等の推進に関する法律案」（通称・LGBT差別解消法案）を提出したが、翌年の国会で廃案となった。

差別の禁止

- 行政機関等（国の行政機関、地方公共団体等）及び事業者における性的指向又は性自認を理由とする差別的取扱いの禁止
- 行政機関等及び事業者に対する性的指向又は性自認に係る社会的障壁の除去の実施についての必要かつ合理的な配慮の義務（事業者については努力義務）

※社会的障壁：日常生活または社会生活を営むうえで障壁となるような社会における事物、制度、慣行、観念その他一切のものをいう。

雇用の分野における差別の解消等

- 労働者の募集及び採用についての均等な機会の提供、雇用後の各場面における差別的取扱いの禁止、必要かつ合理的な配慮の努力義務
- ハラスメントの防止に関する雇用管理上必要な措置

学校等における差別の解消等

差別の解消・ハラスメントの防止に関する学校長等の必要な措置（研修、普及啓発、相談体制の整備等）

実効性の確保

主務大臣による事業者等に対する報告徴収、助言、指導、勧告（勧告に従わない場合には公表）

参考文献　*3 自由民主党（2016）「性的指向・性同一性（性自認）の多様性って？ 自民党の考え方」

国際社会からの指摘

日本政府の消極的姿勢は問題視されている

性的マイノリティ団体の国際組織である「ILGA」のまとめによれば、性的指向に基づく差別を禁止する国は9か国、差別禁止法に性的指向を明記する国は39か国、国内人権機関の活動対象に性的指向を明記する国は86か国にのぼります[*1]。

しかし日本にはLGBTの人権保障あるいは差別禁止を明確に示した法律は存在しません。この現状に対して、国際社会は、改善の具体的な取り組みを再三にわたって求めてきました。

◆国際人権機関からの日本政府への指摘

たとえば、自由権規約という条約が守られているかどうかを監視する自由権規約委員会があります。この委員会は、日本に対して2008年に「LGBTの人々に対する固定観念、偏見および嫌がらせを防止するため適切な措置をとるべき」と勧告しています。2014年には同じ勧告をくり返しました。つまりそれは〝改善されていない〟という指摘なのです。

加えて、「性的指向および性自認を含む、あらゆる理由に基づく差別を禁止する包括的な反差別法を採択し、差別の被害者に、実効的かつ適切な救済を与えるべきである」とする勧告も出しました。

国連総会の補助機関である人権理事会の勧告例も挙げましょう。人権理事会には、人権状況について国家間が相互審査をする制度がありま

世界から見て、日本の現状はどう映るんだろう？

参考文献 ＊1 ILGA, 2017, Maps-Sexual Orientation Laws: Protection. ＊2 谷口洋幸（2018）「国際人権の視点からみた日本の現状」シンポジウム「SOGIは今?」基調講演、於：明治大学.

す。2017年の審査で各国は、日本に対して、「包括的差別禁止法を制定すること」「ヘイトスピーチの規制に性的指向・性自認を含めること」「性同一性障害者特例法の改正をすること」「同性パートナーシップの法的保障を実現すること」などを勧告しました。*2

◆日本政府の不作為は見抜かれている

再三の勧告から、人権機関の専門家および他国は、日本のLGBTの人権状況がほとんど改善されていないことを、見抜いているさまがわかります。「何もしないでおくこと」を「不作為」といいますが、日本政府が不作為であることを知っている国民は少ないのが現状です。

なお、日本国憲法第98条には、「日本国が締結した条約及び確立された国際法規は、これを誠実に遵守することを必要とする。」とあります。日本は、1979年に自由権規約を批准しており、この条約の遵守も例外ではありません。条約で定められた内容に対して不作為を続ける政府の姿勢は憲法違反だとする意見があることも、申し添えておきましょう。

日本に対する勧告内容

2017年国連人権理事会での指摘（一部）

- 性的指向・性自認を含む包括的差別禁止法を制定すること
  ➡ オランダ、ドイツなど多数が指摘
- 性的指向・性自認に関する国際基準を遵守すること
  ➡ ホンジュラスが指摘
- ヘイトスピーチ規制に性的指向・性自認を含めること
  ➡ メキシコ、オーストラリアが指摘
- 性同一性障害者特例法の改正をすること
  ➡ ニュージーランドが指摘
- 同性パートナーシップの法的保障を実現すること
  ➡ スイス、カナダが指摘
- 同性間DVへ対応すること
  ➡ 東ティモールが指摘
- 地方自治体や民間企業における取り組みを促進すること
  ➡ カナダが指摘

プラスα 憲法第14条で人種、信条、性別、社会的身分又は門地による差別を禁止しているが、性的指向や性自認については明記されていない。

差別解消への取り組み

「理解増進法」の社会認識は正しいか

国際社会、少なくとも先進国の動向としては、性的指向・性自認も含めたあらゆる差別を禁止するための法律を整備する方向にあります。日本も国際社会の一員ですが、それでもなお「日本には日本のやり方がある」として「差別禁止」ではなく「理解増進」の独自路線を歩もうとする自民党や、その政策を支持する政治家がいます。自民党の路線に理はあるのでしょうか。

◆「理解増進」で日本の社会は変わるか

ここでは、理解増進法の基本的指針の1つとなるであろう自民党の考え方について、それがＬＧＢＴの人権や権利保障に資するものとなるのか、検討します。自民党が「ポイント」として強調する政策は次の3点です。

①カミングアウトする必要の無い、互いに自然に受け入れられる社会の実現。勧告の実施や罰則を含む差別禁止の政策とは一線を画す。
②憲法第24条の点から同性婚を容認しない。
③性的指向・性自認の多様性の受容は性差そのものを否定するジェンダーフリー論とはまったく異なるものである。

①については、たとえば「被差別部落出身者」「在日韓国人」への日本でのまなざしが、いかに偏見と差別に満ちたものだったか。カミングアウトした側が大きな代償を払いながらも、差別は少しずつしか解消していませんでした。その歴史を考えると、楽観的すぎるといえます。理

理解増進法で、LGBTの人が抱える苦悩は解消されるかな？

参考文献 ＊谷口洋幸（2017）「LGBT ／ SOGIに関する包括的な法整備の必要性」三成美保編『教育とLGBTIをつなぐ』青弓社：112.

解増進法が見本とする人権教育法などの人権施策は、差別解消の手続きを持たず、不十分で実効性を持たないという指摘もあります。

②については、111ページで論じたように、立法趣旨の点から、憲法第24条は同性婚を容認していないと断定することは困難です。

◆「ジェンダーフリー」は必要な実践

③については「ジェンダーフリー論」への曲解に基づいています。ジェンダーフリーとは、性別に関する差別を解消する実践のことであって、差別に対してとるべき対処が性差の否定・肯定によって変わってしまうものではありません。仮に性差があったとしても、性別に基づいた差別は許されません。ジェンダーフリーは、現に今存在する性的指向・性自認に基づく社会的課題を解消するために必要な考え方であり、性的指向・性自認の「理解の増進」とジェンダーフリーを切り分けることはできないのです。

日本における「ジェンダーフリー」と性的マイノリティ

1999年　**男女共同参画社会基本法成立**

女性運動の後押しで採用された「ジェンダーフリー」の言葉を取り上げ、保守勢力がバックラッシュ（反動）にでる。

↓

2000年代前半　**性教育バックラッシュ**

読み物および養護学校の性教育に対し、保守勢力は捏造や曲解を混ぜて「過激な性教育」として攻撃。読み物は回収され、関係教諭が多数処分される事態となる。

↓

2005年　**自民党「過激な性教育・ジェンダーフリー教育実態調査プロジェクトチーム」など**

“ジェンダーフリーは同性愛者や両性愛者を増やし、男か女かわからない人間をつくり出す”とくり返し強調する。同チームの代表は安倍晋三氏。

↓

現在　**「ジェンダーフリー」と性的マイノリティの切り分け**

世論が性の多様性を支持する情況へと変化。この層を取り込みつつ、「ジェンダーフリー」批判と整合性をとるために、「ジェンダーフリー」と「性的指向・性自認の多様性の受容」は「まったく異なる」という説を展開しはじめる。

プラスα　一部の人々は「性差のない世界」をおそれるが、そこで呼ばれる「性差」とはいかなるものを指すのだろうか。「性差」についての探究は加藤秀一氏の著作『性現象論』などが参考になる。

法的な親子関係

生殖補助医療を用いて子どもを授かったとき

法的性別を変えるために性別適合手術で生殖能力を失った人が、生殖補助医療を利用して子を授かった場合、その子の法的な親になれるのでしょうか。

特例法で男性に性別を変更した人が女性と婚姻し、第三者から精子の提供を受け、婚姻した女性が出産したというケースが実際に日本でありました。区役所は、出生した子の法律上の父親にトランス男性はなれないと判断しました。この判断を不服とした婚姻当事者の夫婦は提訴しました※。

民法第772条では、血縁上の父子関係について「妻が婚姻中に懐胎《かいたい》した子は、夫の子と推定する。」（夫の嫡出《ちゃくしゅつ》推定）となっています。第一審は、原告の夫は特例法に基づいて性別変更をしたうえでの婚姻のためすでに生殖能力がなく、嫡出推定はできないとしました。第二審は、嫡出推定の前提を欠くとしりぞけました。

トランス男性を
法的な父親
として認める判決
が出ています。

◆最高裁はトランス男性を法的な父親に

最高裁では裁判官の意見が割れて、多数決で逆の決定を下しました。妻との性的関係によって子をもうけたとはおよそ想定できないにしても、そうした人々に婚姻をすることを認めながら、他方で婚姻をすることで得られる利益の1つである嫡出推定を認めないとするのはふさわしくないとし、「父」欄にこのトランス男性の名前を記載することを認めました。

※戸籍訂正許可申立て却下審判に対する抗告棄却決定に対する許可抗告事件（最高裁判所第三小法廷平成25年（許）第5号 平成25年12月10日決定）.

◆最高裁決定で示された「法の下の平等」

この判決には一見驚くかもしれません。しかし、仮にシスジェンダーの男女のカップルにおいて、男性側に生殖能力が欠いているのが明確なうえで婚姻し、生殖補助医療を用いて子をもうけても、一定の期間内ならばその子の法的な父親と認められます。トランス男性の場合に認められないというのは、平等とはいえません。

最高裁は、嫡出推定の「前提」を人によって持ち出したり、持ち出さなかったりするのではなく、**婚姻で得られる利益に関する「ルール」を法の下の平等の原則に基づいて運用すべきと判断した**のだと筆者は考えています。

嫡出推定の不平等

生殖能力がないシス男性は、生殖補助医療によって子を授かった場合でも父子は法律上の親子となる。ところが、トランス男性の場合は嫡出推定が認められない。これは平等といえるだろうか？

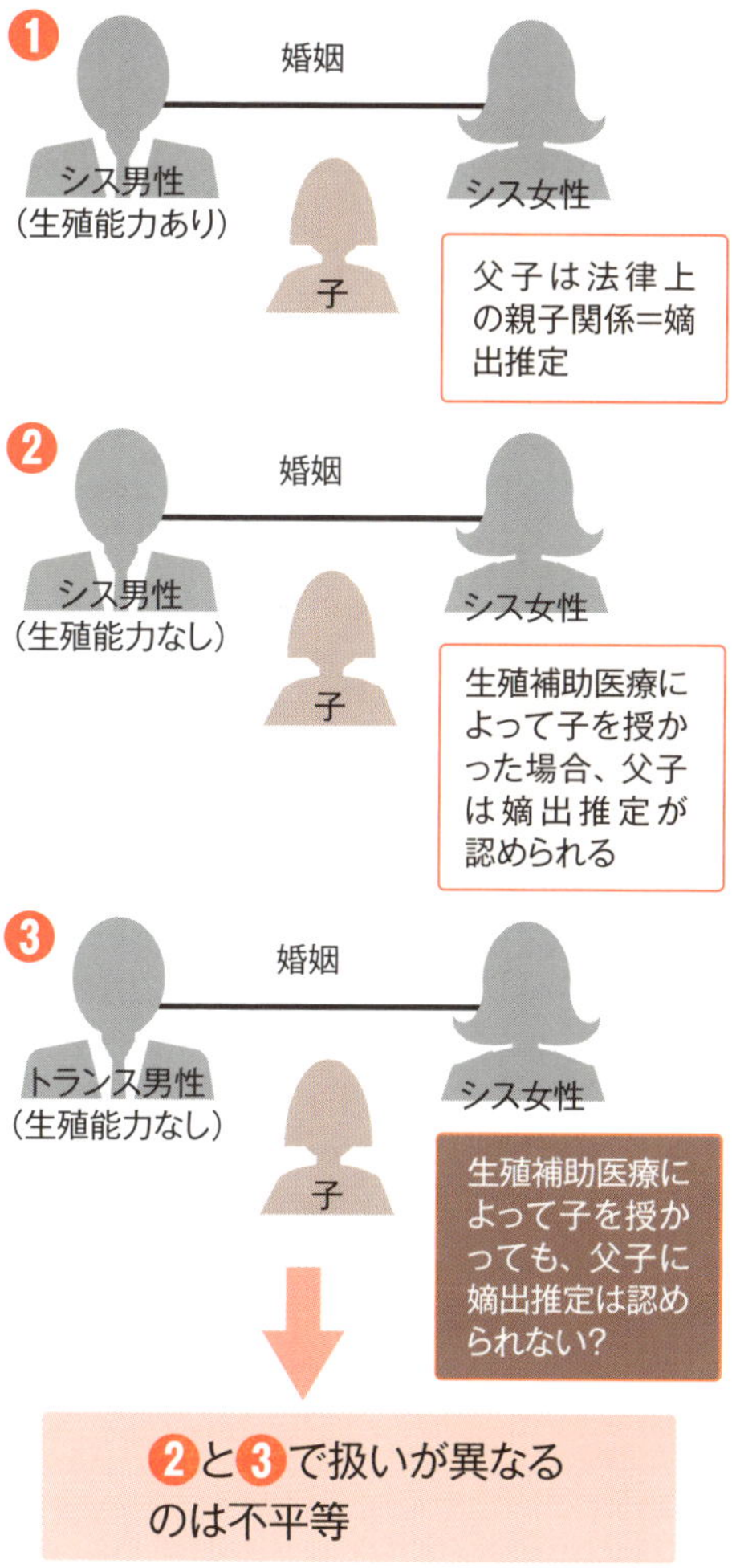

1
婚姻
シス男性
（生殖能力あり）
シス女性
子
父子は法律上の親子関係＝嫡出推定
2
婚姻
シス男性
（生殖能力なし）
シス女性
子
生殖補助医療によって子を授かった場合、父子は嫡出推定が認められる
3
婚姻
トランス男性
（生殖能力なし）
シス女性
子
生殖補助医療によって子を授かっても、父子に嫡出推定は認められない？
2と3で扱いが異なるのは不平等

プラスα 日本産科婦人科学会は、精子・卵子・胚の提供による体外受精や代理母による出産を認めておらず、そのような場合に法的親子関係を裁判所が認定するかはまた別問題となる。

性別分離収容施設での課題

施設収容時のトランスジェンダーの処遇

刑事施設や入国管理センターでは性別による分離収容が原則で、収容者が女性の場合は、女性の刑務官や入国警備官が立ち合うことが、法や規則で決まっています。

とはいえトランス女性が男性の共同房に収容されてしまうというエピソードは、かねてより事欠きませんでした。[*1] トランスジェンダーが刑事施設や入管センターに収容されることになった場合には、そうでない人の場合と同様に、基本的人権が尊重されなければなりません。

２０００年代には性別適合手術済みのトランス女性（戸籍は男性）が、男性の共同房に留置されました。これに対して裁判があり、東京地裁は２００６年に、〝男子とは区分して留置すべきである。身体検査は女子職員が行うか、医師もしくは成年の女子を立ち会わせなければならない〟としました。[*2]

刑事施設では、
受刑者は原則
男女別に
収容されます。

◆懲罰的な対応を取られたことも

翌年に黒羽刑務所（栃木県）に収容されたあるトランス女性の受刑者は、当初こそは望む女性の衣類や頭髪が許されていましたが、同年11月に男性職員にケガを負わせてからは、懲罰的な対応として、女性用の衣類は渡されず長髪も許されませんでした。

２００９年には日弁連会長が黒羽刑務所長に本件について問題があるとして、人権救済申立の勧告書を出すに至りました。

参考文献
＊1 たとえば「青空の見えた日 (3)」『MLMW』(9) (1978)：113-21.
＊2 四谷署留置場事件　2006 年 3 月 29 日東京地裁判決『判例タイムズ』(1243)：84.

◆一定の前進はみられたが課題も残された

2011年には法務省矯正局から通知があり、刑事施設に関しては、性同一性障害を有する者や、医師の診断を受けていないが同等とみなせる者に対しては、収容は単独室を原則とし、衣類は個別の事情を考慮、入浴・身体検査に際してトランス男性については女性職員が対応し、トランス女性についても可能な限り女性職員を含めて対応するよう求めました。2015年には再度通知が出され、「可能な限り」が取れ、女性職員の対応が明記されています。

この通知は一定程度の配慮として評価されるものです。しかし他方で、施設長の理解度によって対応に差が出ることが懸念されます。また、収容施設でのホルモン療法や手術療法については、「国の責務として行うべき医療上の措置の範囲の外である」と法務省が見解を示したところにも課題を残しています。

2016年には、拘置所や刑務所で性同一性障害の治療に必要な女性ホルモン剤を服用できなかったことに対し、国に損害賠償を求めた訴訟も起こっており、判決の結果が注目されています。[*3]

性別分離収容施設での課題

施設長の裁量にゆだねられるため、施設長の理解度によっては、身体検査時などに配慮されない場合もある。

収容後にホルモン療法などが受けられなくなる
男性の職員によって身体検査が行われる可能性がある

参考文献 *3 東京弁護士会LGBT法務研究部編（2017）『LGBT法律相談対応ガイド』第一法規：215-219；大阪弁護士会人権擁護委員会編（2016）『LGBTsの法律問題Q&A』LABO:126-129.

COLUMN

石田先生と一緒に考えてみよう

「ＬＧＢＴ特権」はあるのか？

2016年頃から「ＬＧＢＴ特権」という言葉をよく見聞きするようになりました。その１つに「同性婚」を指して、“同性愛者にのみ手厚い権利を保障するのは逆差別だ”とする主張があります。あるいは人権「跋扈《ばっこ》」の裏に看過できない巨大利権があるとする指摘もあります。後者は陰謀論に近いので、主張する際には証拠を出してほしいものです。

しかし国際社会は、婚姻年齢に達しているなど、“誰もが婚姻を認められるはずの条件に達しながら、特定の人々には権利が剥奪されている”という考えから「同性婚」を認めるようになりました。続いて「分離すれども平等」の考えを終了させるために、ただひとつの婚姻制度（婚姻平等）を導入しようとしています。

かつて白人しか座れないベンチ、白人しか乗れないバスがありました。これに対し、有色人種用のバスやベンチを作ることが「特権」でしょうか。そののちに、ベンチやバスの人種の区別を撤廃することが「特権」でしょうか。公民権運動から私たちは何を学んだのでしょうか。

第5章

性的
マイノリティの
市民生活と
課題

どうしたの?
なんだか さえない顔
うーん
この前ね
LGBT関連のイベントに参加して
LGBTミーティング
同じ年のゲイカップルと仲良くなったの
二人は同棲するのに部屋を探しているんだけど
ここはどう?
なかなか決まらないんだって
同性カップルの場合、異性カップルより部屋が借りにくいことがあるんですよ
あ、先生
タコヤキの…
しつれい
スチャッ

でも二人入居OKな物件なのにですよ
大家さんの意向で断られることがあるんです
なんだか不平等な感じー
ブーブー
えー!
たとえば民間の企業に向けて、性的マイノリティの人たちに差別的な対応をしないよう呼びかけている自治体もあります
うんうん
自治体単位での取り組みに注目してみましょう

同性カップルへの保障

自治体が同性カップルをパートナーとして認める制度

◆条例と要綱の違い

日本では同性婚が認められていませんが、区や市のレベルにおいては、２０１５年以降〝申請をした２人が「生活を共にするパートナーである」と自治体が公的に認める〟「同性パートナーシップ認定制度」を発足させています。

この制度は、東京都渋谷区・世田谷区を皮切りに、今では全国24の大小様々な自治体で施行されています（２０１９年７月現在、Ｐ137参照）。都道府県レベルでは２０１９年７月に茨城県が初めて導入し、制度を持つ自治体の人口は日本の全人口比の約１割にまで広がりをみせています。

二者間をパートナーとして行政が認める点ではどの自治体も同じ制度ですが、制度の文書の性質上「条例」と「要綱」とに分けられます。渋谷区や豊島区では条例によって制度が定められました。それ以外の自治体では要綱によって定められています。

「条例」は議会によって制定され、政令や省令を含んだ国の法令に反しない範囲において、罰則を定めることもできます。議決によって採択されるため、代議員に反対の立場をとる人が多い場合は制定が困難ですが、いったん条例ができあがると、その主要な内容を変更したり制度を廃止したりするためには、新たな条例の採択が前提とされるため、安定性もあります。

自治体レベルでは、同性カップルを認定する制度が始まっています。

参考文献 ＊谷口洋幸（2017）「パートナーシップ認定手続の比較」谷口洋幸・石田仁・釜野さおり・河口和也・堀江有里『全国自治体における性自認・性的指向に関する施策調査報告書』: 64-66.

パートナーシップ認定制度と利用組数の現状

	利用組数		利用組数
北海道札幌市	72組	神奈川県横須賀市	5組
茨城県	2組	三重県伊賀市	5組
栃木県鹿沼市	0組	大阪府大阪市	124組
群馬県大泉町	0組	大阪府堺市	6組
千葉県千葉市	40組	大阪府枚方市	4組
東京都渋谷区	37組	兵庫県宝塚市	5組
東京都世田谷区	94組	岡山県総社市	1組
東京都中野区	30組	福岡県福岡市	41組
東京都府中市	3組	福岡県北九州市	2組
東京都豊島区	10組	熊本県熊本市	0組
東京都江戸川区	6組	宮崎県宮崎市	4組
神奈川県小田原市	2組	沖縄県那覇市	28組

虹色ダイバーシティ(2019)「自治体のパートナーシップ制度」(7月3日現在)

これに対し「要綱」は、行政運営のために用いられる内部規定で、事務処理(ここでは同性パートナー認定)のためのルールづくりの文書です。違反者に対する強制力はありません。議会を通す必要がなく、自治体の首長の決裁によるため実現は条例より容易ですが、制度的な不安定さがあります。*

◆誰を適用の対象とするか

この制度が誰と誰を適用の対象としているかは自治体ごとに微妙に異なります。

渋谷区・那覇市・中野区は戸籍上の性別が同じ二者に適用対象を限定しています。しかし、世田谷区・宝塚市は性を同じくする2人、伊賀市は同性の2人と定義に幅を持たせています。福岡市・札幌市・大阪市では、一方または双方が性的マイノリティと規定し、戸籍上異性婚のできる2人も利用できる制度であることを含意しているように思われます。

プラスα 千葉市は、パートナーシップ認定制度に異性間の事実婚も含める方針を明らかにしており、パートナーシップ制度を異性間に拡張するさきがけの事例となるのか注目される。

外国のパートナーシップ制度と日本の制度は異なる

本書では、日本の自治体におけるパートナーのための制度を「パートナーシップ認定制度（P136参照）」と記し、諸外国のそれを「パートナーシップ制度（P106参照）」と記すことにします。このように書き分ける理由は、前者によって保障される権利義務関係が、後者と比較して大幅に少ないためです。

パートナーシップ認定制度を用いた場合、どのような法的保障があるのでしょうか。条例によってパートナーシップ認定制度を導入している東京都渋谷区を例にみてみましょう。

◆渋谷区の例

渋谷区の条例では、「区内の公共団体の事業者は、業務の遂行にあたりパートナーシップ証明を十分に尊重し、公平かつ適切な対応をしなければならない」とし、「区民と事業者は、社会的活動の中で同証明を最大限配慮しなければならない」とあります。もしそうした対応がなされない場合には、相談・苦情の申し立てをすることが条例で認められています。必要に応じて調査が行われ、適切な助言または指導、問題解決の支援を受けられます。さらに、それでも改善されない場合は、勧告や関係者名などの事項の公表をすることができると明記されています。[*1]

公共団体にはたとえば、公営住宅の事業者が含まれます。家族型の公営住宅に応募するためには親族である必要がありましたが、証明を受

日本では得られる権利がまだ限定的なんだ。

参考文献
*1「渋谷区男女平等及び多様性を尊重する社会を推進する条例」。第 11 条、第 15 条。
*2「伊賀市パートナーシップ宣誓制度 Q&A」: 3.

けた同性パートナーも応募できるようになりました。他方で、民間の不動産事業者に対しては「配慮」を要請するにとどまるため、この条例の効力に疑問を示す声もあります。

　これに対し、諸外国のパートナーシップ制度では、(国によって違いますが)婚姻には及ばないものの、面会権、税の控除、保険金の受け取りなど、さまざまな領域で、多方面の権利義務関係が保障されています。

◆法的効力はまだ限定的

　日本の制度は今のところわずかな権利保障にとどまり、権利の侵害に対して多くの自治体は罰則規定を持ちません。

　しかしそうであれ、このパートナーシップ認定制度は一定程度の社会的承認を地域社会から得られると考えられます。心理的な安寧《あんねい》、たとえば自殺率の低下をもたらすことにもつながると考える学者や運動家もいます。

自治体のパートナーシップ認定制度で保障されること

東京都渋谷区

公営賃貸住宅の家族型物件への入居の応募が可能。

三重県伊賀市＊2

- 伊賀市立上野総合市民病院で、パートナーは家族と同様に扱われる。
- 市営住宅の入居申請でパートナーを親族要件に含める。

プラスα　1983年には、男性同性パートナーが都営住宅の抽選に当たったにもかかわらず、当選の資格を喪失させられていた出来事があった。(『ADON』83年9月号)

自治体の取り組み

性的マイノリティへの取り組みを明文化する自治体も

性自認・性的指向に関する施策をテーマに、すべての自治体（都道府県、東京都特別区、市町村）に対して行った調査*があります。2016年に実施され、1738自治体中、811の自治体から回答がありました（回収率46・7％）。

◆施策の明文化は着実に進んでいた

この調査に対し、性自認・性的指向に関する直接的な言及が条例に「ある」と答えた自治体は25件（3.1％）にとどまり、「ない」と答えた自治体は786件（96・9％）でした。他方で、そうした直接的な言及が計画等に「ある」と答えた自治体は188件（23・2％）で、「ない」と答えた自治体は623件（76・8％）でした。計画等に「ある」とされたうちの半数は男女共同参画関連の計画の中に、残りの半数は人権関連の計画の中にありました。

この調査結果に対しては、さまざまな解釈ができるでしょう。〝そもそも、条例や計画等にそうした文言が「ない」自治体は回答を寄こさない〟という解釈ももちろん考えられます。しかし、200件に迫る自治体が計画等に〝性自認・性的指向に関する言及がある〟と答えたのは、研究チームにとっても驚きでした。

また、しばしば自治体施策は、〝2015年の電通調査（P226参照）のあとに広まった〟といわれていますが、それ以前にすでに、17自治体が条例に、76自治体が計画等に性自認・性的指

条例や計画の中で、性的マイノリティに言及する自治体が増えてきています。

参考文献 *『全国自治体における性自認・性的指向に関連する施策調査報告書』：12.

向などの施策を盛り込んでいたことがわかりました（グラフ1参照）。日本における、性自認・性的指向に関する施策の明文化は、少しずつではあれ着実に進んでいたといえるのです。

◆啓発が課題

こうした自治体の状況を、世間の人々はまだあまり知りません。全国の個人にたずねた社会調査では、国や自治体が同性愛や性同一性障害などに取り組んでいることを広報誌によって知っていた人は約2％にとどまっています（グラフ2参照）。明文化の次は、多くの市民に向けた啓発のあり方や、実効性のある事業の推進が課題であるといえるでしょう。

自治体への調査

[グラフ1] 性的マイノリティに関する直接的な記述が自治体にあるか

自治体向け調査　回答 811 自治体

条例に

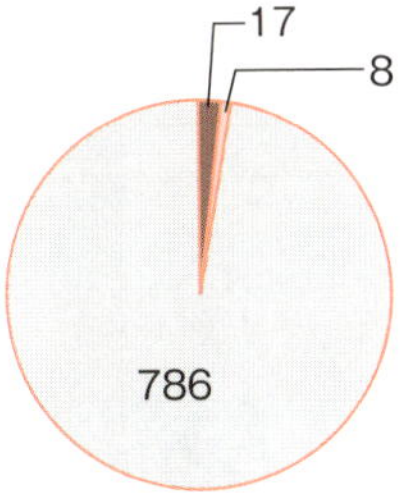
17
8
786

計画・プラン・指針・宣言などに

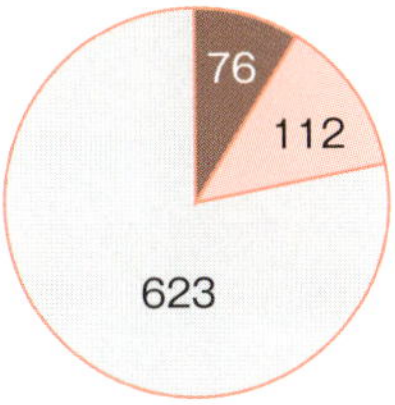
76
112
623

ある（電通の 2015 年調査より前から）
ある（電通調査以後に）
ない

調査時の自治体総数は 1,788 だが、調査直前に熊本地震が発生し、熊本県全域（46件）と宮崎県の一部（4件）には調査依頼を見合わせた。

[グラフ2] 国や自治体の性的マイノリティの取り組みを、広報紙から見たことがあるか

一般向け調査
回答 1,259 人

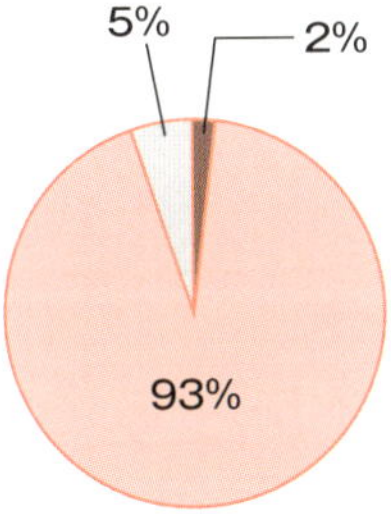
5%
2%
93%

ある
ない
無回答

（グラフ 1、2『全国自治体における性自認・性的指向に関連する施策調査報告書』のデータより作成）

プラスα　自治体を運営するうえでの計画やプラン、指針に盛り込む内容は、自治体が独自の判断で決定しているため、その自治体がどのような街づくりをめざしているのかを知る手がかりになる。

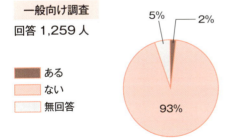

自治体の取り組み

住民や議会からの要請に対応し始めている

◆同性婚を望むのは「ゲイリブ」だけか？

前ページで紹介した調査でもっとも注目すべき結果は、パートナーシップ認定制度や同性婚の導入について、住民や議会から要請があったと回答した自治体が33件（事案数は43件）にのぼったことでした。これは、住民からの相談や意見、要望を「把握している」と答えた124の自治体のうちの、実に3分の1にあたります。[*1]

〝同性婚を望むのは、同性愛者の代表を勝手に名乗る一部の「ゲイリブ」だけで、当事者は誰も望んでいない〟という主張が雑誌やSNSで堂々と展開されることがあります。[*2] しかしそれはまったくの誤りであるといえるでしょう。

性別記載の削除や変更に関して

	要望	対応
埼玉県鳩山町（議会質問）	町所管の申請書・証明書で性別記載はいくつの書類に存在し、うちいくつが記載を廃止できるか	●性別記載の書類は約270件、性別記載の廃止が可能なのは44件である ●13の書類から性別欄を削除した
島根県松江市	（性同一性障害の当事者から）健康保険被保険者証の性別表記を戸籍と異なるものにしてほしい	厚労省に問い合わせたところ、保健医療機関などで容易に確認できるよう配慮すれば、表記方法を工夫しても差し支えないという回答を得て、裏面記載とした

市民から自治体に意見や要望を出して、働きかける動きも活発なんだ。

参考文献
*1 釜野さおり『全国自治体における性自認・性的指向に関連する施策調査報告書』: 60.
*2 ジャックK（2018）「『LGBT』ビジネスの不都合な真実」『週刊新潮』4月12日号.

また、性的指向・性自認に関する要望や相談が、自治体の取り組みを後押しした事例もみられました。職員研修・市民向け講座やシンポジウムなどの啓発活動が行われたり、基本計画に文言が追加されたりしました。自治体自ら自己点検を行い、公文書での不要な性別欄の撤廃を実施しているケースもありました[*3]（P142〜143表参照）。今回の調査では、住民の要望を受けながら、全国の自治体がすでにさまざまな取り組みをしていることがわかりました。

◆自治体へ一斉請願

また、2018年6月には、「自治体にパートナーシップ制度を求める会」が27の市区町議会に対し、「パートナーシップ制度」の導入を一斉に請願する動きもありました。この請願を採択した議会は行政側に制度導入に向けた取り組みの経過や結果の報告を求めることができるため[*4]、先行きが注目されています。

同性婚・同性パートナーシップ認定制度に関して

	要望・問合せ	対応
東京都武蔵野市	渋谷区パートナーシップ認定制度の成立を受けて市の姿勢は?	区や国・都の動向に注視しつつ他区市の実態等を把握し研究すると回答
北海道小樽市	同性婚を認めてほしい、議論してほしい	情報収集し議論していくとメールで回答
静岡県浜松市	渋谷区の条例を受けて、市は性的マイノリティをどう考えるか	人権課題として啓発に取り組むと回答
群馬県渋川市	同性パートナーシップ証明制度の導入	市長へ対応を報告した

●パートナーシップ制度導入を求め請願書などが提出された地方議会●

東京都 中央区、文京区、台東区、江東区、豊島区、北区、荒川区、練馬区、葛飾区、墨田区、千代田区、新宿区、江戸川区、三鷹市、町田市、八王子市

神奈川県 横浜市、川崎市、鎌倉市

埼玉県 さいたま市、入間市、坂戸市、飯能市、加須市、川越市、毛呂山町

北海道 網走市

参考文献
＊3 釜野さおり P142 前掲報告書：47-49；谷口洋幸執筆：58-59；河口和也執筆：56-59.
＊4 「23 市区町議会に一斉請願『毎日新聞』2018 年 6 月 5 日付朝刊：27.

自治体の対応には限界もある

◆「特別に対応」「特段の対応をしない」

自治体の対応には、改善の余地があったり、逆に限界があることも確かです。

たとえばある市では、博物館の男女カップル無料の日の入場に関し、同性愛者（のカップル）は無料になるかという問い合わせが寄せられました。適用されないという回答をしたところ、人権問題だと批判を受けたため、自己申告によって無料にするという対応を取りました。

人権とは、誰もが生まれながらにして同等に持つ〝普遍〟的な権利を指します。自己申告をした当該カップルへの〝特別〟な対応で終わらせるならば、市はこれを人権問題と考えていたのか、疑問が残ります。

別の例を挙げましょう。ある県で行われたイベントでは、女装禁止の規定がありました。県はイベントを後援しています。この規定に対し、ジェンダーの観点から県に批判が寄せられましたが、県は特段の対応をしませんでした。

地域振興のために、自治体がイベントや同人誌即売会を後援することはよくみられるようになりましたが、依然、女装を禁止する規定を持つ場合が多く、今後の改善点といえます。

民間の施設や団体との連携も大切だね。

◆ほかの施設との連携、対応の蓄積が必要

自治体は万能の対応をできるわけではありません。ある市の事例を挙げましょう。女性のパ

参考文献 石田仁（2016）「自治体が抱える困難」『全国自治体における性自認・性的指向に関する施策調査報告書』

ートナーと同居を始めた女性が、DVを受けました。相談を受けた課は各課と連携し、DV被害者を保護する民間のDVシェルターと面談をしたものの、複数のシェルターのスタッフが相談者をバイセクシュアルではないかと考えたため、施設の受け入れ先がなかなか決まりませんでした。この例では、女性の安全を確保するというDVシェルターの理念のもとで、女性のセクシュアリティを推断し排除している様がみえます。市の権限を越えたところにあるシェルターの運営に対しては、市が方針の変更や改善を求めて介入することは難しいといえます。

自治体の介入には限界もあることから、行政機関と非行政機関、性的マイノリティ当事者向け機関と非当事者向けの支援機関は、緊密に連携し、適切な対応を蓄積していくことが望まれます。大阪でのよい実例があります（下図参照）。より上位の行政単位における、条例・法律の制定も有効となるでしょう。

行政の望ましい対応の一例

性同一性障害を抱えるAさん

ハローワーク
行きたいけど、
性別はどう
書けばいいんだ

Aさんはハローワークに登録したいと思ったが、その際、性別記入欄に何と書けばよいか悩み、市役所に相談した。

→

大阪府のある市役所

相談員が本人の希望を整理し、事前にハローワークと調整

相談を受けた市役所の就労相談員は、Aさんにハローワークを紹介するだけでなく、ハローワークや人権相談員と連絡を取って対応を模索した。

→

ハローワーク

市役所の相談員が同行し、今後の相談先なども説明

ハローワークには市役所の担当者が同行し、今後もし、Aさんが差別や偏見を受けた場合には、人権相談をいつでも利用できることなどを伝えた。

プラスα 自治体が一定の権限を越えて介入できないのはある種の健全さの証しである。ただし相談者を「たらい回し」しないように対応すべきである。

同性同士の部屋探しは難しい？

物件を貸すとき、誰に部屋を貸すかを貸し手は自由に決められます。加えて日本では、「家主の意向」が強く働くといわれています。あるいは、それを理由として不動産仲介業者が借り手を選んでいます。

親族関係にない同性同士の部屋探しは簡単な道のりではありません。家主は嫌がり、[*1] とりわけ男性同士の賃貸物件での同居は困難を極めるといえます。

ある男性の場合、性別を告げずに2人で同居すると仲介業者に告げた場合には50件程度の物件を紹介されたのに、同性との同居であると伝えたところ、3件に減らされてしまいました。

このようなことがあるため多くの同性カップルは、一方の名義のみで契約をし、もう1人が身を寄せている状況にあります。

特に男性同士で
部屋を借りるのは、
すんなりといかな
いのが現状です。

◆「家主の意向」は正当な理由か

私の知る範囲ですが、男性同士の同居を嫌がる「家主の意向」は、おおむね、①男同士は部屋を汚す、②男同士は家賃を片方が滞納し、未払いでもめる可能性が高い、の2点に理由が集約されます。しかし部屋の汚損に対しては、すでに敷金の制度（それを超える場合は実費支払い）がありますので理由としては不適当です。未払いについても、貸し倒れにならないような保証制度を契約時に結ぶのが普通です。

法律の本には、[*2] 貸し手の被る不利益に比べて

参考文献 ＊1 二階堂友紀（2017）「漂流するLGBT法案」『世界』5月号：168. また、4割超の家主が同性カップルの入居をよく思っていない（読売新聞 2018年11月6日付朝刊：14）。

借り手の被る精神的損害などが重大であるといえる場合には、損害賠償請求が可能であるとする見解が載っています。ただし、それには裁判が必要です。

◆条例や制度の創設で改善の兆しが

こうした状況に対し、渋谷区の場合は、男女平等推進条例の中に、「性的少数者であることによる一切の差別を行ってはならない」「区民及び事業者は、その社会活動の中で、区が行うパートナーシップ証明を最大限配慮しなければならない」とあります。事業者の違反に対しては罰則がなく、あくまで努力義務にとどまりますが、パートナーシップ認定制度は部屋探しで理不尽な門前払いをされない状況をつくっていくための下地となる可能性を持っています。

ただし本来は、パートナーシップ認定証明書があろうとなかろうと、親族の者同士であろうとなかろうと、部屋は借りられるのが筋です。

男性同士の同居が拒まれる主な理由

理由1 **部屋を汚しやすい**

➡入居時に支払う敷金で解決できる

理由2 **片方が家賃を滞納しやすい**

➡契約時に未払いに対する保証制度を結ぶことで解決できる

家主が男性カップルの入居を渋る理由は上記の2つが多いが、いずれも保証制度などで解消される。そもそも、これから借りようとする2人が、部屋を汚損したり未払いをしたりすると決めつけてしまうことは、許されるのだろうか。

参考文献 ＊2 LGBT 支援法律家ネットワーク出版プロジェクト『セクシュアル・マイノリティ Q&A』弘文堂：167-168；東京弁護士会（2017）『LGBT 法律相談対応ガイド』第一法規：177-179.

同性カップルのワークライフバランス

「ワークライフバランス」は誰がどのように達成できているのだろう。

◆男性カップルの就労と家事分担

同性カップルは、どのように家計や家事、仕事を調整しているのでしょうか。社会学者の神谷悠介氏はゲイ男性にインタビューを行っています。

まず仕事に関しては、実態として仕事優先の生活があり、〝男性であるため、カップルのいずれの側も働く必要がある〟と考える語りがみられました。片方の収入で生活が成り立っているケースでも同様でした。仕事に就いていることは、相手からの肯定的な評価を引き出す材料にもなっていました。

しかし、仕事に関するこの役割期待と実態にはかい離があり、カップル間で収入や就労に差が生じることもしばしばです。家事分担や家計管理、生活費負担については話し合いで決められる一方で、諸条件によって生活費の負担の差が生じると、引け目を感じたり、けんかしたりするなど緊張が生まれることも示されました。

◆ワークライフバランスを「保つ」外部化

長時間労働の中、男性同士のカップルは家事と仕事の両方をこなさなければならない課題に直面します。解決方法としては、たとえば外食など、家事の「外部化」が模索されます。

一般的に、近代家族においては、家事の遂行が愛情の表現となるため、家事の外部化には抵

参考文献 神谷悠介（2017）『ゲイカップルのワークライフバランス』新曜社.

抗感が示されます。しかしゲイカップルにおいては、〝家事は愛情表現の証である〟という考え方はみられず、労働時間が長くて収入も比較的高い場合は、積極的な家事の外部化で負担を減らす試みがされていました。

神谷氏はアメリカのクリストファー・キャリントンの研究を引きます。キャリントンは、階層が低く裕福でない人々が外食産業に就労する一方、裕福なカップルは家事サービスを導入し、家事をめぐる対立を回避できている、つまり、〝パートナー間の平等な家事分担が社会全体の階層の不平等によって支えられている〟と鋭く指摘します。皮肉な指摘であるとともに、セクシュアリティやジェンダーを階層で分析する必要性を示してもいます。この社会構造は、日本についても該当すると神谷氏は論じています。

日本で貧富の差が広がっていることは、つとに指摘されるとおりです。性的マイノリティのワークライフバランスの研究は始まったばかりです。レズビアンカップルや、少なくとも一方がトランスジェンダーであるカップルの研究が蓄積されることで、ワークライフバランスの問題がジェンダーや階層の視点から検討されると考えられます。研究の広がりが期待されます。

裕福なゲイカップルは家事分担が平等？

経済的に余裕があるため、
外食で家事の外部化をはかる

↓

家事の負担が減り、
カップル間で家事分担の
不平等感も起こりにくい

↓

家事分担をめぐる
カップル間の不和を
避けられる

ワークライフバランス（仕事と生活の調和） 仕事上の責任を果たす一方で、家庭や自己啓発などにかかる個人の時間を持ち、健康で豊かな生活ができること。

当事者ができること

公正証書でパートナー同士の取り決めを

現在の日本の法律では、パートナー同士の取り決めより、親族の権利が優先されます。それは長年人生を共にしたパートナーにおいても同様です。たとえば45年間同居した相手方が急死した際、財産の受取りをパートナーの親族から拒否され、葬儀や納骨にも参加できなかった例がありました[*1]。

◆公正証書では何でも取り決めができる

こうした事態にできるだけならないように、公正証書を作成して、2人の共同生活や、もしもの場合の取り決めを文書の形で残しておく方法があります。公正証書とは、公証人のもとで作成された書類を指します。二者間の合意については、公序良俗に反しない限り、何でも公正証書にすることができます。

たとえば、関係の宣言、婚姻について認められている民法上の規定を模倣した①同居、扶助、協力の義務、②生活費の負担の義務、③共同生活中に取得した財産の帰属関係など、を公正証書にすることができます（パートナーシップ合意契約公正証書）。

他方で、認知症や脳死状態など判断力が低下したときに備え、あらかじめその本人の財産を管理したり契約を代理したりして、本人の財産や生活を守る制度を模して、それらを盛り込む公正証書も作れます（任意後見契約公正証書）。

後者は、登記によって両者につながりがある

公正証書を作ることで、パートナー間で相続の取り決めができます。

参考文献 ＊1「相続 事実婚・同性は置き去り」朝日新聞2018年7月4日付朝刊：30.

ことが公に証明される法律レベルでの唯一の制度[*2]であり、重要です。このため、たとえば渋谷区でのパートナーシップ証明を申請する際には、パートナーシップ合意契約公正証書のほかに、任意後見契約公正証書が必要とされます。

◆公正証書は私文書より信頼性が高い

公正証書は、あくまで二者間の契約であり、第三者への強制力はありません。たとえば死後の財産の継承（遺贈《いぞう》）において、親族などの法定相続人が遺留分《いりゅう》（法定相続人に保障される最低限度の財産）を申し出たら、その分を妨げることはできません。

しかし、自筆の遺書などの単なる私文書よりは信頼性が高く、裁判などでも証拠としての能力が高いとされます[*3]。

公正証書の作り方

①パートナー間で内容を話し合い、必要書類を確認する

公正証書で取り決める内容は、本人同士で話し合っておく。事前に公証役場に電話で問い合わせ、用意すべき書類を確認したり、作成日を予約したりする。

↓

②公証役場に出向き、公正証書を作成する

公証役場で、公正証書の内容となる法律行為の聴取を受け、原本、正本、謄本を作成してもらう。読みくだしや閲覧によって内容を確認する。

↓

③正本と謄本の交付を受ける

正本、謄本を受け取る。原本は公証役場で保存される。

COLUMN

かつては公正証書の作成を拒否されるケースも

法令に反した事項や無効な法律行為については公正証書を作れません。そのため、かつては「公序良俗に反する」（民法第90条違反）という理由から同性パートナーシップ合意契約の公正証書作成を断った公証人もいたそうです。

しかし、2015年10月に日本公証人連合会は、パートナーシップ合意契約公正証書の文案例を全国の公証人に配付しました。断られる可能性はほとんどなくなっていると考えられています。

参考文献 ＊2 寺尾洋（2016）「パートナーシップ公正証書について」棚村政行・中川重徳編『同性パートナーシップ制度』日本加除出版：172-174. ＊3 永易至文（2015）、P18 前掲.

社会保障のこれから

社会保障は「愛情ある二者間」のもの？

同性婚を求める動きは、異性間の婚姻関係で得られる法的保障を、同性間にも等しく拡張することを求める活動です。初めて「同性婚」という言葉に触れた人の中には、〝「同性愛者の結婚」という特別な権利を認める、ゆきすぎた要求〟と思う人もいるかもしれません。

しかし、「婚姻平等」（P108参照）という考え方は、同性婚が〝ゆきすぎた特権〟ではないことに気づかされます。婚姻平等は、それまで「婚姻」と呼ばれてきたものが「同性婚」と対置されることによって、実はそれが「異性婚」を意味する言葉であったこと、そしてこれまでの「婚姻」が「異性間の特権」であったことをさかのぼって明るみにするのです。

◆「愛情と信頼に基づく真摯な関係」？

それでは「婚姻平等」が果たされれば、すべての人の法的保障が底上げされることになるのでしょうか。そうはなりません。

仮に将来、パートナーシップ制度や同性婚が導入されても、パートナーを持たない人や持てない人の法的保障制度は後回しにされます。

すでに現在、パートナーシップ認定制度を利用するにあたって、当人たちは「愛情と信頼に基づく真摯な関係」であることを自治体に宣誓する必要があります。

ある人にとって、これはたやすい条件でしょう。しかし、他人に愛情を感じたことがない、

パートナーを
持たないという
選択をする人も
いるよね。

参考文献
＊1 伊田広行（1998）『シングル単位の社会論』世界思想社.
＊2 斉藤あかね（2016）杉浦郁子ほか編『パートナーシップ・生活と制度』：112.

個人単位の社会保障で平等をめざす

パートナーシップ認定制度によって、同性カップルにも社会保障が認められつつある。しかし、それによってパートナーがいる人と1人で生きている人の格差が大きくなるという一面も。これからは、個人単位で社会保障を考えていく必要があるかもしれない。

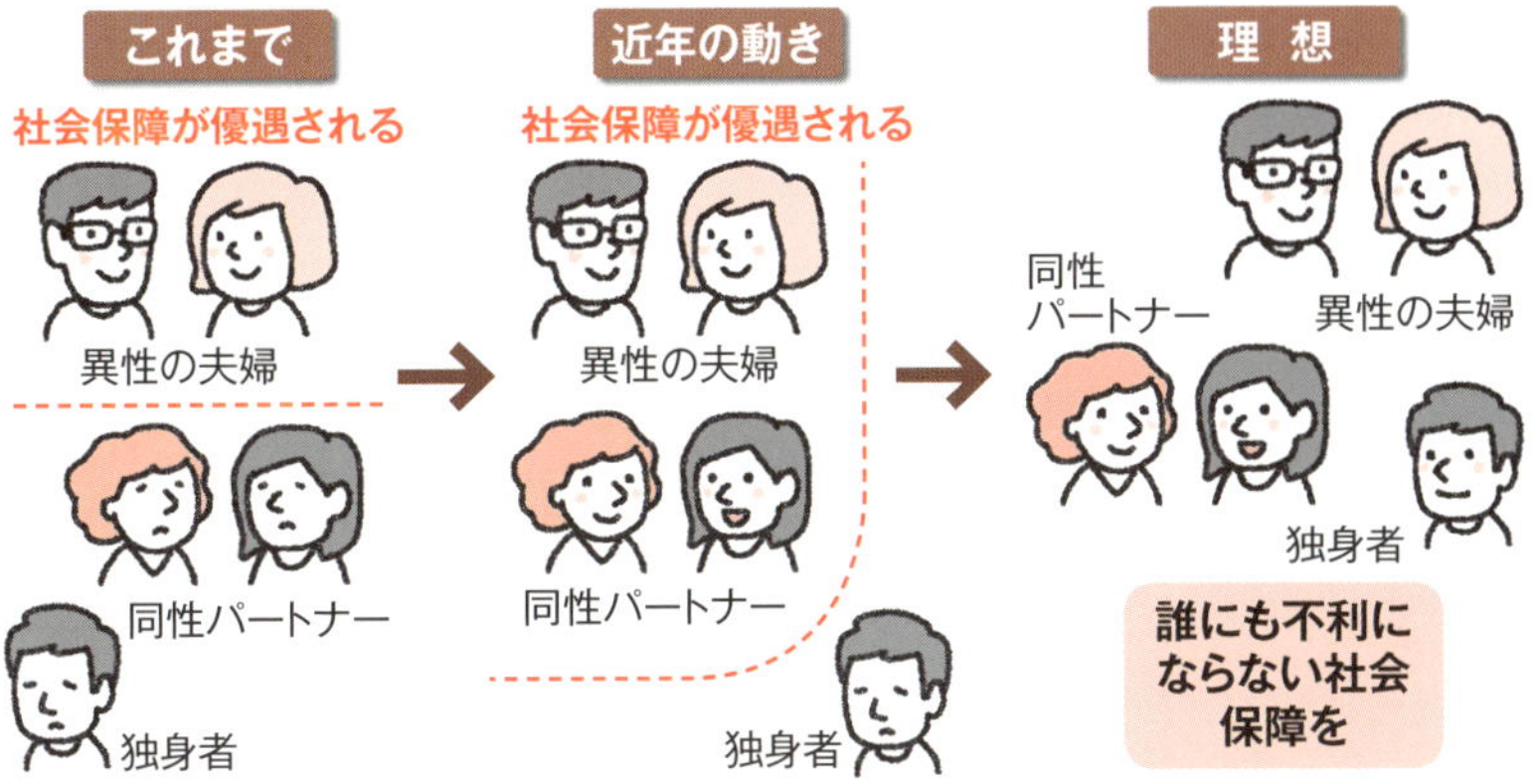

愛情を感じることが少ない、あるいは自分が愛情ある関係を結びたくても他者から選ばれることが少ない人々にとっては、この宣誓は容易ではありません。

「愛を誓い合える相手あっての制度」は、1人で生きたい人、相手に恵まれない人を包摂《ほうせつ》せず法的保障を冷遇したままに留め置きます。法的な保障が底上げされる人とそうでない人との間の格差は広がっていくでしょう。

◆「愛情ある二者間ありき」を超えて

社会保障を個人単位で考える必要性はつとに唱えられてきたことです[*1]。またベルギーのように、友人、きょうだいといった、誰でも利用可能なパートナーシップ制度を持つ国もあります[*2]。

生活の権利義務関係の保障が「二」者間でよいのかといったことも含めて、パートナーシップ制度や婚姻平等の考え方は、検討され続けられるべきものであるといえるでしょう。

プラスα パートナーシップ（認定）制度を婚姻平等の前段階や部分的な達成と考える人がいる一方、婚姻制度を問題視し、非婚を意思表示するためにパートナーシップ制度を選択する人もいる。

COLUMN

石田先生と一緒に考えてみよう

オリンピックのために人権を守る？

東京都は、性自認や性的指向に対する不当な差別的取扱いや、外国人に対するヘイトスピーチの集会の制限を明示した条例案を可決しました。この条例は正式名称を「東京都オリンピック憲章にうたわれる人権尊重の理念の実現を目指す条例」といい、都道府県レベルで初の試みです。

性自認や性的指向に関しては差別の禁止を明記した点が評価できますが、人権侵害を受けた場合の解決の手続きがありません。条例の後半に登場するヘイトスピーチに関してはその手続きが盛り込まれているので、条例内部のアンバランスさが目立ちます。

条例には提出理由として、“オリンピック憲章の人権尊重理念を実現するため”と書かれてあります。確かにオリンピック憲章を読むと、“性別・性的指向・出自などにかかわらず権利と自由が享受される”と明記されています（ほんのわずかですが）。

しかしそもそも、自治体における人権尊重のために、なぜオリンピック憲章を引かねばならないのでしょうか。「ジョグジャカルタ原則」（P250 参照）など、参考となる人権文書はほかにもたくさんあります。オリンピック開催地が、IOC（国際オリンピック協会）などによい顔を見せるためのパフォーマンスだと思われてもいたしかたないでしょう。

第6章

何のための「LGBTビジネス」か

たくやの姉
社会人一年目
たくやー
大学でLGBTについて学んでるんだって？
そうだよ
いい先生との出会いがあってね！
いやあ照れるな～
わたしも来週LGBTについてのセミナー受けるんだ
会社の研修でね！
へー
そんな取り組みもあるんだ
先生！

実は昨日、姉と話していたら……だそうで
ああ!
最近では企業でもそういった取り組みが広がってきています
たとえばウェディング業界では同性ウェディングプランを作っているところもありますよ
ハワイウエディング
ドレス×ドレス
タキシード×タキシード
和装
テーマパーク婚
見たことあります
そうなんだ!
一部ではLGBT関連の需要があるとして、ビジネスと捉える動きがあるんです
外食
検定
旅行
保険
性的マイノリティと経済活動の関わりについて学んでいきましょう

レインボー消費

ＬＧＢＴ層は新たな消費を生み出す？

◆「ＬＧＢＴ市場」は本当に存在するのか

２０１０年からＬＧＢＴに市場《しじょう》の有望性があるといわれるようになりました。電通は２０１５年に「ＬＧＢＴ市場規模」が６兆円にのぼると試算し、「レインボー消費」と名付けました。これは信頼してよい試算でしょうか。

電通が市場規模を算定するにあたっては、当事者の消費のほか、たとえばＬＧＢＴを支援する企業のモノ・サービスを買い支える行動や、ＬＧＢＴを理解・支援するアライの消費を合算しているようです。また、総務省の家計に関する調査も参考に算出しているようです。

しかし公開されている情報はその程度。数字に対する疑問は２つ浮かびます。１つは、それが「属性」に関する「差分」か「総量」なのかという問題です。たとえば電通は、外食費の市場規模を４千５百億円と算定しますが、これは、ＬＧＢＴとそのアライによって４千５百億円が積み増しされるのか（差分）、それとも単に外食費にＬＧＢＴ人口を掛け合わせたもの（総量）なのか、判然としません。もし「非ＬＧＢＴ＋非アライ」と「ＬＧＢＴ＋アライ」の外食費にさほど違いがない場合、〝新しい市場が存在する〟とはいえないことになります。

２つ目は、より根本的な疑問です。そもそもいわれているものは「ＬＧＢＴ市場」なのでしょうか。たとえばＬＧＢＴの海外旅行の主たる

一部では
LGBT層やその
支援者の消費が
注目されて
います。

キーワード 市場（しじょう） あらゆるモノ・サービスが売買される場所や領域を表す抽象的な概念。「マーケット」ともいう。

担い手がもしゲイにすぎないのであれば、それは「LGBT市場」とはいえません。

広告代理店の調査結果に対しては、多くの人が批判をしています。さらにはその批判に対して、「これは市場があるように企業に見せかけるレポートであり、正面切って批判するほうがおかしい」とさえ言う人もいます。けれども筆者はその主張に疑問を感じます。なぜなら、算定の根拠やその情報公開を求めたほうが建設的な議論ができると考えるからです。

レインボー消費の試算結果

大手広告代理店の電通は、LGBTの当事者やその周りの人が生み出す消費について、項目別の試算を発表※した。詳しい算出方法は未公開。

商品・サービスカテゴリー	金額（単位：億円）
自宅食費	21,978
自宅飲料代（非アルコール）	1,661
自宅アルコール飲料代	1,482
外食費	4,532
白もの家電製品費	1,057
オーディオ・ヴィジュアル・情報家電製品費	1,715
ゲームソフト費	227
家具・インテリア費	882
ファッション費（衣料・靴など）	3,312
医療・保健費	5,216
車・バイク費（関連用品含む）	6,297
通信費（インターネット、携帯電話、郵便など）	3,118
教育・資格関連費（授業料、月謝など）	311
ペット関連費	610
園芸・ガーデニング関連費	302
書籍・雑誌・新聞費	1,160
国内旅行費	762
海外旅行費	290
美容・健康サービス費	834
化粧品・理美容品費	1,726
アクセサリー費（宝飾品・時計・カバンなど）	601
レジャー・娯楽費	1,298
22カテゴリー合計	59,371

※ 電通「電通ダイバーシティ・ラボが「LGBT調査2015」を実施」2015年4月23日プレスリリース.

レインボー消費

同性ウェディングの作られたイメージ

◆同性婚のイメージ写真に見る違和感

　広告代理店主導で「LGBT市場の有望性」が宣伝され、浮き足立ったのはウェディング業界、ホテル・ツアー業界などでした。

　ウェディング業界が「応援プラン」と銘打った同性挙式の写真は、判で押したかのように同じでした。男性は礼服を着るか袴をはいています。女性は2人とも、純白のウェディング・ドレスを着ています。2人の距離は女性同士のほうがおしなべて近く、頬がくっついていることもしばしばです。男性同士の場合はあまりそうではありません。目を閉じるポーズは女性同士のほうが多く、男性同士の場合は凜とした雰囲気のカットもあります。

　つまりそこで表現されるのは、2人の「男らしい男性」か、2人の「女らしい女性」でした。婚礼写真は、写真の撮影法で「型物《かたもの》※」と呼ばれる保守的なジャンルに属します。それでも近年は業界で変化がみられます。しかし、同性を写すときは、異性以上に「普通」を強調します。

　ホテル・ツアー業界は「LGBTフレンドリー」なホテルやツアーを、イベントブースやインターネットで熱心に紹介しました。ただしそれらの宿も、これまでゲイが多数利用してきた海外の定番ホテルの再紹介であり、斬新な企画はありませんでした。トランスジェンダーに関しては、ほとんど企画がみられません。

テレビで
女性同士の結婚
式の様子を見た
ことがある。

※型物（かたもの）　演出や所作が決まりきっているもの。もともとは、歌舞伎の演目に対して使われていた言葉。

◆偏った広告活動が現実を見えにくくする

ウェディング業界、ホテル・ツアー業界は、「ＬＧＢＴ」（実際はＬとＧですが）を単に顧客の対象としているだけでなく、広告活動の結果として世間の「ＬＧＢＴ像」を作る働きを持っています。そのことにも注意を払いましょう。

これらの業界の広告活動で**強調されるのは**、カップル単位かつ消費の局面に限定した**「カップル祝祭消費」型のＬＧＢＴ像です**。これでは、非祝祭型のＬＧＢＴ層の日常や、マイノリティ間の格差（たとえばＬやＴの貧困）、独り身でありたい／あらざるを得ない人々の一層の暮らしにくさといったことへの注目を、遠ざけてしまう効果を持っています。

とりわけこうした「ＬＧＢＴビジネス」において、トランスジェンダーがまっさきに置き去りにされてしまうことは、強調してもしすぎることはありません。

同性婚のイメージ写真は似たり寄ったり

写真業界は記念写真の撮り方を変えていきつつあるが、同性カップルの場合は、異性カップル以上に“普通さ”を前面に売り出している（定型を打破する試みにレスリー・キーの「SUPER LGBT WEDDING」がある。『バディ』2018年6月号）。

プラスα 当事者向け調査である「REACH Online 2016」では、若い年齢層ほど結婚パーティーや披露宴の開催を希望する人の割合が多いという調査結果が出ている。

ダイバーシティ・インクルージョン

「包摂」の前には、「排除」の歴史がある

◆「インクルージョン」バンザイ？

経団連※は2017年に経済界として初めてLGBTへの対応に焦点をあてた報告書を出しました。この報告書の目玉は「ダイバーシティ・インクルージョン社会の実現」です。報告書によれば、ダイバーシティとはあらゆる人材を組織に迎え入れることを指し、その人材として、LGBTのほかに女性、若者・高齢者、外国人、障がい者を挙げています。インクルージョンとは「その能力を最大限発揮でき、やりがいを感じられるようにする包摂《ほうせつ》」のことだそうです。

この経団連の言葉づかいはかなり特殊であると理解すべきでしょう。もともとインクルージョンの語に、「能力の発揮」や「やりがい」といった意味はありません。この言葉は犯罪・福祉関連で使われ始めたものです。たとえば違法薬物使用の罪を複数回犯した人は、警察・司法・行政などが硬直的な判断を下すことで、仕事や生活が一層うまく立ち行かなくなることが多く、そうした人々への就労支援のためなどに用いられた言葉でした。

「包摂」の
取り組みも、
マイノリティ目線
ではどうだろう。

◆都合のよい使われ方をするマイノリティ

ともあれ、なぜ経団連はこのような方向性を打ち出したのでしょうか。報告書の冒頭には、「人口減少が進む中で、わが国が持続的な経済成長を通じ、2020年にGDP600兆円経済を実

※経団連（日本経済団体連合会）　日本の代表的な企業や業種別全国団体などから構成される組織。経済界の意見を取りまとめ、政府や国会への建議などを行っている。

現するため」とあります。近い将来、深刻な人手不足を経験する日本が、それでも経済成長を実現するために「あらゆる人材」を取り込むのだという決意表明の文書だと解せます。

しかし「インクルージョン（包摂）」するためには、その前に「エクスクルージョン（排除）」があったと考えるのが筋でしょう。たとえば日本では、女性・障がい者・外国人・長く独身でいる男性社員などに、就職させない・昇進させないといった企業風土が、広く観察できましたが、この報告書に過去の排除に対する反省は見当たりません。

必要になったら呼び出される――。女性や障がい者、外国人、ＬＧＢＴは、雇用の調整弁なのでしょうか。社会的冷遇を受けてきた集団（マイノリティ）は、「経済成長」の文脈でしか存在の意義を見いだされないのでしょうか。包摂を「する」側が「される」側を見つけ、ターゲット化するふるまいに対等性は感じられませんが、マイノリティはモノなのでしょうか。「ダイバーシティ・インクルージョン」には、ＬＧＢＴに市場価値を見いだす広告代理店のマイノリティ観と、非常に似通ったまなざしがあります。

ムシのいい「インクルージョン」

「包摂」という意味のインクルージョンが使われるということは、これまで「排除」があったことの裏返し。

インクルージョン（包摂）するから入れてあげる
一般社会
これまでエクスクルージョン（排除）されてきた人々

プラスα 国内では改正均等法で就業上の男女差別禁止が打ち出されたが、抱き合わせで労働者派遣法の派遣業種の原則自由化が成立し、女性を雇用の調整弁として使い続けてきた経緯がある。

ハラスメントの原因は、差別意識？ 啓発不足？

職場における
LGBT に関する
ハラスメントも解決
すべき問題です。

◆LGBTハラスメントの原因と思う事柄の差

オフィスや職場の飲み会などで、LGBTに関するハラスメントを経験・見聞きしたことがある人は、どの程度いるでしょうか。

労働組合の全国組織である連合が、2016年に調査*を行っています。回答者の2割強が、その経験や見聞きをしていました。役職別にみると、一般社員やリーダー職より管理職のほうがそう答える割合が多い結果となりました。

連合はまた、LGBTに関するハラスメントの原因と思う事柄についても、複数選択方式でたずねています（P165図参照）。「差別や偏見」に起因すると考える人は全体の約6割、「性別規範意識」や「啓発不足」に起因すると考えた人は、順に、4割強、1割半の割合で存在していることがわかりました。

男女別にみると、男性より女性のほうが「差別や偏見」「性別規範意識」を理由として挙げる人が多く、女性のほうが〝LGBTハラスメントは意識が原因である〟と考えていることが読み取れます。年齢層別にみると、若い世代のほうが「差別や偏見」を選択する割合が大きい結果となりました。役職別にみると、「差別や偏見」「性別規範意識」が原因だとする人の割合は、管理職で少なく、逆に「啓発不足」を原因と考える人の割合が多い結果となりました。

管理職には男性や年齢的に上の人が多いと予

参考文献 ＊日本労働組合総連合会（連合）（2016）「LGBTに関する職場の意識調査―日本初となる非当事者を中心に実施したLGBT関連の職場意識調査―」.

想されます。そうした人々は、LGBTハラスメントの原因を「差別や偏見」「性別規範意識」であると考えず、「啓発不足」とみなすわけです。

◆啓発だけで意識は変わるのか

しかし、仮に管理職や男性の性別規範意識が改善されることのないままに、啓発の研修をしたとして、ハラスメントはなくなるといえるでしょうか。

啓発と意識改革は車の両輪です。連合の調査結果は、LGBTハラスメントの解消には社内での多面的な取り組みが必要であることを示しています。

なお、厚生労働省は事業者の就業規則の手本となる「モデル就業規則」を2018年1月に改正し、「性的指向・性自認に関する言動」をハラスメントの例の中に含めました。大きな前進です。

職場におけるLGBTハラスメントの原因は？

連合調査は、インターネット調査会社のモニターでかつ被雇用者1,000人を対象に、20～50代の男女各125名ずつにたずねる、均等割り付け法（P230参照）で行われた。

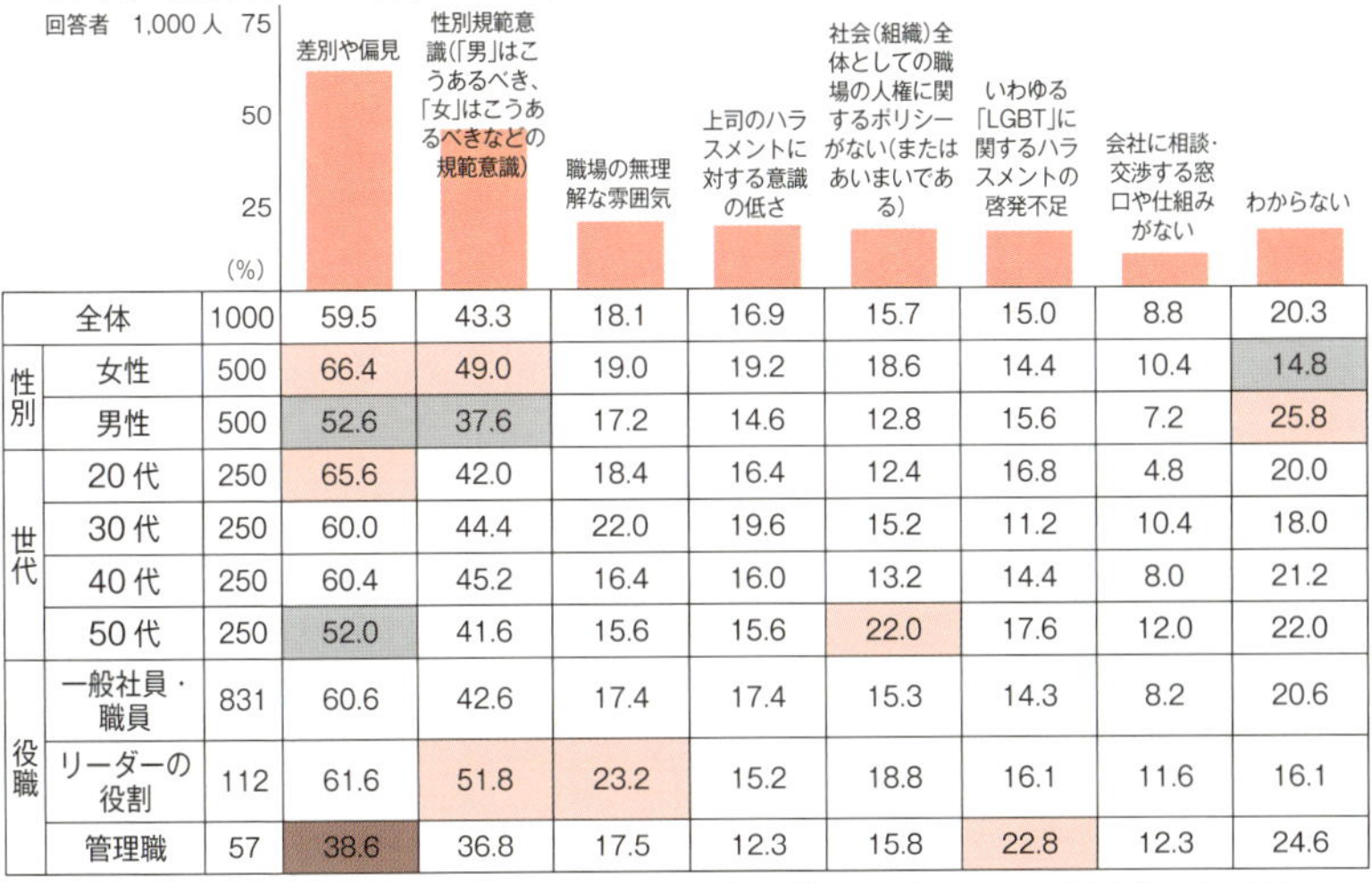
回答者　1,000人
75
50
25
(%)
差別や偏見
性別規範意識（「男」はこうあるべき、「女」はこうあるべきなどの規範意識）
職場の無理解な雰囲気
上司のハラスメントに対する意識の低さ
社会（組織）全体としての職場の人権に関するポリシーがない（またはあいまいである）
いわゆる「LGBT」に関するハラスメントの啓発不足
会社に相談・交渉する窓口や仕組みがない
わからない

			差別や偏見	性別規範意識	職場の無理解な雰囲気	上司のハラスメントに対する意識の低さ	社会（組織）全体としての職場の人権に関するポリシーがない	「LGBT」に関するハラスメントの啓発不足	会社に相談・交渉する窓口や仕組みがない	わからない
全体		1000	59.5	43.3	18.1	16.9	15.7	15.0	8.8	20.3
性別	女性	500	66.4	49.0	19.0	19.2	18.6	14.4	10.4	14.8
	男性	500	52.6	37.6	17.2	14.6	12.8	15.6	7.2	25.8
世代	20代	250	65.6	42.0	18.4	16.4	12.4	16.8	4.8	20.0
	30代	250	60.0	44.4	22.0	19.6	15.2	11.2	10.4	18.0
	40代	250	60.4	45.2	16.4	16.0	13.2	14.4	8.0	21.2
	50代	250	52.0	41.6	15.6	15.6	22.0	17.6	12.0	22.0
役職	一般社員・職員	831	60.6	42.6	17.4	17.4	15.3	14.3	8.2	20.6
	リーダーの役割	112	61.6	51.8	23.2	15.2	18.8	16.1	11.6	16.1
	管理職	57	38.6	36.8	17.5	12.3	15.8	22.8	12.3	24.6

全体比＋10pt以上／全体比＋5pt以上／全体比－5pt以上／全体比－10pt以上　(%)

キーワード　**セクシュアルハラスメント指針**　厚生労働省が、職場における性的な言動に起因する問題に関して、事業主の義務を定めたもの。2017年にLGBTを対象となる旨が明記された。

LGBTのトイレ事情

「LGBTトイレ」の設置で当事者は救われる？

◆企業や自治体の取り組みには問題点もある

〝LGBTも利用しやすいトイレを作ろう〟とする動きが企業や自治体で出てきました。トイレを示すピクトグラム（絵文字）を新たに作る、「LGBTトイレ」と銘打つなどの動きです。

しかし、これらの動きに批判が多いのも事実です。ピクトグラムには「半男半女」のようなデザインのものが多く、性社会・文化史研究者の三橋順子氏は、「半男半女」が見世物とされてきた歴史を彷彿させるとして批判しています[*1]。また、LGBTトイレについては、そのトイレに入ることが、当事者であると周りに知られてしまうきっかけになると危惧する人もいます。

◆LGBTの多くがトイレに困っている？

トランスジェンダーの人にとって、外出先でのトイレの使用は深刻な問題の1つです。外出先のトイレは、自分が社会的に属するジェンダーが何であるかをいやおうなく知らされる空間であり、またトランスジェンダーであることを隠している相手に、自分がどういった人物であるかを露呈しやすい空間です[*2]。しかし一方でかねてより、性器形成手術を済ませ、望むジェンダーとして生活をしている当事者であっても、高い確率で排尿障害（尿漏れ、痛みなど）を持つという研究報告もあります。こうした人々にとって、通常の男女とは別のトイレがあること

トイレは男性用、女性用の2つしかないことがほとんどだね。

参考文献
＊1 三橋順子（2017）『第33回全国トイレシンポジウム講演』.
＊2 石田 仁（2008）『性同一性障害：ジェンダー・医療・特例法』御茶の水書房：136-138.

は、大きな安心をもたらします。

シスジェンダーの性的マイノリティに、「LGBTトイレ」は必要でしょうか。

学校でトイレがいじめの空間になっている場合は、男女以外のトイレがあることが、逃げ道につながるかもしれません。しかしそれ以外は、考えづらいといえます。新聞では〝LGBTが直面するトイレ問題〟などとして報道されますが、トランスジェンダーが直面する困難を、かえってあやふやにさせてしまっています。

なお、「特定NPO法人虹色ダイバーシティ」とトイレメーカー「リクシル」は共同調査を行い、割り当てられた性別やアイデンティティなどによって使いたいトイレの種類はさまざまであることを明らかにしています（左図参照）。もちろん調査結果は集団でみた場合の傾向性を示すものにすぎないため、実際はニーズに合わせた個別の対応がのぞまれます。

LGBTトイレのピクトグラム

↑東京都渋谷区で導入されている「だれでもトイレ」

←ホテルグランヴィア京都のロビーにあるトイレ

トイレのニーズ

職場・学校で、自由に選べるならどのトイレを使いたいかという質問に対して、それぞれのトランスジェンダーのカテゴリーにおいて、もっとも多く選ばれた選択肢を示した。

FtMの55.6% → **男性用トイレ**

FtXの60.6% → **だれでもトイレ**

MtFの75.2% → **女性用トイレ**

MtXの35.8% → **だれでもトイレ**

LIXIL・虹色ダイバーシティ（2015）『性的マイノリティのトイレ問題に関するWEB調査結果』

プラスα 「LGBTトイレ」にいくつかの企業が反応したのは、多様性をめざすとされる2020年東京オリンピック・パラリンピックで土木建築事業の需要が見込まれるからだ、と考える人もいる。

自治体や企業の取り組み

ＬＧＢＴへの理解を深める「ＬＧＢＴ研修」とは

◆高額セミナービジネスが問題に

ＬＧＢＴへの理解が必要であるとする気運の高まりを受けて、自治体や企業で、当事者の講師を呼んでＬＧＢＴ研修をすることが増えました。研修の実施自体は喜ぶべきことですが、いくつかの課題も見えてきました。

まず、研修で得た知識を従業員に伝え、あるいは顧客と寄り添うための道具として「ＬＧＢＴ検定」を行う任意団体が登場しました。受検には数万円かかりますが、他方で当団体のサイトには〝検定取得者のサービスや対応、品質を保証するものではない〟とも書いてあります。

この動きとは別に、「あなたもＬＧＢＴセミナーの講師になれる」という甘言で、講師になるための高額なセミナーに加入させる案件も起こりました。主宰者は自治体の人権教育指導員を委嘱されてＬＧＢＴに関するセミナーの講師を務めていました[＊1]。こうした勧誘に対しては、「行政からの信頼を利用して高額ビジネスの利用につなげている」という批判も出ました[＊2]。

研修修了の「見える化」に関する課題もあります。ＬＧＢＴ研修の中には、修了すると、レインボーのバッヂやアライ（Ｐ72参照）を示すステッカーなどが配られるところもあります。しかし、研修はおしなべて基礎的で、短時間にとどまるものが多いため、修了グッズを身につけているからといって、すぐれた対応ができる

研修の内容はどうしたら継続できるでしょうか？

参考文献
＊1 徳島新聞ウェブ（2017）「LGBT セミナー勧誘でトラブル：男性の講師派遣中止」8月1日.
＊2 しんぶん赤旗（2017）「LGBT めぐる金銭被害 活動者が勉強会」5月 30 日.

とは限りません。

◆自治体の対応指針は企業にも有効

研修をその場限りで終わらせることなく、血肉化させようとする試みが始まっています。たとえば、東京都の文京区をはじめとするいくつかの自治体では、自治体の職員・教職員に向けた対応指針を作成・検討し発表するようになりました。

自治体の指針文書の中には考え抜かれた記述も多く、企業の指針づくりにも活用できるヒントが多数隠されています。

東京都文京区の例

文京区（2017）「性自認および性的指向に関する対応指針」

区民への対応

本人確認をする際は、性別が周りに分からないよう名前は口にせずに、「この書類でお間違いはありませんか。」など書類を指差すなどして行う。

学校内の体制

すべての教職員が、性的指向・性自認に基づく差別・いじめに対し、厳しい態度で臨む姿勢を示す。

採用時（非常勤・臨時職員、インターンシップ）の対応

採用可否は、仕事の適性や職務上の能力で判断すべきであり、性別による採用判定を行わないことと同様、性自認や性的指向が非典型であることによって不採用と判定することはできない。

企業内の体制づくりや採用の指針にも活用できる

キーワード　LGBT研修　主にNPO法人や研修事業を行う会社が主催しており、1時間ほどでプログラムが修了するものから、研修後のフォローアップがあるものなど、質は玉石混淆。

LGBTへの取り組みを評価する制度の広がり

◆日本の評価基準は〝甘め〟

各企業のＬＧＢＴに関する取り組みを評価するための指標が日本でもつくられつつあります。

任意団体work with Pride（wwP）は「ＰＲＩＤＥ指標」という評価基準をつくっています。*1 指標は「行動宣言」「当事者コミュニティ」「啓発活動」「人事制度・プログラム」「社会貢献・渉外活動」の5点から構成され、評価点3点の企業をブロンズ、4点をシルバー、5点をゴールドとして表彰しています。

いくつか課題もみえてきました。1つには評価基準です。「全体の底上げを図る」*2ことを目的としたために、比較的達成しやすい評価項目に

表彰された企業・団体数

PRIDE 指標に取り組んだ企業・団体の多くが、ゴールドを受賞した。2018 年には153 社が応募し、うち 85%がゴールドを受賞した。

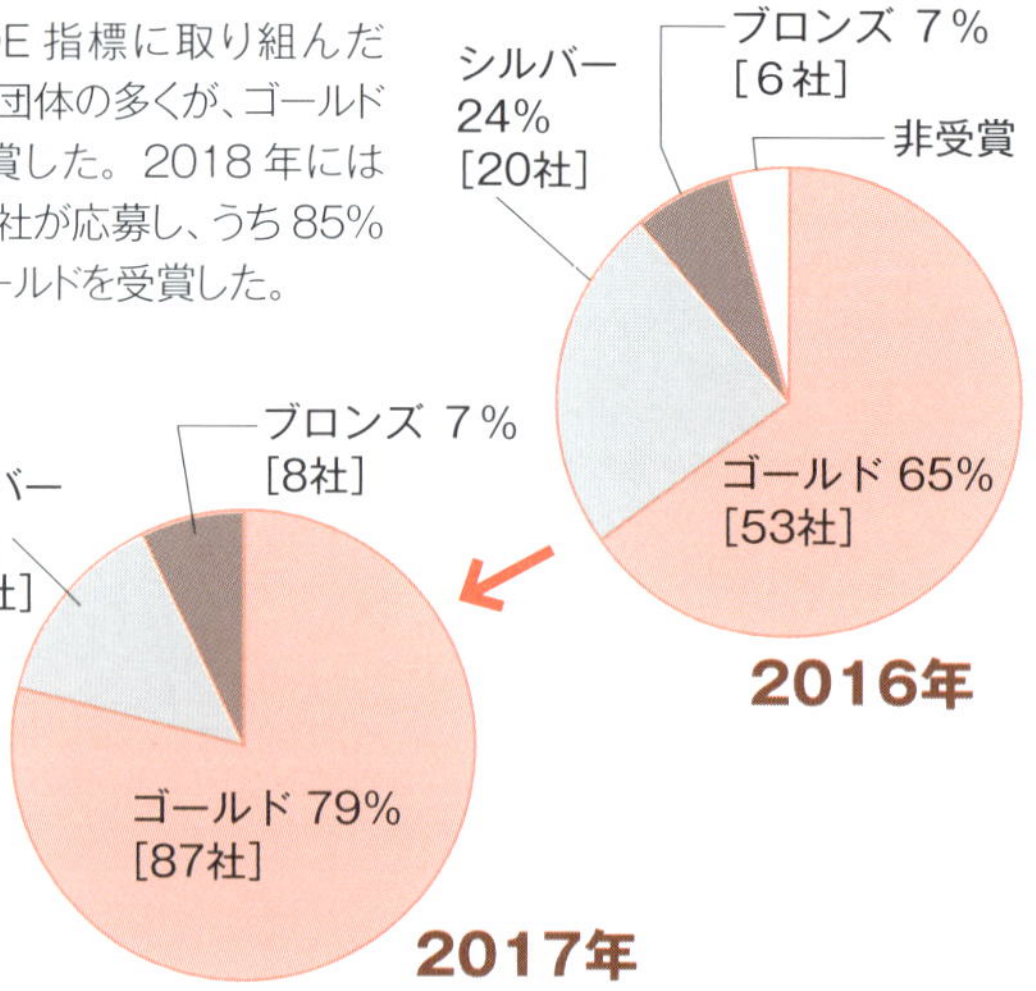
ブロンズ 7％
[6社]
シルバー
24%
[20社]
非受賞
ゴールド 65%
[53社]
2016年
ブロンズ 7％
[8社]
シルバー
14%
[15社]
ゴールド 79%
[87社]
2017年

評価制度で
LGBT に理解の
ある企業を見極め
られるのかな。

参考文献
*1 http://www.workwithpride.jp/pride.html
*2 池冨 仁（2017）「『PRIDE 指標』という挑戦」『Oriigin』春号：74.

よる絶対評価※からできています。２０１７年度・18年度は応募したすべての企業・団体が受賞しました。名だたる企業が名を連ねていますが、どこかの部門が目標を達成していれば、指標をクリアしたことになり、大企業が有利になりやすい評価です。

また、評価の根拠となる資料の提出は必要なく、該当項目の当否と理由記載欄への記載事項の整合性のみが審査されます。

◆取り組みをやめてしまう企業も

残念ながら、２０１６年の受賞企業のうち、ＬＧＢＴ関連の取り組みをやめてしまった企業もありました。その企業は受賞の実績のみが欲しかったと解釈されても仕方ありません。

企業に対する評価制度の構築は始まったばかりといえます。制度自体の信頼性を高めるための改善も必要とされています。

「PRIDE指標」とは　wwP 策定の PRIDE 指標の要点

1. ＜Policy: 行動宣言＞評価指標

会社として LGBT などの性的マイノリティに関する方針を明文化し、インターネット等で社内・社外に広く公開しているか。

2. ＜Representation: 当事者コミュニティ＞評価指標

従業員が性的マイノリティに関する意見を言える機会を提供しているか。また、アライを増やす、顕在化するための取り組みがあるか。

3. ＜Inspiration: 啓発活動＞評価指標

過去2年以内に、従業員に対して、性的マイノリティへの理解を促進するための取り組みを行っているか。

4. ＜Development: 人事制度・プログラム＞評価指標

結婚休暇や育児休暇、家族手当のような人事制度・プログラムを、婚姻関係の同性パートナーがいると申告した従業員（家族含む）にも適用しているか（申告があれば適用するか）。また、トランスジェンダーの従業員に本人が希望する性別での扱いをしているか。

5. ＜Engagement/Empowerment: 社会貢献・渉外活動＞評価指標

社会の LGBT 理解を促進するための社会貢献活動や渉外活動を行ったか。

※絶対評価　一定の基準に照らして、どの程度達成できたかを測定する評価方法。一方、一定の集団の中でどこに位置するかによって評価する方法を「相対評価」という。

COLUMN

石田先生と一緒に考えてみよう

「ＬＧＢＴビジネス」×「まちづくり」が生む排除

過去の文献を見ていると、“ゲイ向け旅行代理店”は、できてはなくなるというくり返しだったことがわかります。本章で取り上げた「ＬＧＢＴビジネス」も、実質的にはゲイビジネスの焼き直しであることがほとんどです。「ＬＧＢＴ」の名を使われて不快に思っている当事者も多いことでしょう。

しかし旧来のゲイビジネスとは異なる点もあります。2010年以降の「ＬＧＢＴビジネス＆ダイバーシティ」は、「まちづくり」と一体になっています。“ＬＧＢＴは知的で所得が高いので、定住・滞在させ、納税・消費してもらおう”という発想です。この前提自体が眉唾物ですが、つまりこのダイバーシティ戦略において、低所得のＬＧＢＴはその街に用無しなのです。

ところで最近のまちづくりは、「適度な流動性」「監視性」といった考え方に基づいています。ぐ犯者*をたむろさせたり犯罪者を近付けたりさせたりしないようにし、監視可能な公共空間を整備するという発想にあります。東京都渋谷区は、民営化によって宮下公園の野宿者を排除し、彼らを不法占拠者と位置づけましたが、他方で、ＬＧＢＴの定住・滞在には積極的です。これも「ＬＧＢＴビジネス」の一側面です。

* ぐ犯者…犯罪をおかすおそれのある者

第7章

性別と科学の関係を深く知ろう

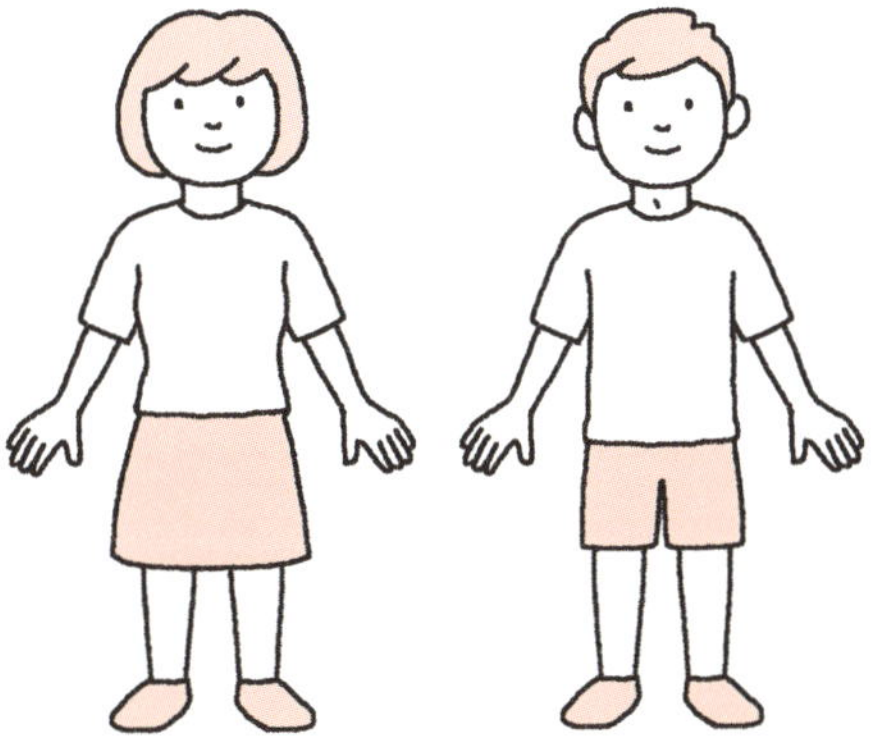

水族館にて
あっ
クマノミだ
何っ
見たい
あんなに魚好きだったとはねぇ…
べったり
ズイ
ギョ
このクマノミたち、生まれたときはオスしかいないんですよ
石田先生？
ハイ！

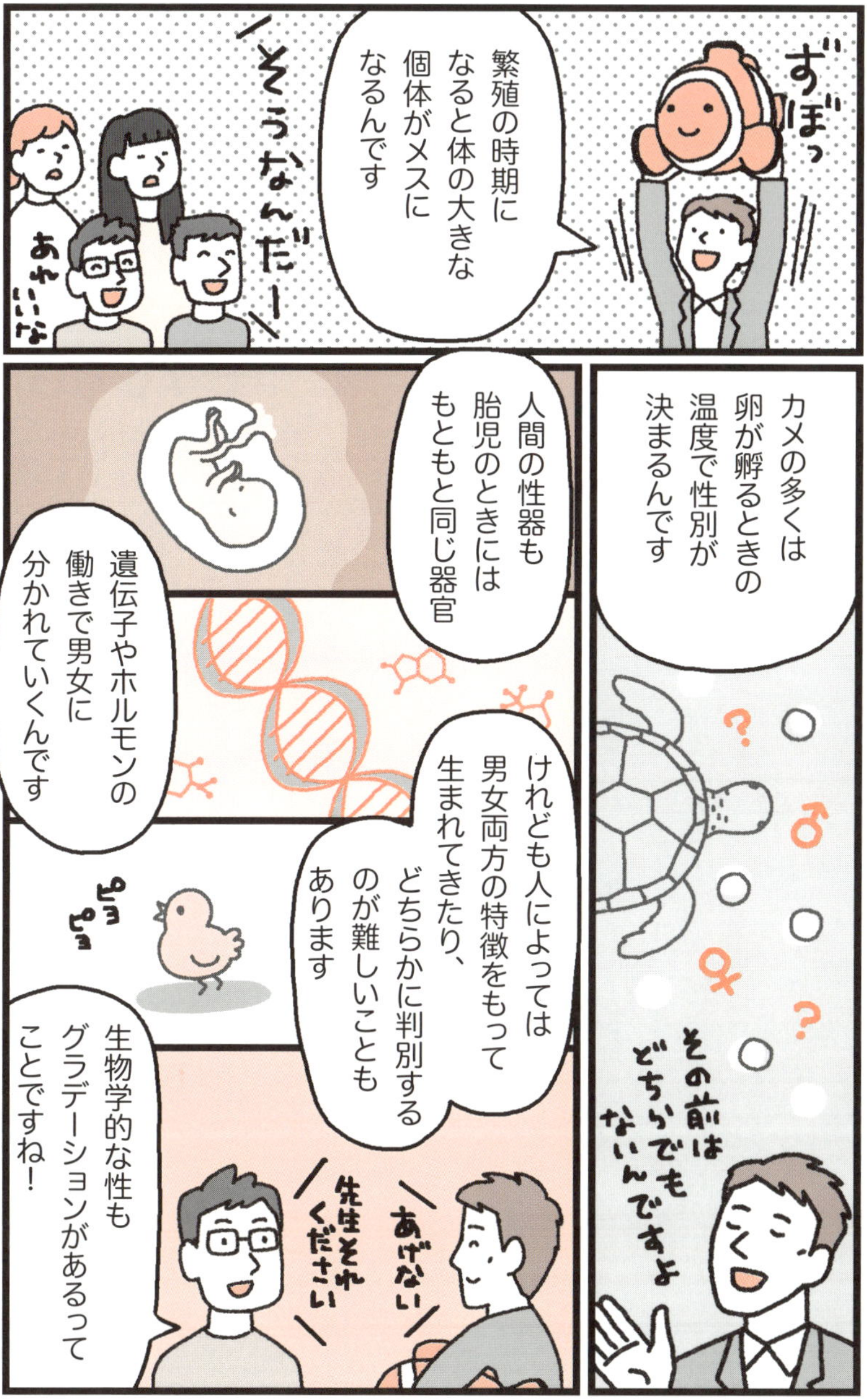
ずぼっ
繁殖の時期になると体の大きな個体がメスになるんです
そうなんだー
あれいいな
カメの多くは卵が孵るときの温度で性別が決まるんです
その前はどちらでもないんですよ
人間の性器も胎児のときにはもともと同じ器官
遺伝子やホルモンの働きで男女に分かれていくんです
けれども人によっては男女両方の特徴をもって生まれてきたり、どちらかに判別するのが難しいこともあります
ピヨピヨ
生物学的な性もグラデーションがあるってことですね！
先生それください
あげない

性分化疾患とは

内性器や外性器は、二分できないこともある

性分化疾患（DSD）とは、性染色体、性腺、解剖学的な性のいずれかが、先天的に非典型な（大多数の人々と異なる）状態を表す病名です。

かつては半陰陽やインターセックスと呼ばれましたが、蔑視《べっし》的で、意味も紛《まぎ》らわしいとされて、この新しい言葉で呼ぶ動きが広がっています。

◆男性と女性の性器は同じ部品からなる

典型的な（大多数の）性分化は、次のような過程を踏みます。まず「遺伝子型《がた》の性の決定」です。受精時の染色体の構成で、46XYか46XXに分かれます（数字は染色体数）。

その後に「表現型の性の決定」ができます。まずは性腺（内性器）が発生し、男女差のない性腺（未分化性腺）が形成されたのち、Y染色体上にSRY遺伝子が存在すると未分化性腺は胎児精巣に、存在しないと胎児卵巣に分化します。

未分化性腺はミュラー管とウォルフ管という2つの管を持ち、ミュラー管は卵管・子宮・膣《ちつ》の上部3分の1に、他方ウォルフ管は精巣上体・輸精管《ゆせいかん》・精嚢《せいのう》へと分化します。この分化には、精巣から分泌される「テストステロン」など（男性ホルモン）が影響します。

外性器部分は、テストステロンが「5α還元酵素」によって「ジヒドロテストステロン」に変換されると、陰茎《いんけい》・陰嚢《いんのう》・前立腺に、このホルモンが存在しないときには陰核《いんかく》・陰唇《いんしん》・膣の下部3分の2などに分化します（P177図参照）。

性器の状態だけで男女に振り分けられないこともあります。

参考文献
＊1 中島信一・緒方勤（2017）「性分化疾患の分類」『臨床泌尿器科』71（10）.
＊2 中島・緒方、同上：76.

よって、男性と女性の性腺（内性器）・外性器は、同じ部品からなり、そこで各種ホルモンの影響を受けながら、分化をしていくものであることがわかります。性分化疾患とは、下図の過程のどこかがこの規則に従わず、非典型的な性分化となった場合を指します。

説明の簡略化のために遺伝子は1種類のみを取り上げましたが、各種ホルモンを司る遺伝子は多数発見されています。また、卵巣への性分化は消極的な結果ではなく、特別な遺伝子の能動的な作用によることがわかりつつあります。[*1]

COLUMN

「DSD」は何の略？

DSDはdisorders of sex developmentの略ですが、differences of ～（性分化の差異）の短縮形であるべきと提唱する人々もいます。[*2] なお、インターセックスという言葉を病名である性分化疾患に置き換えた場合、医学なしで「身体の非典型な性」を理解することができなくなってしまうため、DSDの言葉を用いることに慎重な立場をとる人々もいます。

性分化の過程

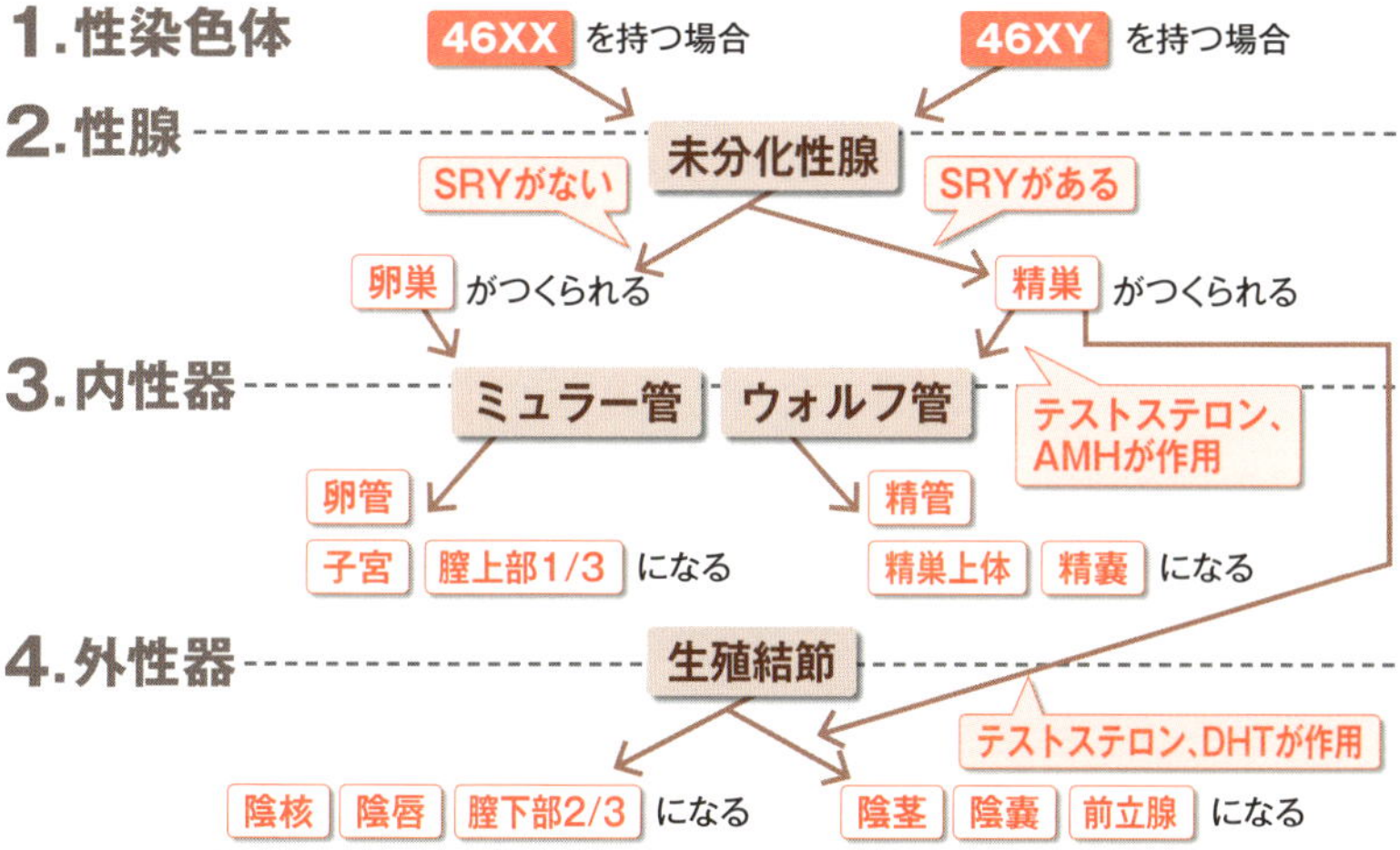
1.性染色体
46XX を持つ場合
46XY を持つ場合
2.性腺
未分化性腺
SRYがない
SRYがある
卵巣 がつくられる
精巣 がつくられる
3.内性器
ミュラー管
ウォルフ管
テストステロン、AMHが作用
卵管
子宮
膣上部1/3 になる
精管
精巣上体
精嚢 になる
4.外性器
生殖結節
テストステロン、DHTが作用
陰核
陰唇
膣下部2/3 になる
陰茎
陰嚢
前立腺 になる

AMH……抗ミュラー管ホルモン　DHT……ジヒドロテストステロン

プラスα　「半陰陽」「インターセックス」は両性具有的な語感があり、特に半陰陽（Hermaphroditism）は神話や文学の印象が強いため、「DSD」が採用された。しかしこの語の採用にも賛否がある。

新たな分類が検討されている

◆近年ＤＳＤの診断名や分類が見直された

性分化疾患は、科学の進展に合わせて新しい診断名が次々と提案され、ともすると一貫性に欠ける状態が続いていました。２００６年に性分化国際会議が開催され、従来の診断名と分類を見直す提案がされました。従来の診断名を統合する提案は下の表にあるとおりです。

新しい命名法において、ＤＳＤは、①性染色体異常による性分化疾患、②46ＸＹ性分化疾患、③46ＸＸ性分化疾患に大別できます。この命名法に基づく分類の一例を179ページの表に示します。なおこの表には「異常」という言葉が出てきますが、日本小児内分泌学会の表現をそのま

従来の診断名を統合する動き

近年、細分化した従来の診断名をまとめて新しい診断名をつける動きがある。

旧命名法	新命名法
インターセックス	DSD
男性仮性半陰陽	46, XY DSD
アンドロゲン不応症	
類宦官症	
女性仮性半陰陽	46, XX DSD
アンドロゲン過形成	
男性化症	
XX 男性、XY 性逆転症	46, XX 精巣性 DSD
XY 性逆転症	46, XY 完全型性腺異形成

「性分化異常症の管理に関する合意見解」日本小児内分泌学会より筆者訳

性分化疾患の
分類は
とても細かく、
数が多いんだね。

参考文献 中島信一・緒方勤（2017）「性分化疾患の分類」『臨床泌尿器科』 71（10）.

ま用いました（あまり好ましくありません）。

①性染色体異常による性分化疾患

染色体の構成が46XXもしくは46XYでない場合。45Xなどのターナー症候群、47XXYなどのクラインフェルター症候群、減数分裂の染色体の不分離が混じっているもの、染色体の本数は同数だが構成が異なるものが含まれます。

②46XY性分化疾患

46XYでの性分化疾患はここに入ります。発生のメカニズム別に、精巣分化の異常、アンドロゲンの合成の障害・アンドロゲン不応・アンドロゲン受容体の異常、その他に分けられます。

③46XX性分化疾患

46XXでの性分化疾患がここに入ります。卵巣分化の異常、アンドロゲン過剰（胎児性、胎盤性、母胎性）、その他に分けられます。

性分化疾患の新しい分類の一例

DSDは、大きく「染色体異常によるもの（染色体が46,XY、46,XX 以外）」「染色体が46,XY だが、性分化の過程で異常が起こるもの」「染色体が 46,XX だが、性分化の過程で異常が起こるもの」に分類できる。

性染色体異常による性分化疾患	46, XY 性分化疾患	46, XX 性分化疾患
A ターナー症候群（45, X）など B クラインフェルター症候群（47, XXY）など C 45, X / 46, XY（混合性性腺異形成、卵精巣性 DSD） D 46, XX / XY（キメラ、卵精巣性 DSD）	A 精巣分化異常 B アンドロゲン合成障害・作用異常 C その他	A 卵巣分化異常 B アンドロゲン過剰 C その他

中島・緒方 P178 前掲：762 より抜粋

プラスα 2006 年に米国小児内分泌学会とヨーロッパ小児内分泌学会を中心に、性分化国際会議が開かれ、世界の性分化疾患診療の専門家が集まって「性分化疾患診療合意文書」が作成された。

20世紀半ばまでの基準は「性腺」の種別

性分化疾患の
分類の歴史を
振り返ると、
複雑化した理由が
みえてきます。

◆性分化疾患につけられた「女性」「男性」の冠

176ページでは性分化を説明しましたが、そもそも生物学や医学（以下、生物医学）では、どんな身体的特徴をよりどころとして、「女性」「男性」と振り分けてきたのでしょうか。

それは、どのような性分化疾患を「女性」「男性」と呼んできたかについて調べることでわかります。以下では、現代の医学ではあまり使われなくなった診断名が登場しますが、歴史的な説明として必要なので取り上げます。

20世紀半ばまでは、性腺を基準に性別が判断されていました。卵巣を持つなら女性、精巣を持つなら男性の男女二元論です。これに対して、女性でも男性でもない状態として「真性半陰陽」と命名された性分化疾患の状態があります。真性半陰陽とは、卵巣と精巣を同時に持つ、あるいは卵細胞・精細胞が混ざった「卵精巣」を持つ場合につけられます。

◆「仮性半陰陽」は半陰陽ではない

他方で「女性仮性半陰陽」「男性仮性半陰陽」という診断名もありました。こうした診断がついた人々を、当時の生物医学は「男性でも女性でもない」とは考えていませんでした。

「仮性」とは「偽の」という意味です。一例を挙げると、「仮性近視」と呼ばれる状態がありますが、これは眼精疲労によって近視に似た状態

プラスα 「真性半陰陽」とひとくくりに言われるが、性腺のあり方やそれにともなうホルモンの分泌のされ方は個人差が大きい。

が起こっていることを意味し、近視ではありません。それと同じく、「女性仮性半陰陽」は「半陰陽に見えるが、そうではなく女性である」という意味を持ち、「男性型の（あるいは男性型に近い）性分化が現れているが女性である」という含意があります。「女性」と断定されるゆえんは、卵巣があるためです。

「男性仮性半陰陽」も同様で、「女性型の性分化が認められるが、精巣があるため個体は男性である」ことを意味します。

性腺で性別を分ける規則は20世紀後半のある時期まで使われました。〝女性でも男性でもない〟とされることが少ない、ある意味わかりやすい規則でした。

性腺を基準とした性別分類

精巣もしくは卵巣の有無で男女を振り分けていた20世紀後半のある時期までは、どちらにも分類できない状態の人は、多くなかった。

男性

- 精巣を持ち、男性的な外見や外性器を持つ人
- 精巣を持ち、女性的な外見や外性器を持つ人（男性仮性半陰陽）

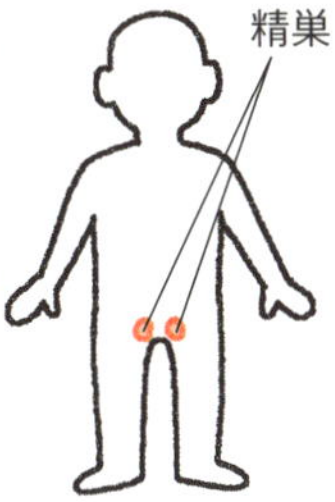

女性

- 卵巣を持ち、女性的な外見や外性器を持つ人
- 卵巣を持ち、男性的な外見や外性器を持つ人（女性仮性半陰陽）

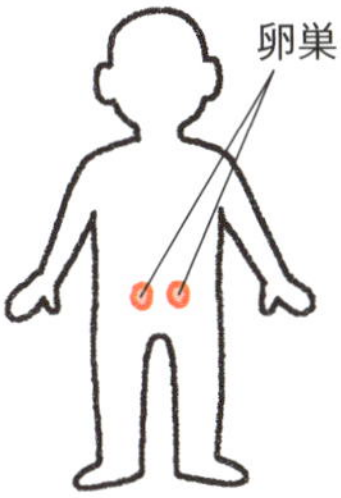

男性でも女性でもない状態（真性半陰陽）

- 卵巣と精巣を持つ人
- 卵精巣を持つ人

参考文献 石田仁（2017）「性別:法的性別の根拠は?」谷口洋幸ほか編『セクシュアリティと法』法律文化社.

性決定には、染色体が影響していることが明らかに

◆染色体の研究の進展は戦後から

多くの人は、〝性染色体がXXなら女性、XYなら男性〟という知識を持っていますが、この知識の歴史は意外に浅いものです。

19世紀半ばに、「顕微鏡で観察ができる、試薬で染まる何かの物体」が「染色・体」と命名されましたが、それが遺伝と関連していると唱えられるようになったのは20世紀の初頭でした。この頃、のちの遺伝学の基礎となる「メンデルの法則」を実験で確かめていくモーガン学派の学者たちが、染色体が性決定に関わっていることや、染色体の不均等な分離がX0やXXYという染色体を持つ個体を誕生させることを、昆虫を対象とした実験で明らかにしていました。しかし、ヒトの研究はずっと出遅れます。

1938年と1942年には、「ターナー症候群」と「クラインフェルター症候群」に外見上の特徴がみとめられるとしてそれぞれ医学界で報告されていましたが、当時は染色体が原因だとは考えられていませんでした。その後、染色体の研究は劇的に進歩し、まず、1956年にヒトの染色体は46本あると確定され、その3年後に、ターナー症候群とクラインフェルター症候群は性染色体の構成が原因で起こることが明らかになりました。*1

X0、XXYを皮切りに、XYYやXXXなども報告されるようになります。なかでも、Y

染色体の発見によって、より多様な形があることがわかったんだ。

参考文献 *1 Ford, C.E. et al., 1959, *The Lancet*, (273): 711-713.
Jacobs, P.A. and Strong, J.A., 1959, *Nature*, (183): 302-303.

が1つ多いＸＹＹは「超男性」と呼ばれました。英国の刑務所で検査をしたところ、一般人口比より多くＸＹＹの人がいたことから、ＸＹＹは「人殺しの染色体」という学説が立ち上がりました。マスコミがこれを拡散し、社会に大きな偏見をもたらしました。この学説は、70年代に、検査法の未熟さと先入観が原因であるとして否定されました。*2

◆性別判定ルールの二重化

また、「ＸＹ個体で陰茎《いんけい》・陰嚢《いんのう》が未発達である」「ＸＸ個体で陰茎がある」など、遺伝子型と表現型が一致しない場合も、多数報告されるようになります。こうした場合は「男性仮性半陰陽」「女性仮性半陰陽」に振り分けられました。この時代以降の生物学や医学（生物医学）は、性を男女に分ける基準として、性腺に加え、性染色体でも判断する二重のルールを持つようになったのです。

性を決める染色体

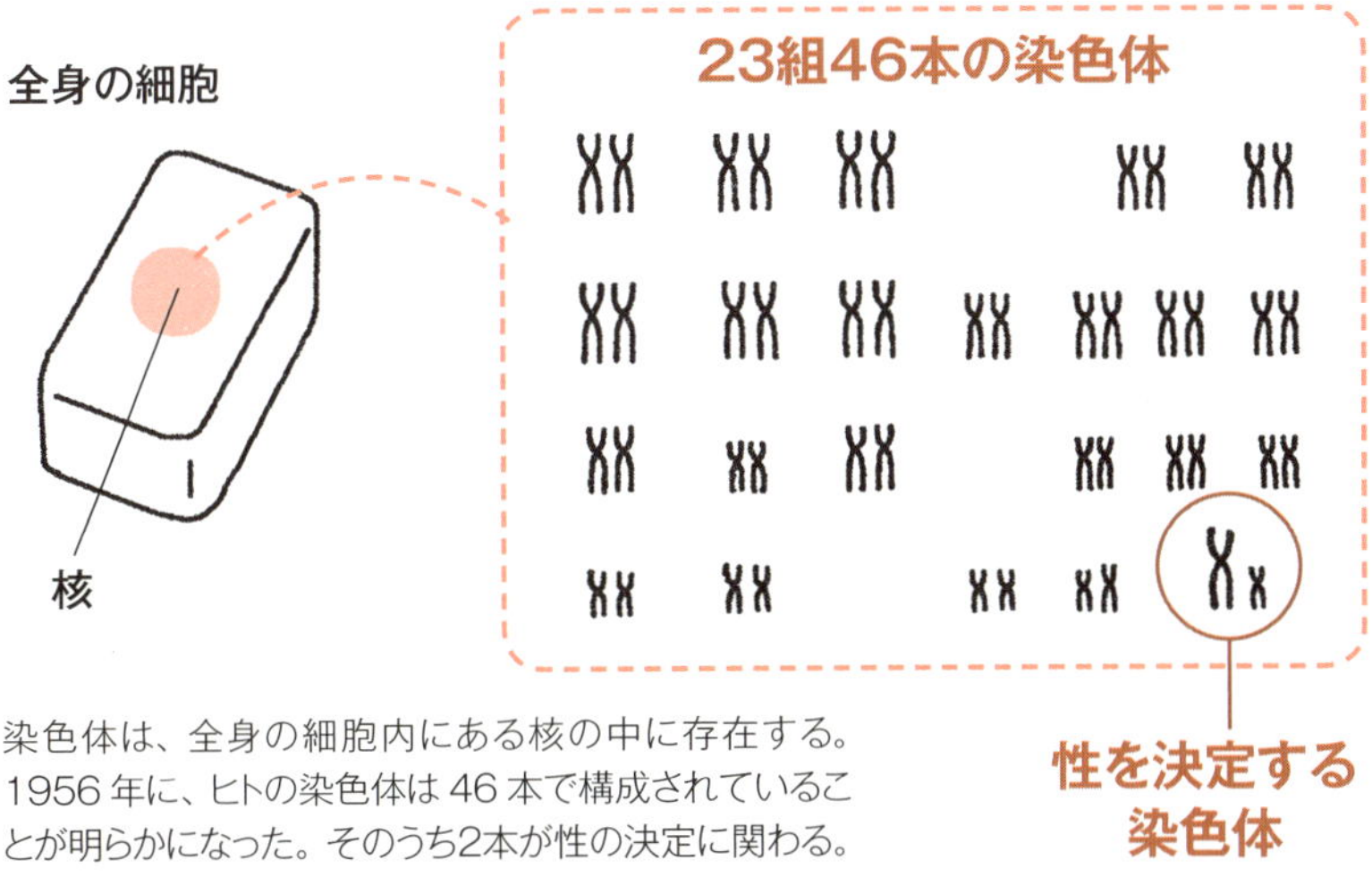
全身の細胞
核
23組46本の染色体
性を決定する
染色体

染色体は、全身の細胞内にある核の中に存在する。1956年に、ヒトの染色体は46本で構成されていることが明らかになった。そのうち2本が性の決定に関わる。

参考文献 *2 浅香昭雄（1973）「XYY男子」『からだの科学 増刊4 遺伝学読本』日本評論社：146-151； 瀬川晃（1998）『犯罪学』成文堂：187-193.

身体的性を分ける基準

二重の判定ルールで、例外を減らそうとしている

生物学と医学（生物医学）は1956年に、ヒトにおける典型的な性染色体の構成がXXもしくはXYであることを明らかにしました。しかしその後も、性別があいまいなケースの性別を判断する場合は、染色体検査一本に絞ることなく、開腹手術などをして、性腺（卵巣や精巣の存在）を確かめて判断する状況が続きます。

性別判定ルールは、ここにきて二重化しました。ほころびが見え始めます。しかし、なぜ生物医学は性の判断基準を染色体一本に絞りきれなかったのでしょうか。

おそらくそれは、「男女の例外をなるべくつくらない」という考え（男女二元論）を守りたかったためだと筆者は推測しています。

なぜわざわざ
複雑な二重の
ルールを設けて
いるんだろう？

◆染色体で判断したら非典型が多くなる

性腺で性別を判断する時代の生物医学では、「女でも男でもない」人というのは、出現率の極めて低い、「真性半陰陽」のみであると考えられてきました。

しかし続く時代で性染色体の構成によって男女を生物学的に分けることにすると、性腺で男女を決めた時代より「どちらでもない性の人々」が多く生じることになります。というのも、たとえばターナー症候群[＊1]（XO）の出現率は、2千出生中1人程度。従来よりも多くの人々がどちらでもない性に分類され、男女二元論がゆらぐことになりかねません。

参考文献 ＊1 大阪府立母子保健総合医療センター編『性分化疾患ケースカンファレンス』診断と治療社：62. ＊2 石田仁（2017）「性別：法的性別の根拠は?」谷口洋幸ほか編『セクシュアリティと法』.

◆「性」に対する2つのとらえ方の綱引き

染色体研究の進展は、解剖学や内分泌学に新しい見方をもたらしました。①性には遺伝子型／表現型の「層」があるという考え方（性の多層性）②遺伝子型・表現型ともに多様であり、性はどこをみても「あれかこれか」の二者択一的現象ではないという考え方（性のグラデーション性）です。

とはいえ、性別の二重判定ルールを手離せなかった生物医学には、男女二元論を守り続けたいという動きと、それでは説明しきれない自由な見方を支持する、相反する動きがあり、また現在もあり続けると考えるのが適切でしょう。*2

最近では、「生物多様性※」の言葉を伴って〝自然科学は昔から多様性を尊重していた〟かのようにアピールされることが多いのですが、生物医学では男女二元論が、現在でも深く静かに根づいていることを忘れてはいけません。

COLUMN

教科書では実態と異なる記述がされている

遺伝子型や性表現型に多様な形があることが明らかになっていても、私たちになじみの深いレベル、たとえば教科書では、“性別は受精の瞬間に決定し、その染色体の構成から男女を判別することができる”と書かれ続けています。

性腺を基準とした性別分類

✓「男性＝XY」「女性＝XX」といった染色体のあり方のみを基準とする場合

↓

「XO」「XXY」「XXXY」など、分けきれない人が一定数現れる

＋ 加えて、精巣または卵巣の有無を基準とすれば

↓

ほとんどすべての人が男性か女性かに分類される

※生物多様性（biodiversity） 生物が分化・分岐してさまざまに異なること。種だけでなく遺伝子・生態系の多様性を含む。

身体的性を分ける基準

「性別」を「決定」する遺伝子の発見

性分化の研究は1990年頃に大きく進展します。ヒトの遺伝子を扱う分子生物学が本格的に開花した時期です。半世紀前の1966年にはすでに、性別を決定する遺伝子はY染色体の中央から見て短いほう（短腕上《たんわんじょう》）に存在するらしいとされました。なぜなら、短腕の長さしかないY染色体を有する個体の内性器は、性分化の重要な分岐点となる精巣であったためです。80年代に分子生物学の時代が本格的に到来すると、科学者の間で精巣性分化を果たすY短腕上の遺伝子を探す競争が起こります。

一方で、このようなY短腕上の性別決定説では説明できないケースもありました。性染色体がXXであっても精巣を持つケースが散発的に報告されていたためです（「XX男性」）。

◆精巣性分化を果たす「性別決定遺伝子」

この2つの問いに対する答えを示したのが分子生物学者のグッドフェローらの研究です。

染色体の先端には、減数分裂する際に互いの遺伝情報を交換する部分があります。そのすぐ近くに精巣への性分化を促す遺伝子が存在するために、XY染色体がXとYに減数分裂する時、きわめてまれな確率で、Y染色体上の遺伝子がX染色体に受け渡され、「XX男性」が生み出されるのではないかと想像されてきました。

グッドフェローらは90年にXX男性からその遺伝子を見つけ出し、「性別決定遺伝子（SR

ある遺伝子の発見で、非典型的な性分化が起こるしくみがわかりました。

参考文献 ＊1 Sinclair AH., Goodfellow PN, et al., 1990, *Nature*, 346: 240-244.
Koopman, P., G, oodfellow, P. et al., 1991, *Nature*, 351(9): 117-121.

Ｙ）」（マウスではＳｒｙ）と名付けます。続いて遺伝子組み換え技術でＳｒｙを持つＸＸのマウスを作り出し、そのＸＸマウスの精巣性分化を成功させ、論文として発表します。*1

体系性を欠いた分類学にとどまりがちだった「半陰陽」学は、グッドフェローらの研究によって、より矛盾の少ない新しい性分化論へと置き換えられていくことになりました。

◆性分化全体を司る遺伝子はない

ただし次の点を強調しておきましょう。

①ＳＲＹがすべてを決定するわけではありません。ＳＲＹは性分化の指令を出す最初の遺伝子であり、その後の性分化は別の遺伝子が果たします。分子生物学の進展は、遺伝子の作用はむしろ局所的であり、性分化全体を司る遺伝子はどこにもないことを明らかにしました。さまざまな遺伝子すべてを司る「神」はいません。

また、②「精巣に分化するかどうか」によって「性別が決定される」という基本イメージは、〝性腺が性別を決定する〟という19世紀以来の枠組みをあらためてなぞるものです。*2

染色体のしくみ

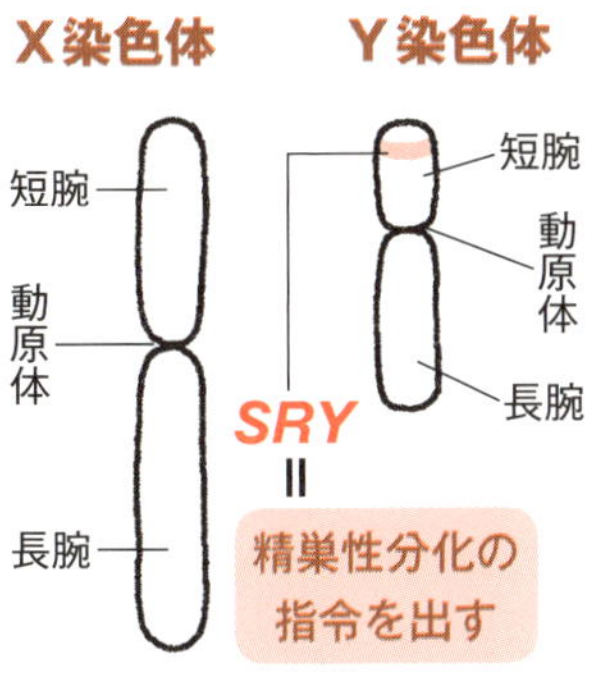

染色体の中央を動原体といい、そこを境に短腕と長腕に分かれている。Y染色体の短腕にある*SRY*という遺伝子が、精巣への性分化を決定している。

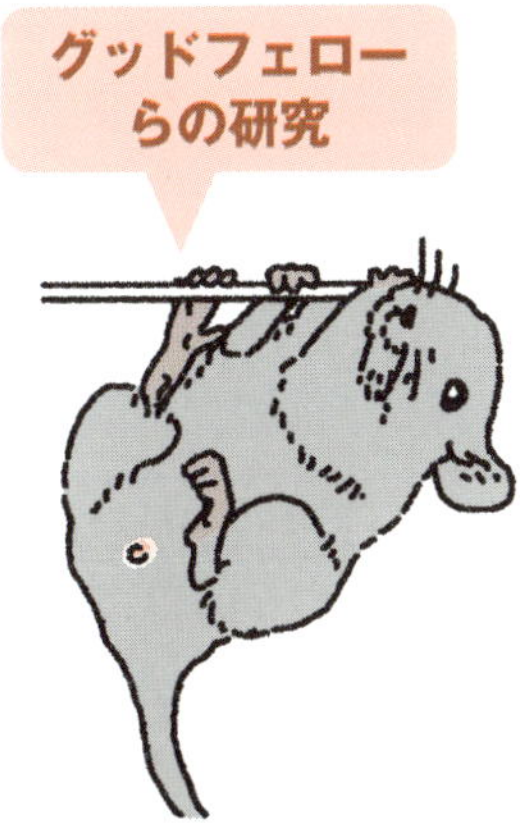

遺伝子型XXで*Sry*（ヒトの*SRY*に相当）を持つマウスを作り出したところ、未分化性腺は精巣に性分化された。*Sry*遺伝子が性分化の最初の指令を出していることが証明された。

参考文献 *2 石田仁（2001）「生物学的性別の規準」『大学院研究年報』（30）中央大学文学研究科篇：103-115.

医療従事者や保護者に求められることは？

◆当事者が子どもであるがゆえの問題もある

現在、性分化疾患に関して押さえておくべき重要な論点は、次の3つでしょう。

第一は、性分化疾患当事者の性自認のゆらぎです。出生から思春期にかけて非典型的な性徴を経験しやすい当事者の性自認は、〝ほぼ間違いなくゆらぐ〟とする言説と、逆に〝確固としてゆるがない〟とする言説の、2つの言説が見受けられます。いずれも誤りです。性自認の決定に関しては依然解明すべき要因が多いため結論づけられませんが、性同一性障害が生じる割合は性分化疾患の小分類によってかなり異なるという見解が現在では主流です[*1]。

医療従事者の保護者への対応

出生時　「不完全」「異常」という言葉は使わない。その場でもっとも可能性のある性を安易に告げない。家庭内で誰の責任かという議論にならないように、特に産褥期の母親のメンタリティに配慮し、十分な説明をする。

↓

出生から14日目まで　出生届を急がせない。検査結果を個々に説明しない。特に、染色体検査結果のみの説明をしない。

↓

2歳以降　保護者には要望の有無にかかわらず心理カウンセリングを受けることを勧める。隠れたニーズを拾い上げる。

日本小児内分泌学会性分化委員会（2011）「性分化疾患初期対応の手引き」より抜粋

DSDの当事者に対する周囲の望ましい対応は、まだ模索中です。

参考文献 ＊1 LWPES/ESPE Consensus Group（2008）「性分化異常症の管理に関する合意見解」緒方・堀川ほか訳『日本小児科学会雑誌』112(3)：565-578.

第二に、強制手術の過去が見えなくなっていることです。日本では、旧・優生保護法のもとで障がい者などに強制不妊手術を行ってきたことが近年になって社会問題として認識されだしました。でも少なくとも性分化疾患では、1990年代にすでに、疾患を治すための強制手術を受けた事実を医師や親が本人に隠していたことが問題とされていたのです。しかし性的マイノリティの中でもとりわけ性分化疾患の人々の直面する問題は取り上げられにくいうえに、カルテの消失、少子化による産婦人科の医療機関の減少など[*2]によって、一層見えにくい問題となっています。

第三の論点は、対応や支援の標準化です。医療従事者が保護者や当事者である子どもに性分化疾患であることをどう伝えるか、また、子どもの気持ちに寄り添うために保護者がどのような態度を示せばよいか、現在模索されています。試みの一例を抜粋して示します（下図参照）。

子に対する保護者の望ましい対応

4歳以前 大人の性役割への期待や、それに基づく反応や行動が、子供の性自認や性役割の意識を芽生えさせ、強化していることを保護者は意識する。

↓

4歳～就学まで 期待される社会的性に対してもっともステレオタイプな理解をする時期であるため、そのようにふるまう他の子と比較して自分の子の行動を、家族は過剰に気にしてしまう。反対の性に特徴的と考えられる遊びや行動をしたとしても、否定的にとらえてやめさせようとすることはしない。また、自分の体が人と違うことに「なぜ」という疑問もわいてくる時期である。子どもが理解できる範囲で答えるとともに、性器などはプライベートな部分であることも教え始める。

↓

学童期 子どもはすべてを知り、理解したいと思っているのではなく、まず、不安に思う「自分自身」を知ってほしいのであり、自分の疑問を解消できるように話してほしいと思っている。病気のことを整理して子に話すと同時に、好きなこと・得意なこと、将来の夢など病気以外のその子の世界を、できるだけ豊かにひろげておく。

小杉恵・山本悦代（2014）『性分化疾患ケースカンファレンス』:50-54より抜粋

参考文献 *2 橋本秀雄・小田切明徳（1997）『インターセクシュアル（半陰陽者）の叫び』かもがわ出版；橋本秀雄（2008）『性分化障害の子どもたち』青弓社．

COLUMN

石田先生と一緒に考えてみよう

「生物学的性の多様性」を話の枕におくことで

ジェンダー論やセクシュアリティ論のテキストには、「性の多様性」を解説するときに、まずＤＳＤ（インターセックス）を例に、生物学的性の多様性から説き起こすケースが多くみられます。しかし本書では、そのような説明方法を用いていません。

なぜなら、そのような説明方法で伝わってしまうのは、「生物レベルでも多様であるなら、社会（心理、文化）レベルでは言うまでもない」という暗黙の解釈の仕方だからです。この逆の解釈、“社会における性って多様なんだ、ならば生物レベルの性も…”とは、なかなかなりません。つまり多くの人々は社会を理解する際に、生物学の顔色を「自然」にうかがっているのです。

でも、仮に生物に「弱肉強食」が観察できたとしても、仮に社会的生物に「支配」や「奴隷」という現象が観察できたとしても、人間はそれに拘束されない制度をつくってきました。社会的弱者の保護、身分の平等性――。苦労の末につくりあげてきた人間の今ある制度です。社会的営為の可能性に賭けたい。「生物学的性の多様性」を話の枕におく説明を見るたびに、いつも私が思うことです。

第8章

これまで十分に語られてこなかったセクシュアリティのこと

石田先生ー
TOKYO RAINBOW PRIDE
きっと来ると思っていました一緒に回りましょう
LIVE
LIVE

いろんな人たちが思い思いに自己表現しているね
本当に楽しそう
「LGBT」とひとくくりにしてしまいがちですが…
レズビアンにはレズビアンの、ゲイにはゲイの、というようにそれぞれ抱える課題は違うんですよ
もっと知りたいです!!
したいと思ったときが勉強しどきです!!

レズビアンを表明しにくい社会の構造

◆男性間の利権の継承が性の認識をつくる

女性に性的欲望を感じる女性は〝レズビアンになる手前〟で見えなくさせられている差別が社会で起こっていると、社会学者の杉浦郁子氏は論じます。このことを「レズビアンの不可視化（不可視性）」といいますが、そうなっている理由は、どこにあるのでしょうか。

杉浦氏は英文学者E・K・セジウィックの議論を取り上げて説明します。社会では男性同士が社会的な絆で結ばれており、男性から男性へと利権が継承されています。この継承を成功させるためには、女性を性的客体として脇にとどめ、遠ざけつつ、男同士の絆に可能性として含まれる同性愛（男を性的客体とする男の欲望）を禁止し（同性愛嫌悪）、男性による女性の所有（異性婚）へと向かわせます。性的欲望を持つ主体は「男」に、性的欲望の対象となる客体は「女」に割り当てられることになります。杉浦氏はこれが日本にも当てはまると論じます。

仮に同性に親密感を抱いた場合、男性の場合はそれが性的欲望なのかどうかを厳しく追及されます。一方、女性は〝性的欲望が希薄であるべき〟という観念が社会にあるために、「愛情」や「ロマンチックな友情」など、より広くてあいまいな感情として理解されることになります。

それだけではありません。「男性に興味がない」とふるまうことは、性的な関心を抑制した

女性は
性的欲望を持つ
側ではなく、向け
られる側に置か
れてきたんだ。

参考文献
イヴ･K.セジウィック（2001、原書1985）『男同士の絆』名古屋大学出版会.
堀江有里（2015）『レズビアン・アイデンティティーズ』洛北出版.

「女らしい」ふるまいであるとされ、そのふるまいは「異性愛女性の望ましいふるまい」であるかのように伝わってしまいます。

◆セックス・モンスターとしてのレズビアン

では、仮に女性が性的な欲望を「持つ」と男性から認定されるとどうなるでしょうか。現在の日本では、残念ながら性的暴行を受けた場合でも「女性にも落ち度がある」という発想がいまだ残っています。また、アダルト・ショップには〝異性愛男性の性的な好奇心を満たすためだけの「レズビアン」ポルノ〟があふれています。

「レズビアン」自認の困難は社会のジェンダー構造に起因するというこの考え方は、ジェンダーとセクシュアリティを関連させて考える1つの重要な発想です。

男性間で利権を継承するために

1 女性を公的領域から締め出す。

2 男同士の絆(ホモソーシャル)ができあがる。またそれは「同性愛的欲望(ホモセクシュアル)であってはならない」とことさら強調される。

3 性的に主体的な男性が、客体とされた男性以外(女性)を選び、妻・恋人として所有する。

これがくり返される

参考文献 杉浦郁子(2010)「レズビアンの欲望／主体／排除を不可視にする社会について」好井裕明編『セクシュアリティの多様性と排除』明石書店：55-91.

レズビアンの不可視化

レズビアンとフェミニストの対立と連帯

レズビアンの不可視化は、歴史的には、女性解放運動（フェミニズム）の場面でも、異なった課題に直面する形で起こっていました。

◆レズビアンは女性解放運動の敵？

たとえばアメリカ合衆国では、遅くとも1960年代には、「男役」と「女役」によるレズビアンの文化が形成されていました。生きるためのモデル・ケースがない中で、異性間でみられる関係を転用してのことですが、男らしさと女らしさを模倣するこの文化に、フェミニズムの一部が風当たりを強めます。

フェミニズムの全米組織の会長であったベティ・フリーダンは、特にこの「男役」が女性解放運動のイメージを壊し、成功から遠ざける存在であるとして敵視するようになりました。1969年のことです。

この敵視を誤解であるとして、レズビアンのグループ「ラディカレズビアンズ」は、70年に「女と一体化した女」という声明文を出します。この声明文において、「レズビアン」は〝女の役割に課せられた制限や抑圧を断固拒否した女〟と定義されました。「レズビアン」から性的な意味合いを抜き去り、女性役割を拒否する存在として定義し直したのです。男性の支配する不平等な社会構造を変えていくにあたり、異性愛女性と連帯することを優先的に選んだのです。しかしそれにより、レズビアンは不可視化されます。

70年代の
レズビアンは、女
性の権利と自立を
訴える存在でも
あったんだ。

参考文献　堀江有里（2005）「〈レズビアン・アイデンティティ〉という契機」仲正昌樹編『ポスト近代の公共空間』御茶の水書房：143-175；堀江（2015）、P194 前掲.

◆政治的な存在である「レズビアン存在」

86年には、詩人でレズビアン・フェミニストのA・リッチが「レズビアン存在」という概念を提唱しました。リッチは、レズビアンが「男の同性愛の女性版」としか考えられてこず、固有の政治的存在とみなされてこなかったことを批判し、不可視性を問題視するために「存在」という言葉をつけました。リッチは、レズビアンを可視化しながらさまざまな立場の女性と連帯するために「レズビアン連続体」という言葉も導入しますが、ややもするとその言葉は、フェミニズムの中で、女性同士の同胞愛（「シスターフッド」）程度に解釈されることもありました。

レズビアンは、フェミニズムと時に緊張をはらむ関係の中で、たえず異性愛女性との「同化」と「異化」のはざまに身を置いてきました。しかしそれは、実践のための概念や理論を精錬させていく実りをもたらしたともいえます。

レズビアンとフェミニズムの歴史

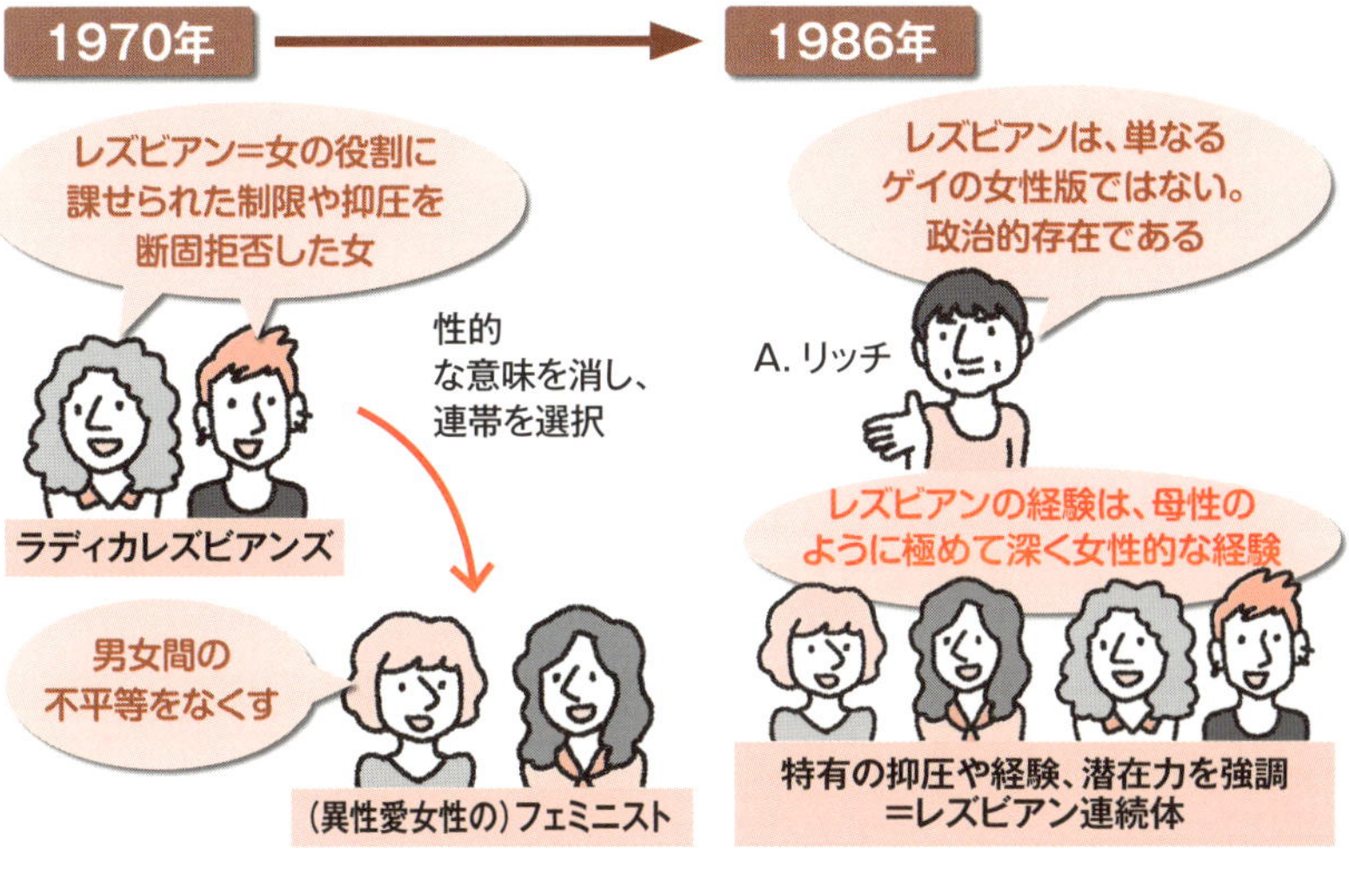
1970年
1986年
レズビアン=女の役割に課せられた制限や抑圧を断固拒否した女
性的な意味を消し、連帯を選択
ラディカレズビアンズ
男女間の不平等をなくす
（異性愛女性の）フェミニスト
レズビアンは、単なるゲイの女性版ではない。政治的存在である
A. リッチ
レズビアンの経験は、母性のように極めて深く女性的な経験
特有の抑圧や経験、潜在力を強調
=レズビアン連続体

参考文献 アドリエンヌ・リッチ（1989、原書 1986）『血、パン、詩。 1979-1985』大島かおり訳、晶文社.

ゲイカルチャー

ゲイ雑誌のページ数から社会との関係を見る

性的マイノリティの媒体にあたれば、そこで描かれているコミュニティの様子だけでなく、より広い社会との関係を知ることもできます。

ここではゲイ雑誌において広告がどれほどのページ数を占め、どんな広告が増えていったのかの推移から、社会を見てみることにしましょう。『薔薇族※』という長く続いたゲイ雑誌の1978年から2000年までを調べ、全ページ数と広告ページ数をグラフにしました（P199参照）。

◆1995年まで続いた広告数の増加

まず78年の時点で、『薔薇族』はすでに約250ページの読みごたえある月刊誌だったことがわかります。このときの広告は約30ページで誌面の8分の1を占めていました（グラフの①）。こののち、徐々にページ数を増やしていきますが、広告を除いたページ数は、95年頃（同④）まであまり変わりません。つまり、95年頃までは広告のみが増えていった雑誌といえるのです。

83年から87年までは広告の出稿ページが横ばいです。二度のエイズ・パニックの時期にあたります。特に二度目の86年は、エイズはゲイによってうつされる病気であるとして、扇情《せんじょう》的に報道されました。専用ハッテン場（P208参照）の広告の出稿が抑制された時期でもあります。

80年代半ばから、家庭用ビデオデッキが普及し始めました。ゲイ・ビデオの作品も作られ、88年からビデオの広告が増加します（同②）。90

ゲイ雑誌の広告ページ数の増減には、当時の社会状況が反映されています。

※薔薇族　1971年に第二書房より創刊された、男性同性愛を専門とする雑誌。それまでゲイ向けの雑誌は会員誌だけだったが、一般の流通を介した商業誌としては日本初となった。

年からは、ダイヤルQ_2の広告が増えていきます（同③）。ダイヤルQ_2とは、ある電話番号にかけて番号を入力すれば、電話の録音・再生ができたりするサービスのことです。ゲイ男性の間では、出会い目的で使われました。この頃から新しい専用ハッテン場が林立していき、広告出稿も増えていきます。90年代の広告はこの2つの業態が広告量を押し上げました。92年からは誌面の半分が広告を占める状況となりました。

◆ゲイの雑誌も出版不況へ

この時すでに、日本社会は「複合不況」と呼ばれるポスト・バブル期に入っていました。当初、特殊な流通・再販制度を持つ出版業界は〝不況に強い〟といわれていましたが、数年のタイムラグを経て業界も景気の悪化を辿《たど》ります。*

一般的に売られる雑誌は、部数のピークが95年、販売額では97年です。ゲイ雑誌は部数の半数程度が一般的な流通を通らないため単純な対応関係はとれませんが、『薔薇族』の広告ページ数も95年が頂点でした（同④）。

98年頃から個人のインターネット接続が盛んになります。雑誌の文通欄は徐々に使われなくなり、全ページ数は減少、店舗も広告出稿を渋るようになったのが見てとれます（同⑤）。

『薔薇族』のページ数の変遷

各年の1月号を閲覧。1月号を確認できない場合は2月号を見た。『薔薇族』は71年に創刊されているが、自社広告以外を受け入れるようになったのが77年の途中からなので、78年から見ている。

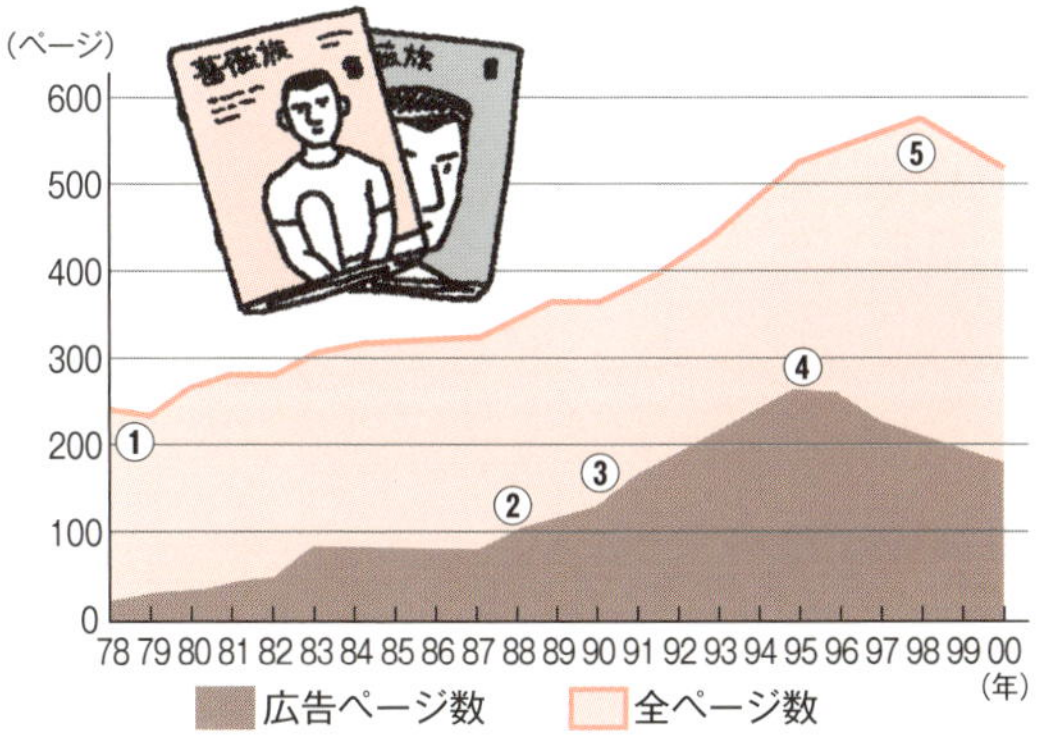

参考文献 * 木下修（1997）『書籍再販と流通寡占』アルメディア：川井良介（2012）『出版メディア入門 第2版』日本評論社；秦洋二（2015）『日本の出版物流通システム』九州大学出版会.

ゲイバーの歴史と現在

◆ゲイバーとはどういうところか

ゲイバーとはバー・スナックのうち、ゲイ・バイセクシュアル男性が集まる店を指します。不十分なリサーチに基づくドラマの描写が多いため、よく誤解されますので、最初に誤解を解いておきましょう。「ママ」（マスター、店主）やスタッフが客に体を売ることはしません。風俗営業に該当する業態ではないので、客の隣に着座して体を寄せる「接客」もしません。

ゲイバーの軒数は70～80年代に大きく伸長しました。ゲイ雑誌の創刊、都市的生活様式を送るサラリーマンの増加、木造建築からビル型店舗への転換など、複合的な要因が考えられます。90年代後半には、ゲイ男性の集まる遊興街、新宿二丁目に二百軒あるとさえいわれました。

この頃まで、ほかのゲイと会って安心して歓談するための空間は、ゲイバーをおいてほかにほとんどありませんでした。年輩者から年少者に酒をおごることも珍しくなく、持ち金の少ない年少者が、店に長時間滞在することもできました。それは経済力による庇護《ひご》的関係ともいえるでしょうが、ゲイバーはセクシュアリティを同じくする者たちの出会いを支え、コミュニケーションの作法を教える重要な空間であったことはたしかです。

バーの従事者が客の入院を見舞ったり、引っ越しをほかの常連客とともに手伝ったりするな

ゲイバーで、ゲイ・コミュニティの作法やつながりが育まれました。

参考文献 ＊1 砂川秀樹（2003）「新宿二丁目が照射する異性愛者社会」松園万亀雄編『性の文脈』雄山閣：208. ＊2 ISHIDA, Hitoshi（2006）“Interactive Practices” *Intersections*, 12.

どの、コミュニティ的な関係が観察できるとする研究もあります[*1]。

◆ゲイバーの変容

現在、ゲイバーでは年齢差のある客同士の間でおごる・おごられるといった慣習があまり見られなくなりました。

インターネットに出会い機能が移行し（P202参照）、客同士の経済的な庇護関係がなくなったあとのバーのあり方が試行錯誤されています。

ゲイバーの価格設定は、一般的なスナックより安く、どこからも経営の厳しさが聞こえてきます[*2]。「観光バー」へと舵を切って、異性愛の男女にも門戸を開き、面白さでもてなす店が増えました。あるいは、素人っぽさの残る客を臨時のスタッフとして雇い入れ、事前にSNSで宣伝をし、〝その臨時スタッフとSNSでつながっているがバーにあまり行かない層〟を取りこもうとする戦略もみられます[*3]。

ゲイバーで店員は女装をするの？

1970年頃まで → **現在**

アメリカ兵（GI）が駐在した1950年代前半には、すでにゲイバーが日本にあった。70年代頃までは、薄化粧をして着流しを着るバーの「ママ（店主）」や従業員もいた。

現在の大多数のゲイバーは、開店周年パーティーなどの記念日を除き、店員が女装をすることはない。

参考文献　＊3 鹿野由行（2015）「ゲイバーは不要なのか?」：『若専』ゲイバーにおける新たなる戦略」『日本学報』（34）大阪大学：81-96.

ゲイカルチャー

ゲイバー以外での出会いも盛んだった

◆雑誌は人を結びつける要《かなめ》だった

男性に性的欲望を持つ男性は、公園や映画館などでひそかに出会ってきましたが、１９７０年代から90年代までの間は、ゲイ雑誌が人を媒介する役割を主に担ってきました。雑誌を買ってそこに広告として載っているバーに足を運ぶ、通信欄の掲載者に手紙を出して１対１で出会う（会うまで数か月を要しましたが）、通信欄に呼びかけのあるサークルに出向く、などです。サークルにはスポーツ、文化、社会運動などさまざまなジャンルが存在してきました。文化人類学者・砂川秀樹氏によれば、サークルは90年代初期から活発になったといいます。*

◆一度に大勢と会うことを可能にしたディスコ

１９８０年代になると、新宿二丁目にもディスコができます。80年代終盤のバブル経済期には新宿二丁目とは離れたところで大規模なゲイ・ナイトが開かれるようにもなり、大勢のゲイが一堂に集うイベントが頻繁に開かれます。

90年代に入るとダイヤルQ_2（P199参照）を使った出会いが盛んに行われるようになります。それから少し遅れて、ゲイ向けのパソコン通信が始動します。90年代終盤からは、インターネットの利用が急増し、個人ホームページを設営するブームが起こりました。次いで、画像つき携帯メール・画像つき掲示板の利用の普及が進

出会いの場は、時代とともに大きく変わっていったんだね。

参考文献 *砂川秀樹（2015）『新宿二丁目の文化人類学』太郎次郎社エディタス：248.

みます。バーや大型ディスコが出会いに占める重要性は落ちていきましたが、出会いに特化したクラブイベントは人気を博しました。

2000年を少し過ぎてからは、SNS※が盛んに利用されるようになりました。

まずは「ミクシィ」の利用ブームが起き、続いてゲイ専用SNSが乱立しました。2009年にはスマートフォンのGPS機能を用いた出会いアプリが登場します。アプリの登場は、ゲイのスマホ利用率を一気に高めたといわれています。

現在の出会いは、GPS系アプリと「ツイッター」「インスタグラム」などの短文・画像系SNSが主流となっています。バーやサークル、ディスコやクラブなどの空間を介さずに、直接的に出会いを求める方式が主流となりました。

ゲイバーに代わる出会いの場

サークル（同好会）

1950～60年代には、すでにサークルの萌芽が認められ、首都圏や近畿圏には数十名以上のメンバーからなる「同好会」が存在していた。専門のゲイ雑誌が創刊する前のことであり、ゲイ雑誌創刊以前の同好会の実態はまだ十分に解明されていない。

特徴 同じ趣味を持つ人と酒を介さずに交流をできる。

出会いを主目的としたクラブイベント

入場の際、自分の番号札と空欄のカードを渡され、カードには意中の相手の番号を書いてスタッフに渡すしくみ。イベントの途中で、書かれた番号が読み上げられたり掲示されたりした。

特徴 直接話しかけることが難しいと感じている人にも、出会いの機会を増やした。

※ SNS（ソーシャル・ネットワーク・サービス）　インターネットを通じて人間関係を構築できる、パソコンやスマートフォン向けのWebサービス。

ゲイカルチャー

2000年代からはSNSでの出会いが中心

◆インターネットの知識がない人にも浸透

2000年代半ばから、ゲイ・バイセクシュアル男性の出会いはSNSが中心となりました。

インターネットの普及に伴い、情報発信をしたりつながりを保ったりするために、個人や店がホームページを持つことが流行しましたが、多少なりともサイト運営に関する知識が必要でした。2005年頃、ウェブ2.0というサービス形態が注目され始めます。これは、サイトに関する知識がまったくなくとも手軽に始められるもので、〝サービス提供側は各種機能を枠組みとして整える、コンテンツはユーザーが育てていく〟というあり方を指します。ウェブ2.0のサービスの1つが「ミクシィ」でした。ミクシィのサイトで、ユーザーは「日記」として身辺雑記を書き込むスタイルが流行します。

それまで不特定多数に向けて情報を公開するスタイルが主流だったウェブで、ミクシィは紹介者を通じてサービスに入るスタイルでした。先行するサービス「グリー」も同様の形態です。

安全で、閉じられた（ように感じる）ため、人気を博しました。また、自分の交友関係、「友だち」になった人の交友関係の広さが一目で確認できるなど、横のつながりが視覚的にわかりました。さらに、誰が訪問したか、その日に何人が訪問したかを知る機能があり、自分を閲覧した人の反応が手に取るようにわかりました。

当時流行した「ミクシィ」は、またたく間に浸透しました。

プラスα こうしたSNSは文字検索ができ「コミュニティ」を自作して立ち上げることもできたので、多様な趣味嗜好の出会いを可能にした。

◆「閉じられた」空間で仲間を増やしていく

つまりミクシィは、手軽に始められ、ある程度の閉鎖性がある中で横のつながりが見え、自分の発したコンテンツの評価がわかるシステムだったのです。それまでのウェブサービスに見られないこうした特徴が、多くの人には便利で斬新《ざんしん》に映りました。

ミクシィのユーザーの中には性的マイノリティ、とりわけ、ゲイ・バイセクシュアル男性が相当数いました。というよりも、ゲイ・バイセクシュアル男性は、ミクシィをいち早く取り入れた先駆的受容者でした。ある種の「安全性」を保ちつつ人間関係を横方向に広げていくこのサービスは魅力だったのです。

ミクシィは2004年末には爆発的に普及し、間もなくゲイ・バイセクシュアル男性のみを対象としたミクシィそっくりのゲイ専用SNSが多数開設されるようになります。

ミクシィを通した出会い方の例

①友だちの友だちを見る

ナオヤ
(108)
HARU
かっち
たくみ
keí
DOGLOVER
poppy

ミクシィ上でつながっている友だちのページを見ると、その友だちの友だちを一覧で見ることができる。

②その友だちの日記を見る

DOGLOVERさんの日記
うちの子が……
2006年1月17日19:10
うちの子がまたや
反省してるふりし
でもかわいくって

気になる友だちの友だちがいれば、その人のページに飛べる。その人が日記を公開していれば、読むこともできる。

③メッセージを出して実際に会う

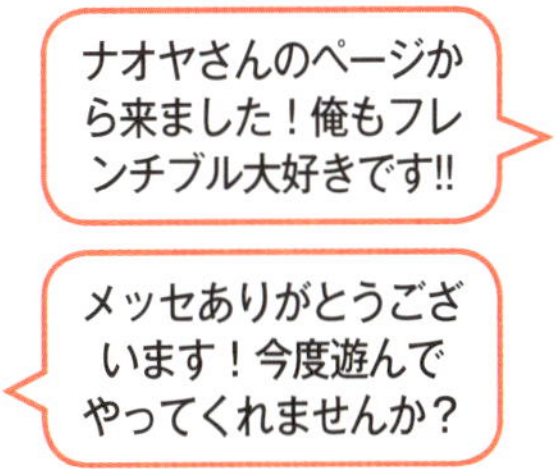
ナオヤさんのページから来ました！俺もフレンチブル大好きです!!
メッセありがとうございます！今度遊んでやってくれませんか？

日記の内容などを糸口にして、その人にメッセージを送ることができる。メッセージは二者間にしか見えない。

プラスα ゲイ専用SNSや後述するGPSアプリが乱立したこと、ゲイバーがレズビアンバーに比べて多数あり、長く続いたゲイ雑誌も多かったことは、男性の経済力と関係がある。

ゲイカルチャー

自分の好みの相手だけを表示できるアプリの登場

◆ＧＰＳ機能を用いた出会いツールの登場

２０００年代半ばのミクシィのブームから間もなく、ミクシィそっくりのゲイ・バイセクシュアル男性限定のＳＮＳ（ゲイ専用ＳＮＳ）が登場し、大流行しましたが、ユーザーにとって自分に関心を向かせる日記の「ネタ切れ」は、常に悩ましい問題でした。

これに対し、短文をより手軽に投稿できるブログや、さらにそれに特化したツイッター（２００６年～）、そしてその画像版ともいえるインスタグラム（２０１０年～）が利用され始めます。ツイッターやインスタグラムは個々人の雑事の短報という体裁を取りながら、出会いの機会を広げるツールとして使われてきました。

他方で、より出会いに特化したツールとしてスマートフォンのＧＰＳ（位置情報）機能を用いた出会いアプリが開発されます。そのＧＰＳ出会いアプリの先鞭《せんべん》として「Grindr《グラインダー》」（２００９年～）を挙げないわけにはいきません。ユーザーから見て近い順にユーザーを表示していく機能は画期的でした。このアプリの成功を受けて、類似のアプリが多数出ました。ＧＰＳアプリは、ゲイ専用ＳＮＳを一気に下火にさせてしまうほど出会いのあり方を変えたのです。

◆アプリで多様性は見えにくくなった

ひとくちにＳＮＳといっても、ＧＰＳアプリ

外見が好みでない人は、目に入ることすらなくなってしまうのか。

プラスα 近くの人から順に表示するアプリの機能は、大都市のユーザーには便利だが地方の人々にとってはあまりメリットがない。地方では今も地域の掲示板が主な出会いのツールであることが多い。

での出会いは、ゲイ専用SNS以前の時代とずいぶん違うように見受けられます。まず、「友だちの友だち」が一覧として表示されないので、横のつながりが見えにくくなりました。また、文字検索ができなくなったので、サービス側がカテゴリーとして用意する多様性以上の多様性を見ることができなくなりました。

もっとも大きな変化は、フィルター機能が実装されたことです。人種・年齢・体型などを設定すると、好みから外れる人たちを表示させなくできるようになりました。

かつて雑誌通信欄や掲示板が用いられていた頃は、たとえ好みから外れる人たちであれ、情報探索の過程で視野に入ってきたものでした。ところが、今やそういう人については見ずに済むようになっています。

SFのような世界が現実に広がっていることについて、読者のみなさんはどう思われますか。

GPS出会いアプリとは

自分の近くにいるほかのユーザーが画面に表示され、コンタクトを取ることができるアプリ。フィルター機能を使うことで、身長や体重、年齢のほか、人種まで自分の好みの相手に表示を絞り込める。

フィルターによって好み以外は“見えなく”することができる

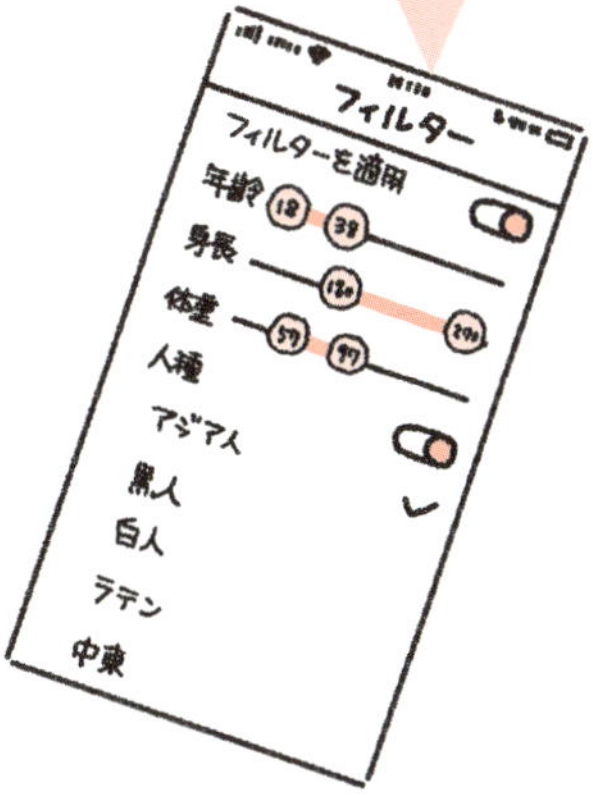

プラスα GPSアプリでは、文字検索が不可能なことに加え、人種などの選択肢は既成のカテゴリーから選ぶことしかできない。このためアプリの提供側が想定する以上の多様な出会いは難しくなった。

ゲイカルチャー

安全な性的自由を確保した専用ハッテン場

◆ハッテン場には転用と専用の2種類がある

一般的に、自由奔放な性関係を取り結ぶ人は「発展家」と呼ばれてきました。その言葉はゲイ・シーンにも引き継がれ、新たな出会いをもたらす場を「発展場」と呼んでいました。ゲイバーもその中に入っています。現在ハッテン場と言うときは、より限定的に、もっぱら〝匿名性のもとで男性同士の性交渉が成立できるような空間〟を指して使われます。

この「ハッテン場」には2種類あり、公園などの公共空間がハッテン場に転用される場合と、客に宿代・入店料などを払わせて中で遊ばせる専用のハッテン場とに大別できます。後者は2017年時点で日本に130軒近くあります。[*1]

専用のハッテン場については、1918年の志賀直哉の日記にもそうとおぼしき宿が登場します。[*2] 少なくとも1950年代には確実に存在しました。転用ハッテン場では、異性愛客、施設主、警察とのトラブルが絶えませんでした。利用者が警察に追われるのを見かねて専用ハッテン場が創業されたとする語りもあります。[*3] **専用ハッテン場はゲイ・バイセクシュアル男性に、安全に遊ぶ場を提供したといえます。** しかし2010年代初頭に、東京・大阪でハッテン場が摘発されます。公然わいせつ罪ほう助でした。

摘発を逃れたほかのハッテン場は、即座にミックス・ルーム（3人以上での性交渉ができた

参考文献
*1『バディ』2017年9月号.
*2 志賀直哉(2002)「性慾の地獄」『志賀直哉全集 補巻6』岩波書店.

部屋）を取りやめ、個室から別の個室を覗《のぞ》けた穴をつぶし、個室の使用はあくまで1対1とし、また共用部分での性的な利用を禁止としました。これは警察の指導による対応とされています。見方を変えれば、警察が何をわいせつであると判断しているかを知ることができるのです。*4 薬物の乱用を取り締まるために摘発したといわれますが、これらのハッテン場で薬物を乱用した証拠は出てきませんでした。

◆専用ハッテン場がなくなればよいのか

専用ハッテン場が「あるから」薬物が乱用されるとは限りません。仮にハッテン場が禁止されたとしても、より見えにくい領域、たとえばホテルの部屋における薬物の使用へと移行する懸念は指摘されてきました。

ただ、専用ハッテン場と薬物乱用が完全に切り離せないことも事実です。それはＨＩＶなどの性感染症の広がりについても同様です。

COLUMN

90年代後半に多発した「ホモ狩り」

97年頃から数年間にわたり、東京の複数の公園で、男性同性愛者を標的にした恐喝・殺人事件が何件も起こり、「ホモ狩り」と呼ばれました。この頃は、ホームレスなどの公園に集まる社会的弱者を標的にした襲撃事件が立て続けに起こっていました。

（『バディ』1998年8月号:28;2000年10月号:323；風間孝・河口和也（2010）『同性愛と異性愛』岩波書店：125-144.）

専用ハッテン場

専用ハッテン場の店内は薄暗く、パーテーションで区切られている。マナー上、客同士の大声での会話は禁止されている。

参考文献
*3 伏見憲明（1997）「ゲイの考古学」『バディ』3月号.
*4 石田仁（2019）「ハッテン場」綾部六郎・池田弘乃編『クィアと法』日本評論社.

HIVとエイズ

男性同士の性行為での感染が大多数

本書でHIV・エイズを取り上げるのは、現在、日本での感染が主に「男性と性行為をする男性（MSM※）」の間で起こっているためです。

◆HIV・エイズとは

HIVは、ヒト免疫不全ウイルスのことです。このウイルスは、病原体から体を守る機能（免疫機能）を持つCD4陽性T細胞に感染して、それらを破壊します。HIVが増殖すると免疫力が低下し、健康な状態では感染しないような病気にかかります。その代表的な病気が23種定められていて、1種以上を発症した状態をエイズといいます。

HIVに感染すると約2週間後に初期症状として高熱が出ることがあります。ただし初期症状を自覚しない人もいます。症状は、数日～数週間でおさまり、その後は自覚症状のない時期が続きますが、その間もHIVは体内で増加し、他者にも感染させる可能性が強まります。人によって違いはありますが、治療のための措置をとらない場合、感染から平均8年程度でエイズを発症するといわれています。

HIVは、男性同士の性行為と切り離すことができない問題です。

◆感染後すぐに検査してもわからない

感染の有無は血液検査でわかります。ただし性行為のすぐあとにはわかりません。ウイルスが粘膜から血流中に入り、血液検査に反応するまでに一定期間を要するからです。感染してい

※ MSM（Men who have sex with men）　男性と性交渉をする男性。ゲイやバイセクシュアルであると自己規定しているかどうかは問わない。

ても、検査では陰性の結果が出る時間を「ウィンドウ期」といいます。ＨＩＶの検査でわかるのは、ウィンドウ期より前の性行為の時点でＨＩＶウイルスに感染したかどうかです。「ＨＩＶ検査相談マップ」のサイトを見ると、検査機関は日本中にあり、土日に検査可能な機関があることもわかります。時間や場所が限られるものの無料で受けられる機関もあります。施設がどんな検査法を採用するかによってウィンドウ期は異なります。

HIVの新規感染者数の変遷

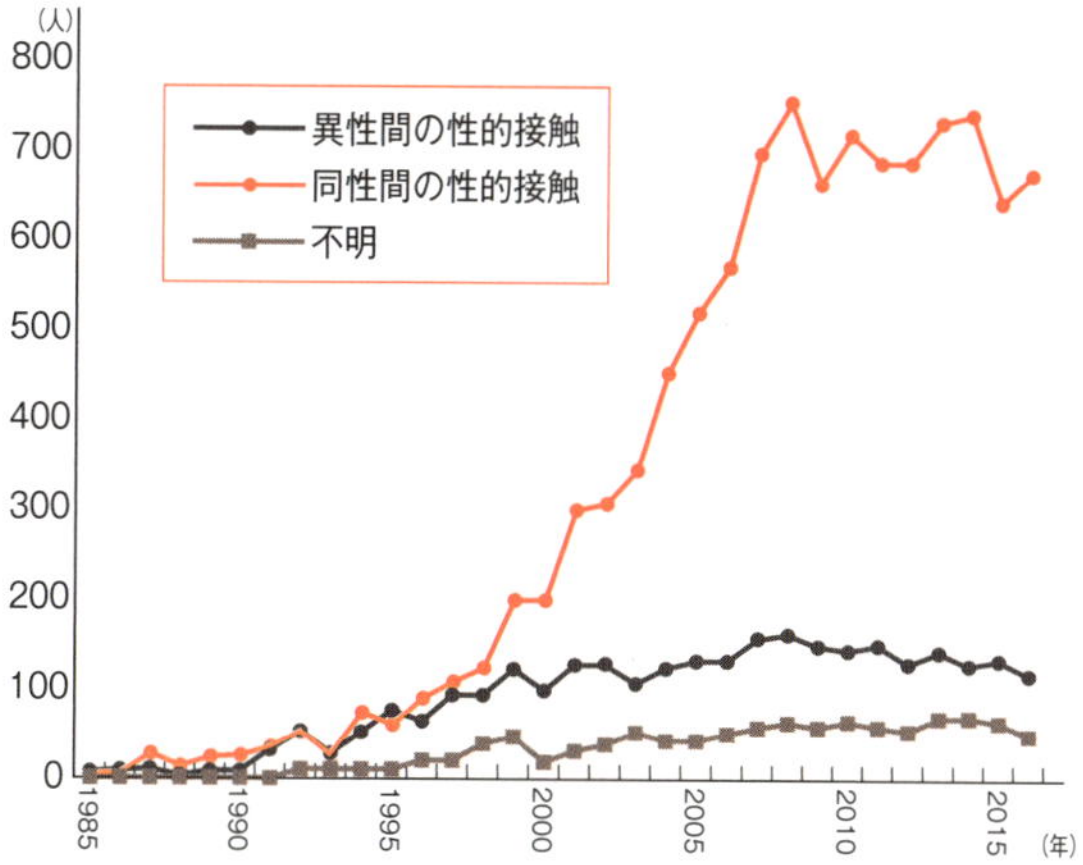

日本国籍男性の新規HIV感染者報告数の年次推移を感染経路別に示している。性的接触以外の経路による感染は除いているが、同性間の性的接触による感染がもっとも多い。

厚生労働省エイズ動向委員会 2017「平成28(2016)年エイズ発生動向年報」

HIVの検査法とウィンドウ期

血液中のどの抗体を調べるかによって、陽性反応が出るまでのウィンドウ期は異なる。

HIV感染

↓

4週間後 いずれの血液検査でも検出できない

↓

4週間+5日後〜 「NAT検査」で陽性反応

↓

4週間+15日後〜 「抗原抗体同時検査(EIA)」で陽性反応

↓

4週間+19日後〜 「抗体検査(PA·EIA)」で陽性反応

↓

4週間+19日以上後〜 「抗体検査(WB)」で陽性反応

プラスα 自己規定にかかわらず、男性と性行為をするすべての男性をHIV・エイズ予防対策の対象として適切に取り込むために、MSMという言葉が用いられている。

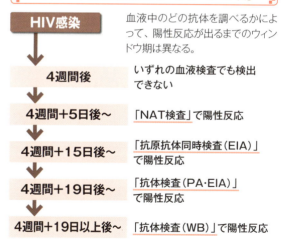

HIVとエイズ

HIVの感染がわかったら……

HIVがCD4陽性T細胞を破壊することによって免疫力が低下しエイズを発症しますが、破壊のスピードは体内のウイルス量に関係しています。このため、HIV感染者は定期的に専門の医療機関で血液検査をし、どのような治療が必要であるか判断してもらう必要があります。

◆制度を利用し、薬は規則的に飲み続ける

「抗HIV薬」を複数組み合わせてのみ続けることで免疫力を維持・回復する治療が行われています。しかし、完治することはありません。かつては「死に至る病」とされましたが、長生きも可能で、慢性疾患に近づいたと考える人もいます。薬をのんだりのまなかったりすると、薬が効かない、あるいは効きにくい「薬物耐性ウイルス」が増えるおそれがあり、95％以上の割合で、規則的に服用する必要があります。

　免疫力を維持することも重要です。免疫力が低下している感染者がウイルス性肝炎などの性感染症にかかった場合、治りにくかったり症状が重くなったりすることがあります。また、すでにHIVに感染していても、異なるタイプのHIVや薬物耐性のHIVに再度感染することもあり、それによって症状を悪化させることがあります。

　HIVの医療費は、福祉制度を利用して自己負担分を少なくすることができるので、医療ソーシャルワーカーやNGOの相談員などに、必

正しい知識を持つことは、偏見を防ぐことにもつながるね。

参考文献　ぷれいす東京（2013）『Living with HIV』.

要な手続きなどを具体的に相談しましょう。免疫機能障害の障害者雇用を利用して再就職活動をする人も多くなっています。

◆周囲の人々は先入観を排して対応を

周囲の人々はどのように対応すればよいでしょうか。ＨＩＶは感染者の精液、膣分泌液、血液、母乳に含まれていますが、一緒に風呂に入る、同じ鍋をつつく、同じ蚊に刺される、といったことでは感染しません。また、尿や唾液に含まれるＨＩＶはごく微量なため、そこから感染することはありません。しかし歯ブラシやカミソリは、出血の可能性を考慮して共有を控えるようにします。血液がついた衣類は、ほかの人の物と一緒に洗濯をしても構いません。

仕事に影響がない限り、病気はプライベートに類する事柄なので、感染の報告の義務は従業員にありません。長時間労働・仕事優先の日本では、何でも「仕事に影響がある」としがちですが、雇用主や上司は、それが情報開示の正当な理由になるのか、よく考えましょう。もし本人から報告を受けたら、まずは相手の話をよく聞いて、何を望み、何を望んでいないかを知ることが大切です。本人が望んでいないところで第三者に伝えることは厳に慎みましょう。

当事者の気持ちに寄り添う取り組み

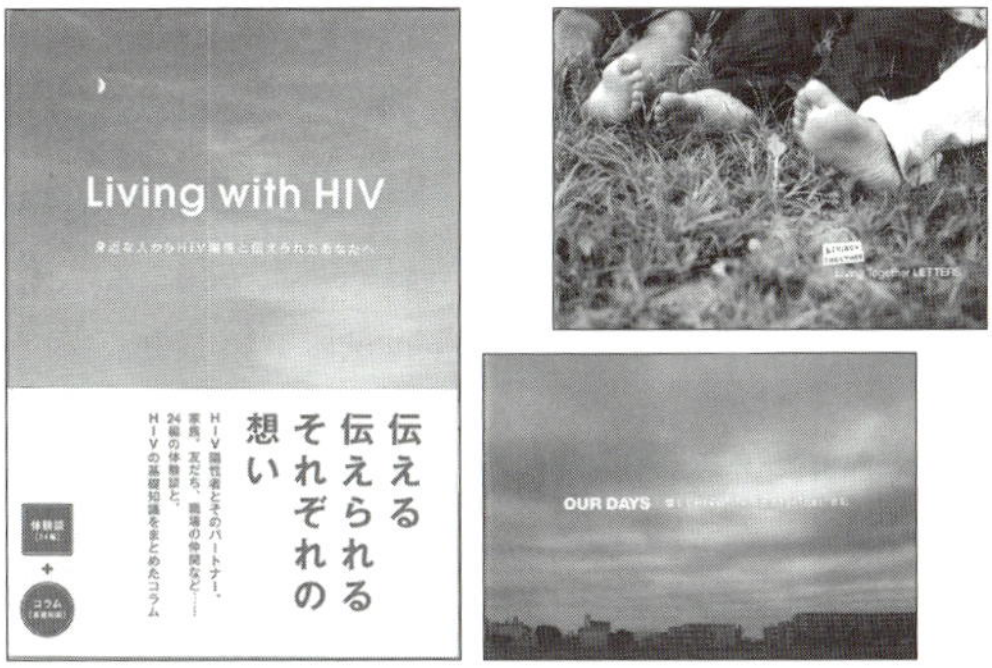

HIV・エイズとともに生きる人々の気持ちをつづった冊子が、多数発行されている。写真はその一例。
『OUR DAYS 僕らとHIVの“living together”日記』『Living with HIV』『Living Together LETTERS』（いずれもぷれいす東京刊）

プラスα 通院したり健康保険を使ったりすることによって、職場にHIV陽性者とわかることはまずない。（ぷれいす東京 2007『OUR DAYS』: 22.）

HIVとエイズ

感染拡大を予防する取り組みの模索

MSM関連の諸団体では、HIVの新規感染者数を減らすため、さまざまな取り組みが行われてきました。しかし211ページで推移を見たように、MSMの新規感染者の抑制は簡単なものではありません。

過去6か月間でアナルセックスをしたことがあるMSMで〝コンドームを常に使っていた〟と答えた人々は、[*1]調査回答者のうちの約3〜4割でした（グラフ1参照）。なお、アナルセックスの挿入側と挿入される側で比べた場合、後者の感染リスクは前者の約10倍といわれています[*2]。

◆コンドームをなぜつけないのか

コンドームの使用で、HIVを含む性感染症の感染を効果的に防ぐことができます。しかし挿入する側の中には、コンドームを使うと快感が減ると考える人がいます。挿入される側の中にも、ゴムが擦れることで痛みを感じるため、装着してほしくないと思っている人がいます。

また、MSMの一部ではありますが、薬物を用いながらセックスをする人もいます。薬物の作用で、興奮作用や酩酊《めいてい》感、多幸感が得られるからです。筋肉を弛緩させ、肛門性交をしやすくする作用を期待する人もいます。薬物を使用しているときは一般的に、安全なセックスへの意識は下がりがちであるといわれています。

薬物依存者向け民間支援施設の利用者と、HIVに感染しているMSMとを比べると、MS

感染予防の知識を広めるだけでなく、啓発の工夫も必要になるんだ。

参考文献 ＊1 日高庸晴（2015）『個別施策層のインターネットによるモニタリング調査』; 同（2018）『都市部の若者男女におけるHIV感染リスク行動に関する研究』、いずれも厚労科研費報告書.

HIV予防に関する実態と知識

［グラフ1］コンドームの使用状況（%）

●2014年のオープン型ウェブ調査

	回答者数	常用	常用でない	無（効）回答
10代	1,096	26.7	66.2	7.1
20代	8,351	30.4	62.7	6.9
30代	6,355	32.3	58.9	8.9
40代	4,122	32.4	54.9	12.7
50歳以上	897	29.6	54.1	16.3
全体	20,821	31.2	59.8	9.0

過去6か月間にアナルセックスをしたことがある全国在住のMSMのみの集計。（日高（2015：20）「Reach Online 2014」調査）

●2017年のクローズド型ウェブ調査

	回答者数	常用	常用でない
20代	20	35.0	65.0
30代	65	47.7	52.3
40代	106	36.8	63.2
全体	191	40.3	59.7

過去6か月間にアナルセックスをしたことがある都市部在住のMSMのみの集計。（日高（2018：32））

［グラフ2］HIV感染や予防についてどの程度知っているか*4（%）

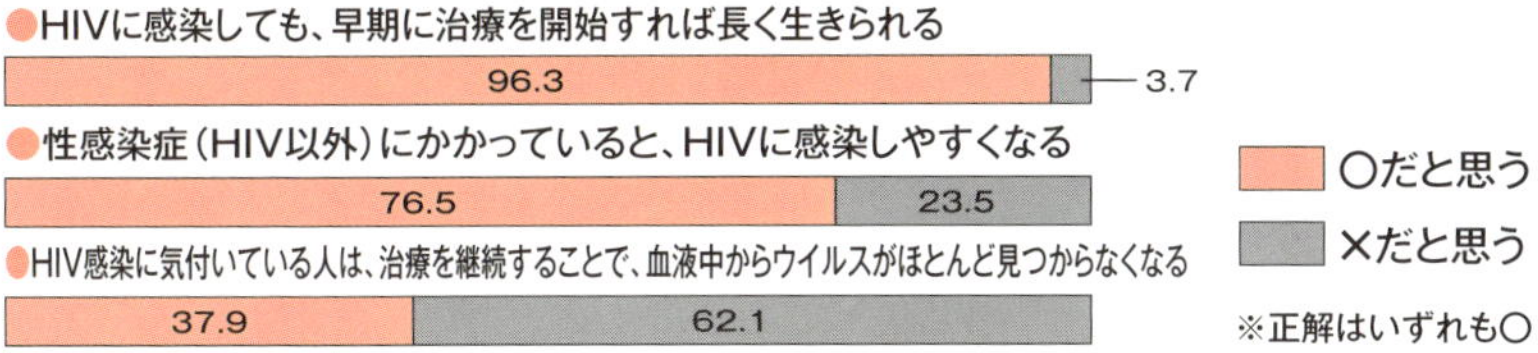
●HIVに感染しても、早期に治療を開始すれば長く生きられる
96.3
3.7
●性感染症（HIV以外）にかかっていると、HIVに感染しやすくなる
76.5
23.5
●HIV感染に気付いている人は、治療を継続することで、血液中からウイルスがほとんど見つからなくなる
37.9
62.1
○だと思う
×だと思う
※正解はいずれも○

Mの薬物問題は比較的軽症である例が多く、また、薬物は性交時のみの場面限定的な使用者が多いため、薬物を中止するための治療に取り組む動機を持ちづらい、という特有の課題を抱えています。*3

◆知識一辺倒ではない啓発の工夫が必要

研究者やMSM関連の諸団体が調査を進めてわかったことは、日本のMSMの間には、HIVや性感染症の知識はある程度浸透している（グラフ2参照）が、HIVの新規感染者数は大きく減少してはいない、ということです。

つまり、知識の浸透だけでは予防の効果があげられないことが明らかになっているのです。背景には、スティグマ（P78参照）、低い自尊心、差別を予測して感染者であることを隠し、適切な支援機関につながらないことなどが関係していると考えられています。このため、啓発の工夫が進められつつあります。

参考文献
*2 嶋根卓也（2016）「LGBTにおけるHIV感染症と薬物依存」『精神科治療学』31（8）：85.
*3 嶋根、同上：83-90. *4 ぷれいす東京（2018）『LASH調査報告書』：31.

ボーイズ・ラブ

女性が女性向けに描く男性同士のラブ＆セックス

◆ＢＬにはオリジナルと二次創作がある

ボーイズ・ラブ（ＢＬ）とは、女性が女性に向けて書く（描く）とされる、男性同士の恋愛やセックスの物語のことです。オリジナルと二次創作に分けることができます。オリジナルは、そのような物語を最初から意図して創られた作品のことです。

二次創作は、一般のマンガや小説などの原作からキャラクターを引用して、異なる絵柄や物語として描き直した作品を指します。こちらは、男性同士の恋愛を意図しないで書かれた原作を題材にとることが多く、男同士の友情やライバル間の競争、あるいは勝利というプロット（筋書き、物語）を、性愛的な親密性の高まりへと作り替えます。[＊1]

翻訳者の栗原知代氏とＢＬ研究者の溝口彰子氏の整理によれば、[＊2]ＢＬの展開は３期に分かれ、第１期が１９６８〜71年にあたります。なかでも、森茉莉の小説『恋人たちの森』が出発点になります。同作品を起点とする理由は、①主人公をヨーロッパ貴族階級とし、②片方の死による悲劇的結末が、それ以降の「美少年マンガ」と呼ばれた作品（『風と木の詩』など）にも多く見られ、③少年同士の恋愛を描きたいという作者自身の動機から作品が書かれているからで、これらがのちのＢＬ作品でもくり返されるモチーフとなったそうです。

マンガや
小説のBLは、
今では人気の
ジャンルだよね。

参考文献 ＊1 金田淳子（2007）「マンガ同人誌」佐藤ほか編『文化の社会学』有斐閣． ＊2 栗原ほか編（1993）『耽美小説・ゲイ文学ブックガイド』白夜書房；溝口彰子（2015）『BL 進化論』太田出版.

COLUMN

オリジナル作品もBL市場を意識し始めた

近年は、BL市場が大きなものであることを大手メディアも認識するようになりました。その結果、漫画やアニメーション、テレビドラマにおいて、男同士の友情や競争、あるいは兄弟の関係を、相手への“思慕”、すなわちBLへ書き換えやすい筋書きが増えました。二次創作させやすくすることで大元のコンテンツにも目を向けさせる戦略なのです。

年々人気が高まるコミケ

コミケは書店の流通ルートに頼らないため、アマチュアでも出店が可能。

作り手＝ 同人サークルに参加するアマチュアが多い

読み手＝ 来場して本を買う人

➡ **BLの普及に貢献**

◆ジャンル自体の評論「やおい論」が登場

第2期は78〜90年です。雑誌『JUNE』が刊行され、さらに、小説家の栗本薫氏などが投稿作品の論評を通して後続を育てるとともに、このジャンルを評論の対象にした「やおい論」を成立させました。同誌は海外ゲイ文学・ゲイ映画を紹介する拠点にもなりました。コミックマーケット（コミケ）の参加者が右肩上がりで増加し、作り手と読み手の裾野が広がりました。

◆メディア・ミックスや国際化が進んだ

第3期は、90年から現在までで、BLの一般化と商業化が進んだ時代です。90年代は雑誌の創刊や新たなレーベルの開始が相次ぎました。2000年以降のBLは、アニメ化や映画化といったメディア・ミックス戦略や、グローバル化、「ピクシブ」などのインターネット上での同人活動が一層進んでいます。

キーワード **コミケ** コミックマーケットの略。公的な略称はコミケット。日本最大の同人誌即売会。コミックマーケット以外にも大小の同人誌即売会は日本に多数存在する。

ボーイズ・ラブ

ボーイズ・ラブというジャンルをどう考える？

BLは、かつて「やおい」といわれていましたが、やおい（BL）をどうとらえるかについて、多くの見解が出されてきました。やおい論は、社会学者・金田淳子氏の整理をベースにすると、「なぜ」の問いと「どのように」の問いに大別され、研究のトレンドは、「なぜ」の問いから「どのように」の問いへと、徐々に移ってきました。

◆「なぜ」という問いは適切か

「なぜ」の問いは、書き手や読み手はBL表現をなぜ好むのかという立場から発せられます。この問いへの答えにはいくつかの種類があり、①逃避説……性は女性にとって不安や恐怖を伴って認識される。やおいはこの恐怖からの逃避である、②ミソジニー説……女性がミソジニー（女性嫌悪）を抱くと女性でない存在に自己同一化しようとし、それがやおい表現として現れる、③復讐説……男性を女性的な存在（「受《うけ》」）に貶《おとし》めて復讐をする、などが唱えられました。

こうした「なぜ」の問いは、精神分析的な考察を多用するために証明が不可能であることに加え、異性愛的な性愛表現を問うことがありません。ちょうど「なぜ同性愛者になったのか？」と突きつける側が「なぜ異性愛者になったのか？」と突きつけられることがまずないのと同じように、この問い方は、問う側を透明な存在にしたまま、問われる対象者を「特殊化」する

BLをどう捉えるかという研究が盛んに行われました。

参考文献　金田淳子（2007）「マンガ同人誌」『文化の社会学』；同（2007）「やおい論、明日のためにその2。」『ユリイカ』39（16）.

ものです。ともすると「BL好き」を逸脱としてとらえるネガティブな解釈を誘発します。

◆「どのように」は変革のきっかけになる

これに対して、「どのように」の問いは、〝BLをする〟という実践が、社会構造とどのように関連し、作品に映された社会構造を、登場人物がどう変化可能なものとして描き直せるかを検討するなどします。

たとえば、男同士の絆を男性同性愛的欲望として読み取らせない社会構造（P194参照）がBLの物語の背景社会として描かれている場合、それでもそこで男同士の登場人物が親密なふるまいをすることは、社会構造を変える1つのあり方ではないかと検討することができます。このタイプの問いでは〝BLをする〟という実践を、逸脱だとはとらえず、証明のできない精神分析に委ねる必要もありません。

“なぜ？”という問いは片道通行

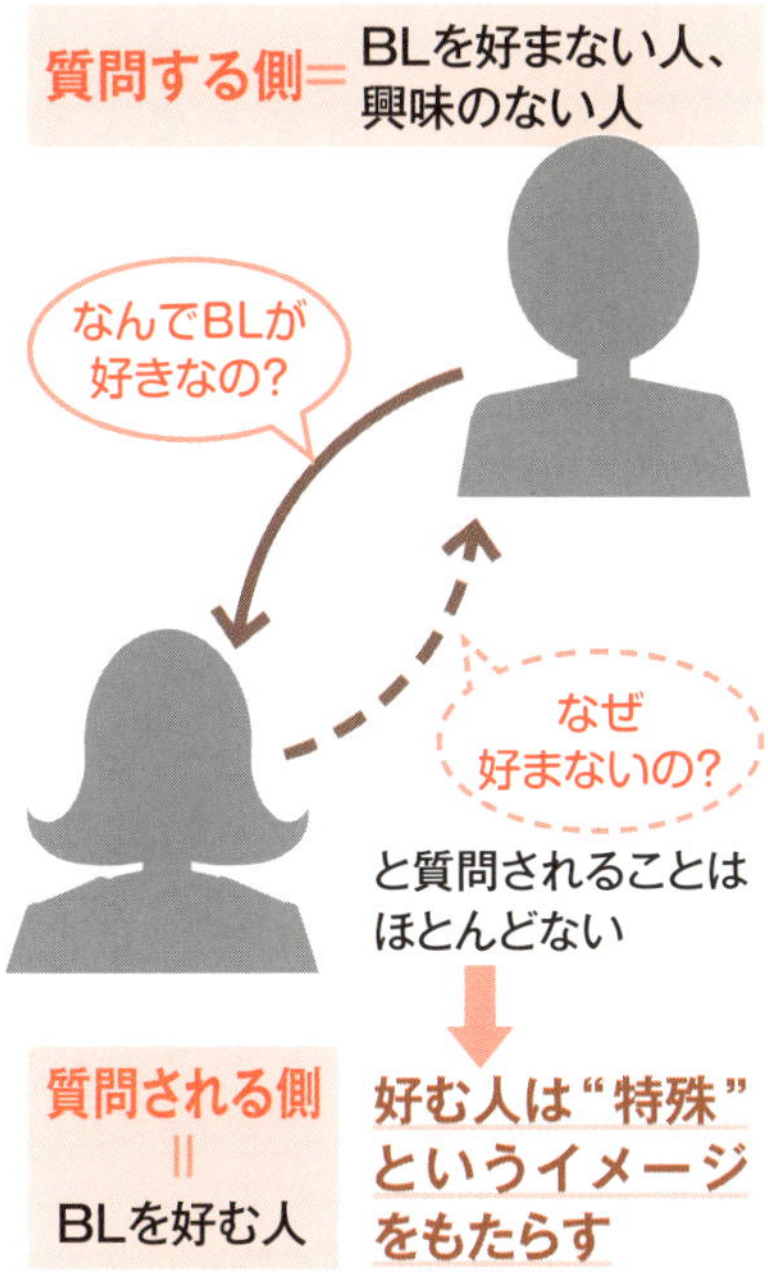
質問する側＝BLを好まない人、興味のない人
なんでBLが好きなの？
なぜ好まないの？
と質問されることはほとんどない
質問される側＝BLを好む人
好む人は“特殊”というイメージをもたらす

COLUMN

BL研究は豊かになった

ある分野について、「どのように」という問いを立てて答えていくには、ていねいな論証が必要となります。BLについても「なぜ」から「どのように」へと問いが移行したことで、証拠に基づいた分析が必要となり、BL研究はほかの人が検証することが可能な、前向きで豊かものになりました。

キーワード　やおい　オリジナル作品の作り手が合間に作った男性同士の性愛ものの二次創作を、「やまなしオチなし意味なし」と自嘲を込めて表現したその頭文字。

ボーイズ・ラブは「ゲイ」差別か

女性が男性同士の性愛関係を描き、消費することについて、少なくとも日本では何度か批判的な指摘が行われました。

◆「ヤオイなんか死んでしまえ」という批判

92年にフェミニズムのミニコミ誌『ショワジール』で、あるゲイ男性が「男同士のセックスを眺めてニタニタ喜んでいる（略）なんて気持ち悪い奴ら、こんな奴等死んでしまえ」と綴《つづ》り、その文章が掲載されました。翻訳者の栗原知代氏はこの投稿によって自分自身の欲望に向き合い、「やおい」は少女のための駆け込み寺であると考え（P218「逃避説・ミソジニー説」）、このジャンルを卒業することを決意したほどです。

溝口彰子氏は、やおい作品をつまびらかに分析し、同性愛嫌悪を持つ登場人物や、愛しているからこそ行われるレイプなどが定型化していることを指摘しました。論文が書かれた当時のBLでは、「ホモ」を「気持ち悪い」対象として登場させることが頻繁に行われていたように筆者も記憶しています。07年には筆者が、BLでは、「ホモ」や「ゲイ」を特定のイメージとして登場させたうえで、純愛の2人を際立たせるための道具して消費されている点を取り上げ、「表象の横奪《おうだつ》」が行われると指摘しました。

これを受けてマンガ研究家の堀あきこ氏は、やおいは女性が表現の主体となれるジャンルであり、男性向けの性表現では看過される関係性

BL作品が、男性同性愛への誤解を生んでしまう可能性もあるかな？

参考文献　『CHOISIR やおい論争合本』(1994)；溝口彰子「ホモフォビックなホモ、愛ゆえのレイプ、そしてクィアなレズビアン」(2000)『QUEER JAPAN』(2).

や物語性に価値を置く稀有《けう》な文化表現であることを、ジェンダーの視点から指摘しました。一方で、やおい作品の多くがゲイ同士の物語ではなく、異性愛者と自覚する男性がただ一人の男性とだけ恋愛関係になる、性的指向を超える「究極の恋愛」というファンタジックな設定であることから、やおいは「生身のゲイ男性を疎外する」差別であることも論じました。

また、先述の溝口氏は、最近では同性愛嫌悪について、単に物語から消去するのではなく、現存するそれらを登場人物が交渉し、社会にある嫌悪や規範を乗り越えようとするヒントを与えてくれるような作品が登場していることを指摘します。そしてそれらを「進化したＢＬ」と名付けています。

◆人気作品をどう分析するかが課題

とはいえ、非常に人気が出た作品（『富士見二丁目交響楽団シリーズ』『純情ロマンチカ』など）には、物語の抑揚づけとして同性愛嫌悪や暴力が軽々しく登場することも事実です。ポピュラーな作品とその受容をどう評価するかは、残された課題であると筆者は考えます。

社会の規範を乗り越えようとする作品

愛しのニコール

凪良《なぎら》ゆう（2016）、心交社

いじめを避けるために中学ではオネエのキャラ「ニコール」を演じた少年が、上京によって新しい生活を始める。都会生活の中で手にする成長と恋の物語。

同級生

中村明日美子（2008）、茜《あかね》新社

優等生とバンド活動に勤しむ少年の、合唱祭を通じた出会いと別離の葛藤を描く。優等生にひそかに想いを寄せる教師を含めた三者の心理が展開される。

参考文献 石田仁（2007）「『ほっといてください』という表明をめぐって」『ユリイカ』39（16）；堀あきこ（2010）「ヤオイはゲイ差別か？」好井裕明編、P195前掲；溝口（2015）、P216前掲.

COLUMN

石田先生と一緒に考えてみよう

「故郷を帰れる街にしたい」と活動する人たちの想い

本章はこれまでの入門書があまり取り上げなかった性のことを書いていますが、それでも書き切れなかったことがあります。その1つに「都市と田舎の差」があります。都市は目的を持って集まる人々の出会いを容易にし、欲望を「消費」という方法で形にして提供します。

それはセクシュアリティにとどまらず、ジェンダー表現についても当てはまります。すべての行動に地縁・血縁の影がついてまわる田舎とは異なり、都会は“無関心であれ”という流儀に覆われています。都市は自由です（お金さえあれば）。

ですから昔の本には、「田舎で暮らしにくかったら、親と縁を切りなさい、ともかくも上京しなさい。」という指南がしばしばありました。富と雇用が都市に集中している現在です。もしかしたら、昔より一層真実味を持ったアドバイスかもしれません。

そんななか、帰りたくても帰れない故郷を、帰ることができる場所にしたいという思いから、故郷に戻り活動し始めた人々がいます。これまで、上京した性的マイノリティは、故郷の自分と都市の自分の2つの自分が帰省のたびにバラバラになりそうになりながら、危うく胸中に気持ちをおさめてきました。新しい動きに、敬意を表さずにはいられません。

特別編

LGBTについて調査・研究するとき

調べ学習を始める前に

調査を正しく読み取り、適切に実施する力を身につけよう

◆「調査の仕方」を取り上げる理由

この本では、LGBTの入門書としては珍しく、「調査の仕方」を取り上げます。「LGBT」そのものを知るだけでなく、「知るための方法を知る」技術を身につけることもめざしました。それにはいくつかの理由があります。

1つには、「調べ学習」の増大です。学校教育で、調べて学ぶスタイルが広がったのはよいことですが、一方で、十分な下調べを欠いた安易な調査の実施が問題になっています。

2つめには、LGBTに関する各種調査データの充実が挙げられます。かつて、同性愛や性別越境に対しては、分類で終わったりあるべき姿を論じたり、社会の不公正を衝《つ》いたりすればよかったかもしれませんが、調査データの蓄積が進み、データに基づいた議論が必要とされるようになりました。このとき、データがどのようにして得られたかが分かれば、データの質を判断するうえで、非常に役に立ちます。たとえば、「LGBTは13人に1人」という調査結果を、私たちはどこまで信用してもよいのでしょうか。本章はこの問いに「調査を知る、調査をする」という側面から答えを提示するものです。

◆調査の方法には量的と質的がある

さて、各節に入る前に調査方法の最低限の分類をしておきましょう。

キーワード　調べ学習　資料から情報を収集・選別して、自分の考察をまとめるといった学習活動。文部科学省は小学3年生から取り組むことを推奨している。

調査には、「量的調査」と「質的調査」があります。「量的調査」とは、人々の意識や実態を数値で計測し、統計的に処理することで、集団や社会のあり方を記述したり推測したりする手法のことです。インターネット調査会社の成長や、セルフアンケートシステム（P244参照）の整備などから、LGBTに関しても多数の量的調査が行われるようになりました。

他方で「質的調査」とは、それ以外のやり方を指し、人々の語りや行動、あるいは雑誌・新聞記事などを、原則的には数量を介さない方法で集め、分析する手法です。インタビュー、フィールドワーク、会話分析、言説分析、テキストマイニングなどがあります。

さまざまな質的調査

□インタビュー

対象者の個人史や出来事を聞き取って記述する方法。

□フィールドワーク

比較的長期間対象地域に入り込んで観察し、そこに住む人々を観察したり、言質を得たりする方法。

□会話分析

会話のやりとりを、沈黙や言いよどみ、発話の重なりなどを含めて文字起こしをし、分析する方法。

□言説分析

ある現象の語られ方を比較的長い時間の中でみて、語られ方のパターンの変化などを追う方法。

□テキストマイニング

ある単語とある単語が同時に登場する現象（共起《きょうき》※）などを、パソコンソフトを用いて明らかにする方法。

※共起　1つの文の中に、ある単語とある単語が同時に出現すること。たとえば、「選挙」と「出馬」や、「LGBT」と「自分らしく」など。

調査結果を正しく読みとく

「13人に1人はLGBT」という数字を信じてもよい？

◆広告代理店や連合の調査

２０１０年代の「ＬＧＢＴブーム」の一端を担ったのは、間違いなく広告代理店の調査です。まずは電通が２０１２年と15年に調査を行いました。「体の性別が男性・心の性別が男性・好きになる（恋愛対象となる）性別が女性」、あるいは「体の性別が女性・心の性別が女性・好きになる性別が男性」（シスジェンダー―ヘテロセクシュアル）のどちらかにあてはまらない人が、２０１２年では、有効回答者中5.2％（６万９７８９名中３６３７名）を占め、２０１５年では、7.6％を占めたと発表しました。

加えて２０１６年には博報堂ＤＹグループＬ

主な調査とその結果

きっかけとなった **[電通総研 2012調査]**

LGBT 当事者のライフスタイルや生活意識の傾向を理解する目的で、全国 20 ～ 59 歳のウェブモニタを対象に行った量的調査。

出現率（69,789 人中）

LGBT…………5.2％（3,637 人）

内訳		
	L	…………0.1％（83 人）
	G	…………0.3％（196 人）
	B	…………0.7％（513 人）
	T	…………4.1％（2,845 人）

プラスα　これらの調査はウェブモニタ（P228 参照）を対象にしている。一般的に、ウェブモニタにおける 50 代以上の比率は大幅に少なくなるため、対象者を 59 歳までに絞ったと考えられる。

GBT総合研究所が、約10万人を対象に実施した同様のスクリーニング設問を実施した結果、LGBTに該当する人が5.9%、アセクシュアルなどのその他の性的マイノリティに該当する人は約2.1%を占め、性的マイノリティ全体では8.0%であるとする数字を発表しました。

さらに同年には労働組合の1つの中央組織である連合が、有職者に向けて調査を行い、性的マイノリティの回答者は8.0%と発表しました。

◆額面どおりに受け止めるのは要注意

これらの結果から、日本における性的マイノリティやLGBTの人口は「7~8%」であるとする見解が広く行き渡り、「LGBTの人々は13人に1人」「クラスに2~3人はいる」といった表現を、新聞記者も書くようになりました。しかしこの数字を額面どおりの「LGBT人口比」としてとらえてよいのでしょうか。考えていきましょう。

[電通ダイバーシティ・ラボ LGBT調査2015]

全国20~59歳のウェブモニタ69,989名を有効回答者とした調査。

レズビアン(女性の同性愛者) 0.5%、ゲイ(男性の同性愛者) 0.9%、バイセクシュアル(両性愛者) 1.7%、トランスジェンダー 0.7%、その他 3.8%……

[博報堂DYグループ 2016年度LGBT意識行動調査]

全国20~59歳のウェブモニタ89,366人を有効回答者とした調査。

LGBTに該当する人は約5.9%(レズビアン:1.70%、ゲイ 1.94%、バイセクシュアル 1.74%、トランスジェンダー 0.47%)、またLGBTに当てはまらないAセクシャルなどその他のセクシャルマイノリティに該当する人は約2.1%……

[連合 LGBTに関する職場の意識調査(2016年)]

全国の20~59歳のウェブモニタ1,000名を対象者とした調査※。

「LGB」(レズビアン、ゲイ、バイセクシュアル)が3.1%、「トランスジェンダー」1.8%、「アセクシュアル」2.6%、「その他」0.5%で、LGBT当事者等(性的マイノリティ)は8.0%……

※民間企業等の職場における意識を把握することが目的のため、自営業者(家族従業者含む)、家内労働者は調査対象者から除かれている。

「モニタ型ウェブ調査」の結果は、日本全体の結果とはいえない

◆ＬＧＢＴ調査はモニタ型ウェブ調査の結果

前項目で紹介した電通、博報堂、連合調査はすべて「モニタ型ウェブ調査」という手法で行われています。モニタ型ウェブ調査とは、インターネット調査会社が数万～百数十万人という自社の登録者（モニタ）を持っていて、その人たちにだけ回答の協力を依頼する調査のことを指します。広く一般から回答者を募る「オープン型ウェブ調査」との対比で「クローズド型ウェブ調査」といういい方もあります。

モニタ型ウェブ調査はおおむね下図のような流れを経ます。226～227ページの電通と博報堂の調査の場合、②の段階でそれぞれ5.2％、7.6％、

モニタ型ウェブ調査の流れ

①調査対象者のみにメールなどで回答協力の依頼を発信する

たとえば「自社保有モニタのうち20～59歳のみ」というように、調査対象者のみにメールなどで回答協力の依頼を発信する。

②メールを見たモニタがスクリーニング（選別）質問に答える

特定の条件に沿ったサンプル（回答）を効率よく抽出するため、実際の調査（「本調査」）を行う前に、まずはモニタに数問のスクリーニング設問を回答してもらう。

キーワード　**代表性**　調査対象者全体（たとえば日本国民）の中から抽出された一部の対象者の回答結果が、調査対象者全体を、偏りなく正確に反映できている場合「代表性がある」という。

8.0％ということです。連合の場合は、④の結果として8.0％という数字が得られたということです。つまり、広告代理店の2つの調査と連合調査は、比率が似ていますが、違う過程から得られた数字なのです。

◆モニタ型ウェブ調査は日本全体を代表しない

いずれの調査も、インターネット調査会社のモニタを利用しています。しかしこの方式の調査は、調査する側が知りたいと考える社会集団全体から、誰もが等しい確率で選ばれる確率標本抽出（P112参照）を経て得た数値ではありません。「7.6％」の「LGBTなど」が「出現」したからといって、日本のLGBT等の比率が「7.6％」であるとはいえないのです。モニタ型ウェブ調査の調査結果をそのまま日本全体の人口比や傾向に置き換えて論じることはできない、すなわち結果に代表性はないという事実をしっかりと押さえましょう。

③

スクリーニング設問を通過した人だけが、本調査の質問に答える

スクリーニング設問の回答者の中から、今回の調査目的に合致するモニタを絞る。そのモニタのみ、本調査の設問に進ませてさらに回答してもらう。

④

本調査の有効サンプル（回答）数が目標に達したら、調査を終了する

本調査の有効サンプル数が目標数まで達したら、ウェブ調査画面をクローズさせる。達しない場合は①に戻り、再度の協力依頼を発信する。

キーワード　スクリーニング設問　アンケートの本格的な調査を行う際に、職業、関心などの特定の条件に該当する対象者を絞り込むための、前段階となる設問。

どんな目的のためにどういった方式で回答者を集めた調査なのかに注目しよう

モニタ調査で得た結果が日本全体を代表しないといえる理由はもう1つあります。それは、これらの調査は「割り付け法」で行われているところにあります。「割り付け法」というのは、ある群の人々を何サンプル（何％）得るのかということをあらかじめ決めておく調査の手法です。割り付け法には、各群を均等に割り付ける方法と、不均等に割り付ける方法があります。

◆市場調査で好まれる「均等割り付け」

均等割り付けは、たとえば連合の2016年調査が該当し、20、30、40、50代の男女を各250サンプルずつ、男女の回答者を500サンプルずつ、計千サンプル得るように設計されています。

電通2012年調査の「本調査」にあたる部分も割り付け法の変形です。シスジェンダーでヘテロセクシュアル（電通は「一般」と表現）の回答者を、電通は20～30代男性、40～50代男性、20～30代女性、40～50代女性の各群で各75サンプル、合計300サンプル得て、他方、「LGBT等」に該当する対象者を20～30代と40～50代とで各250サンプル得るように設計していると推測されます（有効回収数は244／246サンプルです）。

均等割り付けは、各群を十分なサンプル数（200対200など）にしておいて、群間比較を統計的に行いやすくするためと考えられ、市場調査で好まれる手法です。「A商品を見たモニタよりB商品を見たモニタのほうが好感度が高い」など、

キーワード　**市場調査**　商品開発や販売促進などの目的で、市場の動向をとらえるための調査。マーケティングリサーチ会社や広告代理店、シンクタンクなどで行われることが多い。

均等割り付けと不均等割り付けの違い

例 20～59歳の100名からデータを集める

均等割り付けにすると

20代	25名
30代	25名
40代	25名
50代	25名

人口に応じて不均等割り付けにすると

（2018年3月人口比）

20代	20名
30代	24名
40代	30名
50代	26名

年齢層によって人口は異なる。このため、確率標本抽出はできないが社会集団の傾向を調べたい場合、人口比に応じて不均等割り付けをすることが多い。均等割り付けにすると、人口のもっとも少ない20代の回答が強く反映され、偏った結果になってしまう。

商品を開発する途中で反応を見るためのテストなどに使われます。しかし市場規模は算出できません。

たとえ「一般群」と「LGBT群」の比較の結果〝自宅でのアルコール飲料代が一般より月額平均で642円高い〟ことが明らかとなっても（電通2012年調査）、「LGBT出現率」「5.2%」にかけ算して、自宅でのアルコールの「レインボー消費（P158参照）」の市場規模が千数百億円ある、と言うことはできないのです。

◆社会調査で好まれる「不均等割り付け」

他方で、不均等な割り付け法は、人口比に沿って割り付けをすることがよくなされます。たとえば日本の20～59歳の人口中、20代が20%、30代が24%を占めるのならば、サンプル比率も20代を20%、30代を24%にします。この手法は、何らかの事情で確率標本抽出ができない社会調査で行われます。

キーワード **社会調査** 社会で起こるあらゆる事象について、現地調査やアンケート調査などで直接データを収集し、科学的に分析する調査。社会のあり方を記述・推測する目的で行われる。

調査結果を正しく読みとく

モニタ型ウェブ調査の回答の質が問題になっている

◆モニタ型ウェブ調査の回答者は急ぐ

モニタ型ウェブ調査は、従来の質問紙ベースの市場調査や社会調査と比べて格段に安く、さまざまな人々を対象にできるため、近年大いに普及しました。ＬＧＢＴに関する調査でも、「ＬＧＢＴなど」とみなせるような回答者を、大手の調査会社であれば、数百人、数千人と集められる可能性を示しました。しかしその反面、回答の質が問題になっています。

割り付け法が主流のモニタ型ウェブ調査では、目標回収数に達したら回答協力の募集を終了します。モニタは回答謝礼として、調査会社からポイントをもらいます。スクリーニング設問に答えるとだいたい数円分のポイントが付与されます。本調査に最後まで答えるとその7〜15倍程度のポイントが付与されます。ポイント二段階制と呼ばれます。

◆〝ポイントゲッター〟を防ぐしくみが必要

これらのことから、ポイントが欲しい回答者は回答を急ぎます。たとえば選択肢すべてに「1」を選ぶなどの「ストレート回答」がありえます。かなり多くの回答者が調査文を読み飛ばしているという研究があります（左ページ参照）。得られるポイントの差は大きいため、スクリーニング設問を突破するために、偽りの回答をする可能性もあります。モニタの1週間あた

参考文献 ＊1 大隅 昇（2004）「インターネット調査の何が問題か」『新情報』(91).

りの回答頻度は高く、職業回答者化しているという指摘があります。[*1]複数アカウントを用いた同一人物の回答も懸念されるところです。

調査をする側は、トラップ設問（「この設問には一番右側の選択肢を選択してください」など）を時々設けて、従わなかった回答者を分析から除外する必要があります。スクリーニング設問の段階においては、誰を本調査の対象とするか回答者にわからないようにするために、複数のダミー設問を入れるのがよいでしょう。

インターネット調査会社は、「所要時間が短すぎる回答や顕著なストレート回答は納品から除外している」「トラップ設問はモニタと調査会社の関係を悪くする」と主張します。しかし通常の除外率は全サンプル中2％程度であり、不誠実な回答の比率はもっと多いというのが筆者の印象です。回答されたデータの信頼性そのものを高めるならば、モニタの質の向上に真剣に取り組む時期に来ていると感じています。

ウェブ調査の読み飛ばし率の実験

実験の方法　ウェブ調査会社であるA社とB社のモニタに回答を依頼。[*2]

結果　下記スクリーニング設問の読み飛ばし率　A社…51.2％　B社…83.8％

あなたの日常的な行動についておたずねします

（略）意思決定過程の研究のため、あなたの意思決定者としてのある要素を知りたいと考えています。つまり、あなたがこの指示を時間をかけてよく読んでいるかどうかに興味があるのです。もし誰もこの指示をお読みになっていないとしたら（中略）われわれの試みは効果を持たないからです。そこで、あなたがこの指示をお読みになったなら、以下の質問には回答せずに（つまりどの選択肢もクリックせずに）次のページに進んでください。よろしくお願いします。

	1 あてはまらない				あてはまる 5
さまざまな意見を聞いたり議論したりすることが楽しい	1	2	3	4	5
政治や経済など、社会の出来事や状況に常に関心を持っている	1	2	3	4	5
自分の知識や経験を社会のために生かしたい	1	2	3	4	5

参考文献 *2 三浦麻子・小林哲郎（2015）「オンライン調査モニタのSatisficeはいかに実証的知見を毀損するか」『社会心理学研究』31(2)：1-12.

自分で調査を行う

当事者に協力してもらう場合は、「調査公害」に気をつけよう

中学・高等学校・専門学校・短大・大学・大学院などで、LGBTをテーマに取り上げ、当事者にたずねる形での調査が増えたということを耳にします。自由研究や文化祭展示、ゼミ・レポート、卒論、修論などにしてまとめ、発表するようです。1990年代の「ゲイブーム」期でも似たような状況があったようですが、2010年代中頃からの調査の増加は「LGBTブーム」に加え、インターネットの普及や「調べ学習」の定着とも関連があるかもしれません。

◆困惑する当事者の人々

メールを出してたずねたり、直接人に会って話を聞いたりする形での調べ学習は、本や資料に書いてあること以上の内容を知ることができます。また人とやりとりすることで、文字情報以上の手がかりを感じとることができます。

とはいえ、安易な調べ学習が増えて、当事者、特にLGBTに関する実務家や社会運動家が困っていることもしばしば耳に入ってきます。具体的には、「調べればすぐにわかる事実を聞いてくる」「すでに本人が著作などで書いていることを聞いてくる」「最低限の差別語への認識すらない」「丁寧語が使えない」「メールに発信者の名前や件名がない」「やりとりが途中でフェードアウトする」「内容チェックを依頼せずに発表してしまう」「成果物を送ってこない」など、挙げればきりがありません。突撃・安易・不勉強・不

キーワード　ワンショット・サーベイ　調査の準備が十分でなく、一度きりで振り返りを行わない「やっつけ」的に行う調査に対する批判的な表現。

しつけという特徴がみられます。

◆「やってみた」ではいけない

「とにかくやってみた。そして振り返りを行わない」調査の姿勢を、社会学者の佐藤郁哉氏は「ワンショット・サーベイ（一発勝負型調査）」として批判します。[*1] 調査は動画のネタ投稿と同列ではありません。調査には必ず相手方が存在します。問い合わせやインタビューは、相手の時間をうばっているという基本的認識を持ちましょう。

調査が増加することなどによって人々に迷惑をかけることを指して「調査公害」[*2]という表現もあることを知りましょう。

調査前の準備

☑LGBTの基本的な知識を学ぶ

調査の最大の目的は、資料ではわからないことを聞くこと。本や資料で基本的な知識を学んでおくことで、取材で聞きたいことも絞られてくる。

☑著作がある場合は目を通しておく

調査対象者が書いた著書や記事には、目を通しておく。著作を読めば済むことばかりを聞くなら、インタビューする意味はない。

☑差別語を使わないようにする

LGBT関連の用語の中には、「オカマ」「ホモ」など差別的に使われてきた表現も多い。取材時には絶対に使わない。

参考文献
＊1 佐藤郁哉（2008）『実践質的データ分析入門』新曜社：112.
＊2 浅井晃（1987）『調査の技術』日科技連出版社：257-8.

自分で調査を行う

信頼できる本を読んでしっかり下調べしよう

◆図書館横断検索を使いこなそう

ＬＧＢＴの当事者にアンケートやインタビューをする前には、しっかりと予習をしましょう。一番はじめの取りかかりは、ウィキペディア※でも構いませんが、間違いも多いので、必ず書物にもあたりましょう。ＬＧＢＴに関する本を紹介する本を読むのも有効です（下図参照）。

資料を探すとき、地域の図書館や所属する学校にＬＧＢＴの本が十分にないからといって、あきらめるのは早すぎです。図書館をまたいで検索できるデータベースのウェブサイトがあります。大学生ならば、全国の大学図書館の横断検索である「CiNii Books」を使ってください。

資料本探しに役立つ１冊

原ミナ汰・土肥いつき編著（2016）

『にじ色の本棚―LGBT ブックガイド』

（三一書房）

46 人の執筆者が、LGBT に関する自伝的ノンフィクション、コミック、小説、社会・歴史書など、全 72 冊を紹介している。巻末には、詳細な「性的マイノリティ関連の年表」を掲載。日本図書館協会選定図書。

※ウィキペディア　ウィキペディア財団が運営しているインターネット百科事典。サイトにアクセス可能なすべての人が、無料で自由に読め、編集にも参加できる。

論文なら「J-STAGE」で検索できます。地域の図書館を使っている方ならば、「カーリルローカル」のサイトで都道府県を指定して検索してください。相互貸借といって、こうした横断検索サイトで探し、いつも利用している図書館でほかの図書館から本を借り受けるサービスがあるので、遠くの図書館の資料も活用できます。

◆信頼できる資料を探すコツ

本はできるだけ研究書を読みましょう。各章や本の最後に、文献リストが載っています。そのリストは、取り上げるに値すると研究者が考えた重要な情報です。おそらくそこには、これまで探し出せなかった論文が載っています。

入門書や一般書しか見つからない場合でも、信頼できる本かどうかを知る手がかりがあります。本の中で、別の本を引用しているところを探しましょう。ページ数まで書いて引用している本の場合は、その本の信頼度が高くなります。

資料本を読みたいときに役立つデータベース

地域の図書館を利用する場合

カーリルローカル（図書館横断検索）
https://calil.jp/local/

大学の図書館を利用する場合

本を探す CiNii Books
https://ci.nii.ac.jp/books/

論文を探す J-STAGE
https://www.jstage.jst.go.jp/

プラスα 図書館を在校生以外の市民にも公開している大学もある。使用条件は各大学によって異なるので、事前に調べてから利用しよう。

自分で調査を行う

図書館で過去の新聞記事や雑誌記事を探そう

◆新聞や雑誌の記事も活用できる

横断検索や相互貸借ではない方法でも、ＬＧＢＴの記事に触れることができます。

新聞は全国紙やブロック紙ならば、データベースが提供されています。大きな図書館であればそのデータベースを利用する環境が整っています。検索の対象が記事のタイトルだけなのか、記事全体もできるのかは、記事の書かれた時代によって違います。年月がわかっていてデータベースで拾えない場合は、新聞の縮刷版※の索引からあたります。

雑誌の記事は通常、記事の１つ１つがデータベース化されていません。雑誌記事の検索には、

LGBTの資料探しに役立つ施設

●**日本性教育協会（東京都文京区）**
http://www.jase.faje.or.jp/

休館日　土曜日・日曜日・祝日、年末年始・ゴールデンウィーク・夏季（お盆）休業など　※会議等のための臨時休室あり

開館時間　10:30～17:30

国内外の性教育、性科学などに関する約6万点の本や雑誌記事、新聞記事、映像資料を収蔵。性教育や性科学に関する調査や研究のための利用に限り、閲覧可能。電話予約が必要（03-6801-9307）。

※縮刷版　新聞や辞書などの印刷資料を縮小して印刷し、判型を小さくして刊行したもの。縮刷版の新聞はおよそ月に1回のペースで刊行され、図書館などで閲覧できる。

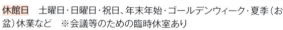

私立図書館「大宅壮一文庫」が提供するデータベース「Web OYA-bunko」を用います。ただし自治体の図書館や大学の図書館がこのデータベースと契約していることが必要です。まずは近くの大きな図書館に問い合わせてみましょう。

◆資料館や国会図書館にも足を伸ばしてみよう

もっと深くLGBTを調べるなら、東京都文京区の日本性教育協会の資料室に行ってみましょう（要予約）。開架式で、性に関する書物を一度に目にすることができます。SM雑誌や初期のゲイ／レズビアン雑誌・女装雑誌を探したい場合は、東京都新宿区の風俗資料館が適切です（有料）。公開されているウェブデータベースの利用は無料です。

長い休みを利用して、国会図書館に足を運ぶのもよいかもしれません。18歳以上ならば国籍を問わず誰でも利用できます。なお、国会図書館のサイトでは、雑誌の記事単位の検索もできますが、網羅的にヒットするようにはまだなっていません。

●国立国会図書館（東京都千代田区）

http://www.ndl.go.jp/

休館日　日曜日、国民の祝日・休日、年末年始、第３水曜日など

開館時間　9:30～19:00（土曜日は17:00まで）

国内外の資料4千万点以上を収蔵。満18歳以上の人は誰でも入館・利用可能。学校のレポート作成や卒業論文執筆などの調査研究のために、国会図書館にしかない資料を利用する必要があると認められる場合には、18歳未満でも利用できる。関西館（京都府相楽郡）から、本館に資料を取り寄せることもできる。

●風俗資料館（東京都新宿区）

http://pl-fs.kir.jp/pc/

休館日　木曜日・日曜日、年末年始など

開館時間　10:00～18:00（金曜日は21:00まで）※女性限定の曜日・時間帯あり（ウェブで確認できる）

日本で唯一のSM・フェティシズム専門の図書館。昭和20年代創刊の『風俗奇譚』『奇譚クラブ』『風俗草紙』『風俗科学』『裏窓』や、現在出ている各種SM雑誌まで、約1万7千冊の蔵書がある。1日入館料5,500円。

キーワード　**国会図書館**　日本国内で出版されたすべての出版物を収集・保存する国立図書館。資料の貸し出しは行っておらず、図書館内で閲覧するか、必要なページのみ複写を申請する。

自分で調査を行う

当事者にインタビューをして、貴重な声に耳を傾けよう

◆相手に合わせられるように、準備が必要

時折、「何も先入観なく聞いたほうがよいから」と言って、下調べなしでインタビューする人がいます。インタビューに協力する側は、慣れていなければとまどいますし、慣れている場合はいつもしている話（「結晶化された語り」）をくり返して終わりとなり、うまくいきません。「調査公害」にならないためにも、事前によく下調べをし、相手の語りを広げていきましょう。

◆クリティカル・パスとインタビューシート

情報を下調べしたあとは、聞きたい内容を整理する準備をします。①まず聞きたいことを思

インタビューのボディを考えよう

左上から右下に進むインタビューが理想だが、インタビューは相手あってのもの。臨機応変に行おう。

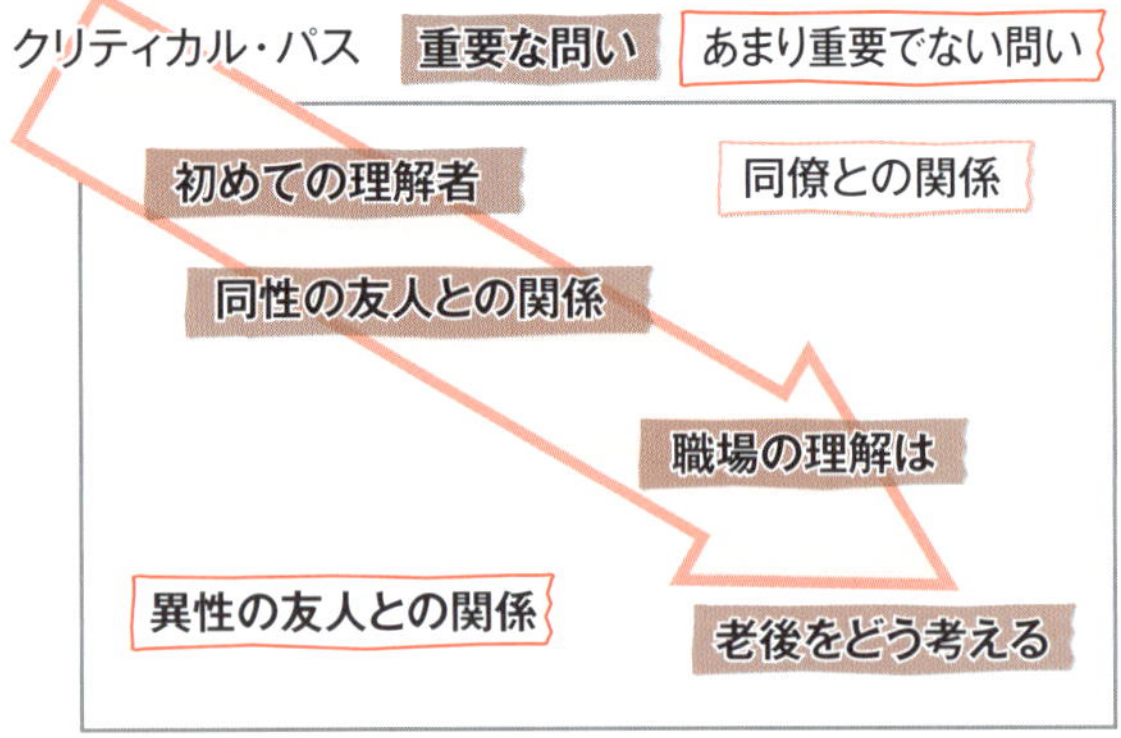
クリティカル・パス
重要な問い
あまり重要でない問い
初めての理解者
同僚との関係
同性の友人との関係
職場の理解は
異性の友人との関係
老後をどう考える

プラスα 「調査」や「面接」という言葉に、「取り調べ」や「上から目線」を連想する人もいるので、「お話をうかがう」などの表現を使って依頼するのがよい。

いつくままにふせんに書き出します。②次に大きな紙に、関連し合うふせん同士を近づけて貼っていきます。③そのあと別の大きな紙に、取りかかりとなりそうな質問を左上に、センシティブな質問を右下にくるように貼ります（P240図参照）。①や②を飛ばして③をいきなりやると、浅いインタビューになるのでおすすめしません。左上から右下への流れをクリティカル・パスといい、この対角線がインタビューのボディになります。実際のインタビューでは相手の反応に合わせて臨機応変に質問順を変えます。

インタビューでは、質問をタイル状に書き抜いたインタビューシートを手元に用意します。録音する場合は、協力者の同意をとってから行います。インタビューのあと、音声の文字起こしはできるだけ早く行い、協力者に修正やプライバシー保護を要する箇所はないか、確認をあおぎます。報告書や論文ができあがったら、少していねいな礼状をしたためて送ります。

インタビューシートの記入例

今の学業・仕事 接客（4年目） 3分30秒	同僚との関係 良好 7分
職場の理解は	同性の友人
異性の友人	初めての理解者 幼なじみ（同性） 16分、52分
…………………	老後をどう考える

1人でインタビューをする際はメモを取るのが難しいため、音声録音し、インタビューシートに経過時間を中心に書き込んでおくと便利。音声文字起こしはできるだけ早くに行う。

プラスα インタビューの場所は、相手の意向を汲み、かつ静かなところを用意する。カラオケBOXの場合は、BGMが切れるかなどを事前に下見する。

自分で調査を行う

アンケート用紙を使って調査をしてみよう

◆当事者に質問紙のチェックを受ける

質問紙（アンケート用紙）を用いた調査（量的調査）もありうるでしょう。量的調査は、いったん始めてしまうと後戻りがきかないため、入念な準備が必要です。事前に複数の当事者から助言をもらうことをおすすめします。そのための人間関係の構築は、必要な準備作業です。

量的調査は、印刷・表示された文字と回答者との対話であり、質問する側の思いや表情は伝わりません。質問文を誤解されないように、言葉をよく吟味しましょう。選択肢は、ありうるすべての答えを提示し、重なりがないことが理想です（網羅性と排他性）。質問紙の冒頭には、回答中に生じた疑問点等を問い合わせるための電話番号やメールアドレスを記載します。

◆選択肢は誰にとってもわかりやすく

それぞれの学問で何気なく行われていることでも、調査では気をつけたい事柄もあります。心理学系の人が社会調査をするときは、「調査慣れ」していないさまざまな学力や背景を持つ人々が調査対象となることを、よく理解してください。

しばしば、「訳語のこなれていない日本語版の尺度が使われている」「表形式（マトリクス）にまとめたいために選択肢を『当てはまる…当てはまらない』の言葉に統一してしまい、回答者

プラスα 外国語の設問や評価尺度を翻訳して用いる場合も、版権者との交渉次第で「逆転項目をやめることができる」「選択肢は変えられる」など、わかりやすく改変できる可能性がある。

が奇異に感じる」といった問題がみられます。尺度や選択肢はオリジナルからどの程度変えられるかをよく調べておきましょう。

◆選択肢の数を適切にする

社会学を学ぶ人が調査をする際は、収入、預貯金、性自認、性的指向などセンシティブな内容の質問はあとのほうにもっていきましょう。

これらの設問の選択肢として提示するカテゴリーの数と種類は悩ましい問題です。たとえば性自認の選択肢は、少なすぎれば〝当事者の事を何もわかっていない調査〟と調査協力者に判断される可能性があります。しかしカテゴリーが多すぎると、そのカテゴリーを見たことのない調査協力者は不安に思うかもしれません。正解はありませんが、カテゴリーを統合して分析をする場合のことをあらかじめ考えて選択肢を設けるのがよいでしょう。「その他（自由回答欄）」の選択肢を設けるのも一案です。

質問項目を作るときのポイント

☑選択肢はわかりやすいか

「当てはまる」「少し当てはまる」といった選択肢がそもそも日本語としておかしくないのか考えてみる。設問と選択肢の内容が合うように、必要であれば言葉を変える。

☑デリケートな問題はあとのほうにもってくる

答えにくいデリケートな設問が頭にあると、回答者の心理的なハードルが上がってしまう。はじめのほうは、できるだけ答えやすい設問を配置する。

☑自由回答欄を取り入れる

選択肢の作り方の基本は「網羅性」と「排他性」だが、性的マイノリティを対象とする調査では、性自認や性的指向などが用意された選択肢だけでは答えにくい場合もある。自由回答欄（その他）を設けることで、選択肢に当てはまらない人も回答できるようになる。

プラスα 調査結果は個人情報を取り除いて必ず公表し、社会還元を図り、批判をあおぐ。適切な批判には応じられるよう、公表後の修正に関する人員の配置も忘れずに。

自分で調査を行う

セルフアンケートシステムを使って調査をしてみよう

◆より広く協力者を得られるウェブアンケート

最近行われ始めているのが、ウェブ上でアンケートを構築するサービスを借用して、調査する側がアンケートの画面を構築する「セルフアンケートシステム」です。これまでの質問紙調査と異なり、手軽に協力を依頼でき、調査後の入力の手間が省略できます。この方法で調査する場合も、質問紙調査と注意点は共通するので、242～243ページに必ず目を通しましょう。

◆サービスを選ぶ時の基準

実施にあたっては、まず、アンケートの回答上限件数や集計の可否を調べます。無料版では、回答の上限が100件であるとか、結果を集計して取り出すことができず、1票ごとのメール配信にとどまったりする場合があります。後者の場合、集計する手間が別途生じます。

次に、できれば「分岐」ができるサービスを選びましょう。分岐とは、たとえば設問Aで学生か給与所得者かその他かを聞き、学生とその他は設問Cに飛んでもらい、給与所得者のみに設問Bで「職場での地位」を聞き、その後、設問Cに合流させる、といった機能です。質問紙調査では、学生やそのほかの人で回答不要の設問Bを答えてしまう人が一定程度出現しますが、分岐のツールを持つサービスでは、この論理矛盾※をなくすことができます。論理矛盾をな

※論理矛盾　回答者が設問文や分岐を誤解したり、選択肢を選び間違えたりすると、設問間の回答が矛盾する場合がある。集計時にありうる矛盾を洗い出し、一部は無効にするなどの対応が必要。

くすと分析の際、大変楽になります。

また、「ランダム化」のツールを提供しているサービスもあります。これは、質問の順番、選択肢の順番などをランダムに表示させるという機能です。複数選択の調査項目では、第一番目の選択肢が選ばれることが多く（冒頭効果※）、とりわけ回答者のニーズを調べる調査では真のニーズの割合を表さない可能性があります。心理学的調査でも、ランダム化は重要です。

◆有料サービスの利用も検討する

ＬＧＢＴの当事者団体は十分な資金がないところが多いため、無料版で調査しようとする団体もあるのですが、調査の正確性や調査後の手間を考えたら、ある程度のお金をかけるのが正解です。利用料は、月あたり数千円です。

終了後はインタビューによる調査や質問紙調査と同様、調査結果データから個人情報を取り除き、結果を公表して広く批判をあおぎます。

セルフアンケートシステムはプランで見極めよう

サービス会社	A社			B社		C社	
プラン名	プラン1	プラン2	プラン3	プラン1	プラン2	プラン1	プラン2
金額	月額5,000円か年額39,000円	年額50,000円	年額150,000円	年額299米ドル	年額799米ドル	月額2,980円か年額29,800円	年額99,800円
ID・パスワードが設定できるか	共通パスワード	共通パスワード	共通パスワード	不可能	IDごとに対応可	共通パスワード	共通パスワード
自由回答の改行が納品データに反映されるか	–	–	–	可能	可能	個別結果画面でのみ反映	個別結果画面でのみ反映
途中保存ができるか	不可能	不可能	不可能	可能	可能	–	–

2017年1月現在の比較。「-」はサービスサイトから明らかでなかった項目

石田仁(2017)「自治体悉皆調査の設計ならびに回答モード等の検討」『部落解放研究』(206):12より抜粋.

キーワード **冒頭効果** 自分で回答するタイプ（自記式）の調査で、あまり関心を持たれない複数選択の問いでは、一番初めの選択肢が選ばれやすい。これを冒頭効果という。

エピローグ

「変えられない属性」？性的指向をどう考える

性的指向＝変えられない属性という考え方は、どのように生まれたのでしょうか。

性的指向や性自認は、本人の意志で変えることが困難な〝人の本質〟とみなされています。西欧社会からこの受容の仕方が広がりました。それには特有の文化的背景が関連しています。

◆同性愛行為を犯罪ではないというために

近代社会以前に男性同士の性行為を罰したキリスト教の「ソドミー法」は、近代で刑法の中に組み込まれました。これを同性愛の犯罪化といいますが、批判する人も出てきます。同性愛行為は犯罪でないというために、①同性愛は医療の救済の対象である（医療化）、もしくは②同性愛が意志でどうこうできないのならば、それは属性であり神の与えた恩寵《おんちょう》である、という論理を展開しました。このうち医療化は、当事者の望まぬ医療や優生思想へと20世紀に悪用されました。しかし1970年代以降の社会運動の結果、医療化は反省され、完全に否定されるようになります。

◆「人種」概念による反差別運動

その少し前、アメリカでは1955年から始まる公民権運動が成功をおさめます。生まれながらの属性（人種）によって処遇が変えられているという状況は、法の下の平等に反するという考えが勝利をおさめました。

1960年代終盤から始まった同性愛の反差別・解放運動は、それまでの「同性愛者は異性

参考文献 ＊河口和也（2003）『クイア・スタディーズ』岩波書店：39-42.

愛社会に同化して生きるべきだ」とする運動とは異なり、異性愛者と明確な違いを持つ集団として主張し、集住するようになりました。これを「エスニック集団モデル」といいます。※

同性愛解放運動が「エスニック集団モデル」をとったのは、すぐ前の時代の公民権運動の成功を見ていたからと考えられています。同性愛解放運動は人々の支持に手ごたえを感じつつ、人の中に本質として宿る変更困難な性的欲望を表す「性的指向」という言葉を導入します。

つまり「変えられない属性」による理解が受容されたのは、キリスト教的基盤がまずあり、その社会で人種解放運動が成功したためと考えられます。※この歴史的文化的な強い背景を持つ〝セクシュアリティを理解するための考え方〟は、現在再検討が進んでいます。それは、「LGBT」を「SOGI《ソギ／ソジ》」に置き換える動きとも関連しています（P248参照）。

セクシュアリティへの理解

キリスト教的基盤

生殖を伴わない男性同士の性行為は犯罪だ

キリスト教世界では、同性間性行為は「不自然で、神への冒涜《ぼうとく》である」とされ、改められるべき行為とされていた。

反論

救済の対象である

変更困難ならば属性であり、神の恩寵と考えるべき。犯罪視はふさわしくない、と主張された。

生まれながらの属性によって処遇が変わるのは、法の下の平等に反する

公民権運動にならった。性的指向も人種のように変更困難な属性、人の本質であり、それによって差別されるべきではない、という主張の仕方が支持された。

※ 性自認はそうした明確な運動の歴史を持たないが、性的指向概念の社会での受容があったのち、同じ論理で導入が図られたと考えられる。

エピローグ

「LGBT」から「SOGI」へ

◆本人から語られる性は人格の中枢か

人権の分野で、「LGBT」「性的マイノリティ」という言葉は「SOGI《ソギ／ソジ》（性的指向と性自認）」に変わりつつあります。

人権は普遍的なものと考えられるので、国際的な人権の基準は全世界ですべての人に適用される必要があります。その際に、**地域的な偏りや文化的な限定性を持つ言葉は、可能な限り取り払う必要があります。**

まず、その局面で課題となってくるのが「アイデンティティ」から性をとらえるモノの見方です。「レズビアン」「ゲイ」「バイセクシュアル」「トランスジェンダー」といった言葉は、私とは何であるか（アイデンティティ）を表明する言葉に属します。性にまつわる自己の名指しがアイデンティティの表明であるとする考え方は、〝人格の中枢に本人から語られるべき「性」がある〟とする認識によって支えられています。

しかし、性を〝人格と分けて考えられないものである〟とか〝告白されるべき本質である〟とするのは、西洋近代社会の地域的・文化的〝方言〟（ある文化の下での有効な語り方）であることを、歴史研究は明らかにしてきました。*1

変化の2つめの背景は、処罰との関係です。ソドミー法違反者には刑罰を科する国が依然存在します。ソドミー法で処罰される者には、同性愛者のアイデンティティを持つ者だけでな

SOGIは、性的指向と性自認のあらゆるあり方を守るための言葉です。

参考文献 ＊1 ミシェル・フーコー（1986、原書 1976）『性の歴史Ⅰ』新潮社. ＊2 谷口洋幸（2017）「国際人権法における性の多様性」二宮周平編『性のあり方の多様性』日本評論社：252-255.

性の告白＝アイデンティティの表明はある文化の価値観

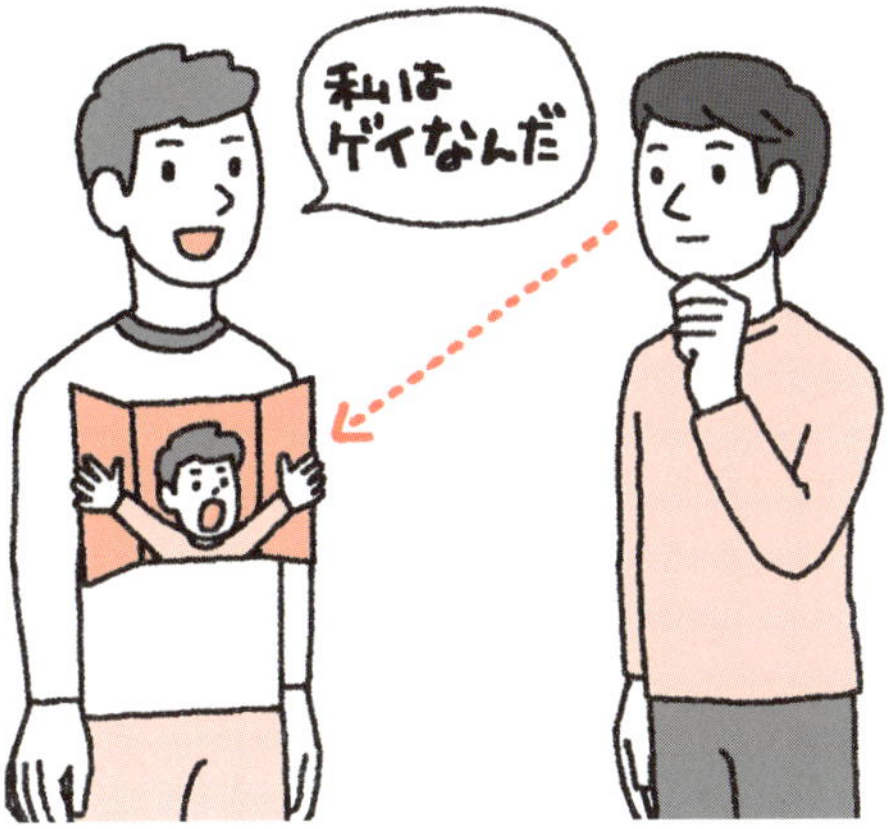

性
＝
人格の中枢で、
ゆるぎない本質

性についての告白
＝
性的アイデンティティ
の表明

→ この図式がとおりやすい社会とそうでない社会がある

く、〝「同性愛者だとされた」ことで人権侵害を受けている人〟を含める必要があります。[*2]

3つめの背景には、「LGBT」という括りで漏れてしまう人があり、その言葉が指す対象に濃淡が見られるためです。このため「LGBTs」や「LGBT+」という言葉が発案されていますが、そもそも「LGBT」は、うちLGBが性的指向に関しての、Tのみが性自認に関してのアイデンティティに関する言葉であって、その偏りは明白です。

◆あらゆる形が守られるべき

その人が、ゲイとか、トランスジェンダーであると自己表明しているかどうかはさておいて、あらゆる形の性的指向や性自認のあり方が人権の視点から守られなければなりません。その目的を明確にするために、「SOGI」という言葉が「LGBT」に変わって採用されつつあるのです。

プラスα　アフリカや中東では、現在でも同性愛を違法とする国が多く存在する。たとえば、スーダン、イラン、サウジアラビア、イエメンでは、同性愛の性行為は死刑とされている。

エピローグ

人権保障をうたった「ジョグジャカルタ原則」

インドネシアのジョグジャカルタにある大学で、2006年に国際人権の専門家の会合が開かれ、「ジョグジャカルタ原則」が採択されました。〝性的指向や性自認（SOGI《ソギ／ソジ》）に関する幅広い事柄において、国家は人権の考え方を適用することを、改めて守り、実行すべきである〟という原則を確認する文書です。

◆人権保障の適用に関する「原則」の強調

一例を挙げましょう。ジョグジャカルタ原則の6番目には、私生活の尊重を受ける権利がうたわれています（P251参照）。国際人権機関はこれまで国家に対し、①同性愛に関してはソドミー処罰規定の確実な撤廃、②トランスジェンダーに関しては性別表記の訂正ができる制度の実現などを要請してきました。この2つを「国家の義務」という点からみれば、①は国家が性を含めた私生活に不当に介入しない義務（国家の消極的義務）、②は個人の尊厳を実効的に尊重するために国家が立法などの措置を講じる義務（国家の積極的義務）にあたるものです。

国家の消極的義務と積極的義務による人権保障は、何ら新しい見方ではありません。従来からある考え方をもとに、SOGIに関する国家の法制度を検討することができるのです。

にもかかわらず、その検討が十分になされない状況がありました。ジョグジャカルタ原則は、正式名称を「性的指向や性自認に関する国

国は、人権を保障するという義務を果たしているのだろうか。

参考文献 谷口洋幸（2017）「国際人権法における性の多様性」二宮周平編『性のあり方の多様性』日本評論社：241-260.

際人権法の適用に関する原則」といい、その名が示すとおり、人権法の「適用」を改めて国家に要請する「原則」なのです。

もっとも、ジョグジャカルタ原則は国際人権法の専門家らが起案・署名した民間文書であり、国連や国家が採択したものではなく、国家に対する法的拘束力を持ちません。しかし、ジョグジャカルタ原則の成立以降、それは民間文書でありながらも、国連機関や世界各国の政策や裁判で活用され始めており、実際には高い影響力のある文書として位置づけられています。

◆SOGIの人権保障に反対する動きも活発化

２００８年には一歩進んで、ＳＯＧＩに関する人権保障の共同声明が国連総会に持ち込まれました。これに対して、反対の姿勢を表明するロシアやイスラーム協力機構の加盟国などは、「人類の伝統的価値観」決議や、「家族の保護」決議を提出しました。国際社会では対立も続いています。

ジョグジャカルタ原則 6

すべて人は、性的指向または性自認にかかわらず、その私生活、家族、住居もしくは通信に対して恣意的にもしくは不法に干渉され、または、名誉および信用を不法に攻撃されない。私生活の権利は、自己の性的指向または性自認に関する情報の開示または非開示の選択、ならびに、自らの身体および他者との合意にもとづく性的またはその他の関係に関する決定と選択を含む。

反対する国々の決議

●「人類の伝統的価値観」決議

“SOGI に関する人権保障は普遍的な適用性を持たず、文化に依存する”という考え。この考えは重要だが、それで人権侵害を正当化することがないようにという付帯条件がついた。

●「家族の保護」決議

多様な家族像を否定し、“ただ1つの家族像なるもの (the family)”を重視する決議。

参考文献 谷口洋幸（2015）「国連と性的指向・性自認」日本国際連合学会編『ジェンダーと国連』国際書院: 125-140.

エピローグ

クィア——連帯と政治化のために

「クィア」という言葉を耳にしたことがある人も多くなったかもしれません。身体やアイデンティティを「男性／女性」、「異性愛／同性愛」といった二項対立的に考えることに批判的な立場を取り、人々の差異に着目しつつも差異を本質的な違いとして前提に置くことはせずに、差異があるとされる中で人々が連帯可能かどうかに賭ける、政治的態度を指します。

◆連帯・開き直り・模倣がキーワード

クィアという政治的態度が出てきた背景に、1980年代のエイズの流行があります。エイズの流行で、社会では感染源とされた同性愛者、トランス女性、セックスワーカーといった周辺化された人々への憎悪と排除が進みました。

当時、死に至る病とされたエイズに対し、各国政府は対策を講じず、実際に多くの人が亡くなりました。〝差異と連帯〟というクィアの考えのもとで、異性愛のセックスワーカーのような、社会的に排除され周辺に留め置かれた人々と、同性愛の政治運動は連帯を選びます。

この運動は、視覚的パフォーマンスに重点を置いてもいました。たとえば、国家や既存の規範に従わない性や身体のあり方を「開き直り」の形で示す対抗運動が行われました（P253図参照）。周辺化された人々の死が、政府の無策によってもたらされたことを公的な領域において可視化し抗議するためです。

社会の排除や「包摂」に、クィア論は目を向けてきたんだ。

参考文献 河口和也(2003)P246前掲；清水晶子(2013)『ちゃんと正しい方向にむかっている』三浦玲一ほか編『ジェンダーと「自由」』彩流社；同(2017)「ダイバーシティから権利保障へ」『世界』5月号.

◆メイクオーバー番組に登場する「達人」

エイズの社会運動が、行政の施策や製薬会社の支援を引き出す実利を勝ち取ると、対抗運動としてのクィアは変質させられていきます。90年代半ばから「クィア」はポップ・カルチャーの中へと徐々に組み込まれます。この文化における「クィア」とは、しばしば白人の中・上流階級におけるゲイ男性のことを指しました。

彼らが〝視覚的に活躍〟できるのは、この頃から人気が出てきたテレビジャンル「メイクオーバー番組※」においてでした。彼ら自身は、社会的抑圧がないかのように自由にふるまい、友人の異性愛者にはマジョリティとしての自戒を求める野暮なこともしません。〝くすんだ生活とダサい外見の異性愛者〟に、消費を通したセンスのいい生活の知恵やモテの秘術などを授け、劇的にビフォーアフターさせる「達人」として「クィア」な人は描かれるようになりました。

「性」から政治性を失わせ、消費のリーダーとしてのみ描かれることを許されているこの状況は、現在の政治―経済体制の縮小された鏡ともいえます。クィアを包摂《ほうせつ》する動きについても、クィア論は批判的に分析を進めています。

クィア運動のひとつ「ダイ・イン」

エイズへの無策で多くの同性愛者が命を落としたことへの抗議を、路上や集会で死者を模倣することによって示した。

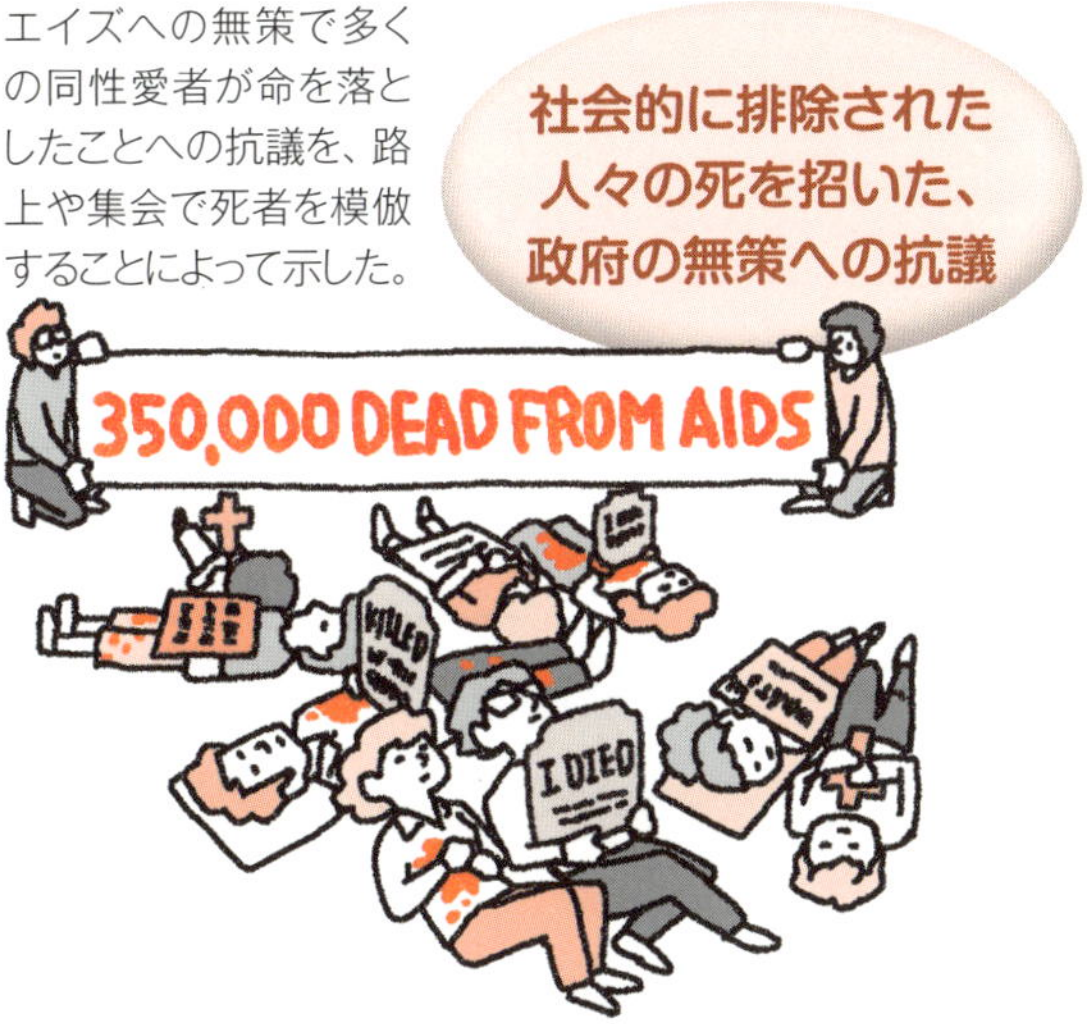

※メイクオーバー番組　「改善」の前後を映したドキュメント番組。日本ではLGBTと深い関係はないが、「大改造!! 劇的ビフォーアフター」「愛の貧乏脱出大作戦」が有名。

エピローグ

「生産性」による序列化に惑わされない

◆「生産性のない人に税金を投入すべきでない」

２０１８年に自民党の国会議員杉田水脈《みお》氏がした雑誌での発言が問題となりました。月刊誌『新潮45』８月号の記事「『ＬＧＢＴ』支援の度が過ぎる」にて杉田氏は、〝子育て支援や子どもができないカップルの不妊治療に税金を使うならば少子化対策という大義名分もあるが、ＬＧＢＴのカップルに使うことに賛同を得られるのか〟、「彼ら彼女らは子供を作れない、つまり『生産性』がない」、「そこに税金を投入することが果たしていいのか」と疑念を表明しました。

この発言に対して、①子を持つ当事者もいるため現実を見ていない（シングル出産、子どもを得てからの離婚、生殖補助医療の利用など多様な形態がある）という反論や、②子を作れるかどうかを「生産性」の指標にしていいのか、ＬＧＢＴの当事者も納税をしている事実を見過ごしているという反論が起こりました。

◆生産性の別の指標探しは再序列化を生む

これらの反論は、事実のレベルでそれぞれ正しいものですが、どちらの反論にも危ういところがあります。①については、「生産性とは子作りできるかどうかである」とする杉田議員の価値観を認め、子どもを作れたＬＧＢＴとそうでないＬＧＢＴを優劣のもとに置くものです。

ある指標によって人々を序列化することは、許されるでしょうか。

プラスα 安倍首相は3ヵ月以上たってから、生産性の概念を当てはめた杉田氏の発言は誤りであると認めた（読売新聞 2018 年 11 月 6 日付朝刊：11）。

“生産性”を指標にすることの危うさ

納税している事実＝生産性があるとした場合

優
・働いて納税している人

劣
・学生
・高齢者
・失業者
・病気で働けない人
・障害をもっている人
など

子を作った事実＝生産性があるとした場合

優
・子を作ったシス同士の夫婦
・子を作ったLGBT
・子を作った独身者

劣
・そうでないシス同士の夫婦
・そうでないLGBT
・そうでない独身者 など

必ず“劣”とされる人々がつくられてしまう

税金を投入するに値するかどうかを“生産性”の有無で分けようとすることは、その視点で人間を序列化して、優劣をつけるということ。

②については、別の「生産性」の指標を持ち出して、「杉田議員が気づかない生産性にＬＧＢＴも貢献している」と主張するものです。この主張は、新たな「生産性」の指標でその指標を満たさない人、たとえば学生である、病気である、仕事に就きたくても就けない、といった理由で納税を減免されていたり納税していなかったりする人々を、再序列化するものです。

杉田氏発言の問題の核心は、「生産性」（子作り）で税金を投入するに値する人とそうでない人を決めるという理念を、現役の国会議員が唱えたところにあります。ドイツはナチス時代、〝優秀なアーリア人を産む〟理念に抵触していると考えられた同性愛者を捕らえ、強制収容所送りにした優生政策がありました。優生政策と杉田氏の考えは、近いところにあると見られても仕方ありません。到底許される考えではなく、杉田氏は国会議員でありながら重大な差別発言をしたといえます。

プラスα こうした発言を容認できる政治のあり方は有権者が選んだものであり、今と未来を生きようとする私たち一人ひとりの自覚が試されている。

LGBT 研究のブックガイド

LGBT の本は、極めてたくさん出ています。本書で十分に取り上げられなかった書物をここに紹介します。

■初めて学ぶならここから。おすすめの入門書

入門書として読むには、**上川あや『変えてゆく勇気』岩波新書**、**風間孝・河口和也『同性愛と異性愛』岩波新書**、**森山至貴『LGBTを読みとく』ちくま新書**、**砂川秀樹・RYOJI 編『カミングアウト・レターズ』太郎次郎社エディタス**、**遠藤まめた『オレは絶対にワタシじゃない』はるか書房**の5冊がいいでしょう。当事者が、家族や友人に読んでみて、と気軽に渡すこともできる本です。

■セクシュアリティに関する歴史を学ぶ

歴史については近代以降に限っても多数刊行されており、**赤枝香奈子『近代日本における女同士の親密な関係』角川学芸出版**、**前川直哉『男の絆』筑摩書房**、**同『〈男性同性愛者〉の社会史』**は併せて読まれるべき本です。異性愛も含めた性の戦後史については、**小山静子ほか編『セクシュアリティの戦後史』京都大学学術出版会**が、地理的な考察としては**三橋順子『新宿「性なる街」の歴史地理』朝日選書**がおすすめ。

■レズビアン／ゲイの研究を深める

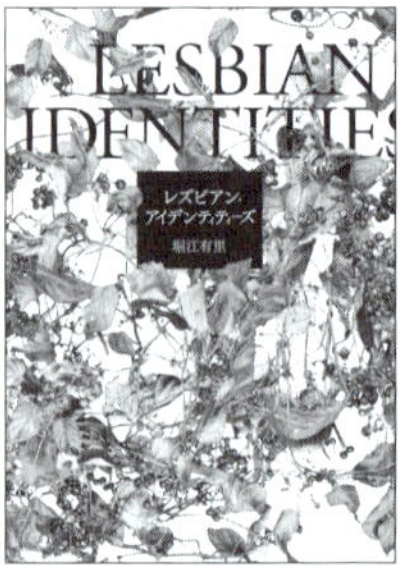

レズビアンについては、**堀江有里『レズビアン・アイデンティティーズ』洛北出版**、ミニコミ誌の研究として、**飯野由里子『レズビアンである〈わたしたち〉のストーリー』生活書院**。現代文芸作品の中で見えてくる「ゲイ」を検討するものとして、**黒岩裕市『ゲイの可視化を読む』晃洋書房**がすすめられます。エイズとゲイの関係性については、**新ヶ江《しんがえ》章友《あきとも》『日本の「ゲイ」とエイズ』青弓社**を読みましょう。

■トランスジェンダー・性同一性障害・異性装について知識を深める

トランスジェンダー・性同一性障害では、**中村美亜『心に性別はあるのか?』医療文化社**、**田中玲『トランスジェンダー・フェミニズム』インパクト出版会**、**三橋順子『女装と日本人』講談社現代新書**、**服藤早苗ほか編『歴史のなかの異性装』勉誠出版**、**佐々木掌子『トランスジェンダーの心理学』晃洋書房**、**米沢泉美編『トランスジェンダリズム宣言』社会批評社**など多数。

■ゆらぎや多様性を考える・感じる

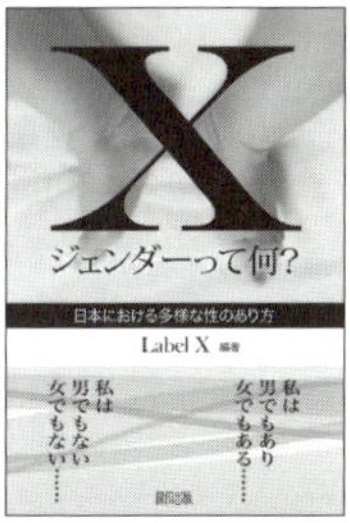

Label X編『Xジェンダーって何?―日本における多様な性のあり方』緑風出版、**ROS編『恋愛のフツーがわかりません!!』アットワークス**、**関修・志田哲之編『挑発するセクシュアリティ』新泉社**。マンガの良作として、**志村貴子『放浪息子』(全15巻)エンターブレイン**、**中村キヨ『お母さん二人いてもいいかな!?』ベストセラーズ**をぜひ読んでください。

■語りを読みとく

鶴田幸恵『性同一性障害のエスノグラフィ』ハーベスト社、**三部倫子『カムアウトする親子:同性愛と家族の社会学』御茶の水書房**、**矢島正見編『男性同性愛者のライフヒストリー』『女性同性愛者のライフヒストリー』学文社**、**同『戦後日本女装・同性愛研究』中央大学出版部**。また、**『日本Lばなし』パフスクール**はレズビアンの語りに関する貴重な頒布冊子です。

■読み継がれるべき本

これからも読み継がれていく価値のある5冊を挙げておきます。**掛札悠子『「レズビアン」である、ということ』河出書房新社**、**伏見憲明『プライベート・ゲイ・ライフ』学陽書房**、**平野広朗『アンチ・ヘテロセクシズム』現代書館・パンドラ**、**井田真木子『もうひとつの青春―同性愛者たち』文春文庫**、**なだいなだ『クヮルテット』集英社文庫**。

おわりに

「スッキリ」から半分離れて

現在のLGBTをめぐる言説は、かつて以上に、同性愛者は愛し抜くことを誓った生涯の伴侶を見つけ婚姻すること、性別越境者はゴールである戸籍の性別を変更すること、これらが強調されています。またそうした言説を下支えする「生まれながらの変更不可能な属性」を、当事者でない人々に「理解」してもらうことが重要であるとされています。これらの語りは、何を包摂《ほうせつ》し、何を排除しているのか、本書はささやかな入門書ではありますが、常にそれを意識することにこだわりました。

以前、『図解雑学ジェンダー』（共著・ナツメ社刊）の執筆の話をいただいたとき、〝ジェンダーで「早わかり本」など書けるのか〟という疑問がまずは浮かびました。技術的に書けるのかという思いがひとつ。そもそも私の学問ベースである社会学やジェンダー／セクシュアリティ論では、〝「わかった」と思う瞬間に見えなくなるものがある〟ことを学んでいたのがひとつ。学問に不義理を果たすのではないかという思いにとらわれながら執筆を進めました。幸いにもその本は版を重ねましたが、〝ジェンダーで「早わかり本」など書けるのか〟という批判は、刊行直後に各方面からいただいたことを、今でも鮮明に覚えています。

今回、同じ出版社から「スッキリわかる」シリーズとして、〝この1冊で可能な限り、日本のＬＧＢＴについて網羅できる本を〟というお話をいただいた折りにも、「そういった本を書いてもいいのか」という後ろめたさはぬぐえませんでした。執筆は、百を超えるトピックへと「ＬＧＢＴ」をバラバラに分割し、厳格に決められた文字数の中で断定の調子を重ねながら書くという方法でしたので、たとえば〝セクシュアリティとジェンダーは密接に絡んでいる〟という基本的な事実さえ、見えなくさせてしまうおそれがある、といった懸念をはじめとして、「性」を決められた枠組みに流し込んで可能性を閉じているのは、ほかならぬ私自身ではないかという思いにかられながらの執筆でした。

本書の最初のほうで述べたように、言葉は物事を〈見せる〉作用をもたらすと同時に、別のものを〈見えなく〉させます。私のこだわりによるＬＧＢＴの「排除と包摂」の描き方は、きっと別のモノの考え方を排除していることでしょう。

この本と本への批判を含めた反応が「新しいＬＧＢＴの議論」を進めるためのきっかけになれば幸いです。

石田　仁

さくいん

た

な

は

さくいん

参考

【共通】
性的マイノリティについての意識 2015年全国調査報告書
全国自治体における性自認・性的指向に関する施策調査報告書
http://alpha.shudo-u.ac.jp/~kawaguch/

【1章】
ＬＧＢＴと職場環境に関するアンケート調査
http://nijiirodiversity.jp/category/open-data/

【2章】
ＬＧＢＴの学校生活実態調査2013
http://endomameta.com/page5.html

【3章】
性同一性障害に関する診断と治療のガイドライン（日本精神神経学会）
https://www.jspn.or.jp/modules/activity/index.php?content_id=84

【4章】
性的指向・性同一性（性自認）の多様性って？ 自民党の考え方
https://www.jimin.jp/news/policy/137893.html

Maps: Sexual Orientation Laws（ILGA）
https://ilga.org/maps-sexual-orientation-laws

【6章】
経団連　ダイバーシティ・インクルージョン社会の実現に向けて
http://www.keidanren.or.jp/policy/2017/039.html

連合　ＬＧＢＴに関する職場の意識調査
https://www.jtuc-rengo.or.jp/info/chousa/

【7章】
性分化異常症の管理に関する合意見解（日本小児内分泌学会）
http://jspe.umin.jp/medical/gui.html

【8章】
REACH Online 調査結果報告
http://www.health-issue.jp/

※ URL は 2018 年 11 月時点の情報です。
※参考文献は各ページ下に入れましたが、字数の関係上一部表記を省略しています。

著者

石田 仁（いしだ・ひとし ISHIDA Hitoshi）

1975年生まれ。中央大学大学院文学研究科博士後期課程修了、博士（社会学）。現在、淑徳大学地域創生学部教授。編著に『性同一性障害――ジェンダー・医療・特例法』（御茶の水書房）、共著に『ジェンダー』（ナツメ社）、『セクシュアリティの戦後史』（京都大学学術出版会）、『セクシュアリティと法』（法律文化社）などがある。

スタッフ

編集協力／オフィス 201
デザイン／バラスタジオ
漫画・イラスト／いたばしともこ
校正／渡邉郁夫、株式会社円水社
編集担当／ナツメ出版企画株式会社（森田 直）

本書に関するお問い合わせは、書名・発行日・該当ページを明記の上、下記のいずれかの方法にてお送りください。電話でのお問い合わせはお受けしておりません。

・ナツメ社 web サイトの問い合わせフォーム
https://www.natsume.co.jp/contact
・FAX（03-3291-1305）
・郵送（下記、ナツメ出版企画株式会社宛て）

なお、回答までに日にちをいただく場合があります。正誤のお問い合わせ以外の書籍内容に関する解説・個別の相談は行っておりません。あらかじめご了承ください。

はじめて学《まな》ぶLGBT　基礎《きそ》からトレンドまで

2019年 2月 1日 初版発行
2023年 6月 1日 第8刷発行

著　者　石田《いしだ》 仁《ひとし》
発行者　田村正隆

発行所　株式会社ナツメ社
東京都千代田区神田神保町 1-52 ナツメ社ビル 1F（〒101-0051）
電話　03（3291）1257（代表）　FAX　03（3291）5761
振替　00130-1-58661
制作　ナツメ出版企画株式会社
東京都千代田区神田神保町 1-52 ナツメ社ビル 3F（〒101-0051）
電話　03（3295）3921（代表）
印刷所　ラン印刷社

ISBN978-4-8163-6582-9
Printed in Japan